新疆南疆地区绿色发展
对农业经营主体行为的影响研究

● 颜璐 著

西南财经大学出版社

中国·成都

图书在版编目(CIP)数据

新疆南疆地区绿色发展对农业经营主体行为的影响研究/颜璐著.—成都:西南财经大学出版社,2023.6
ISBN 978-7-5504-5690-7

Ⅰ.①新… Ⅱ.①颜… Ⅲ.①区域经济发展—研究—南疆②农业经营—经营管理—研究—南疆 Ⅳ.①F127.45②F327.45

中国国家版本馆 CIP 数据核字(2023)第 109076 号

新疆南疆地区绿色发展对农业经营主体行为的影响研究

XINJIANG NANJIANG DIQU LÜSE FAZHAN DUI NONGYE JINGYING ZHUTI XINGWEI DE YINGXIANG YANJIU

颜璐 著

策划编辑:王甜甜
责任编辑:王甜甜
责任校对:王 琴
封面设计:张姗姗
责任印制:朱曼丽

出版发行	西南财经大学出版社(四川省成都市光华村街55号)
网 址	http://cbs.swufe.edu.cn
电子邮件	bookcj@swufe.edu.cn
邮政编码	610074
电 话	028-87353785
照 排	四川胜翔数码印务设计有限公司
印 刷	郫县犀浦印刷厂
成品尺寸	170mm×240mm
印 张	15.25
字 数	281 千字
版 次	2023 年 6 月第 1 版
印 次	2023 年 6 月第 1 次印刷
书 号	ISBN 978-7-5504-5690-7
定 价	88.00 元

前　言

　　农业走绿色发展之路，保障粮食安全、食品安全与农业生态安全，不仅是世界农业发展所面临的严峻问题，也是我国现阶段和未来农业发展的根本战略。然而现实却是，很多农业经营主体会采用牺牲农业农村生态环境的方式做出非绿色行为决策来获取更高的农业效用，导致农业经营主体非绿色行为决策，而农业经营主体过量投入化学类农资会造成土壤酸化、生物多样性减少、温室效应等诸多环境问题，纠正农业经营主体非绿色发展行为刻不容缓。新疆南疆地区化肥施用总量较大，远高于世界安全施用上限。农户是施肥行为决策的主体，引导农户合理施肥，对降低农业生产成本、提高化肥利用效率、减少肥料养分流失、保护和维护农业农村生态环境意义重大。

　　本书在回顾和梳理国内外相关文献的基础上，对研究中所涉及的相关概念进行界定，分析了新疆南疆地区经济社会发展状况，测度了新疆南疆地区农业绿色发展的特征及水平，构建了农业经营主体行为及其影响因素的理论框架，尝试从有限理性经济人假设，农业经营主体绿色发展行为影响因素，中央政府、地方政府、农业经营主体、市场消费者之间的博弈分析等维度，随机抽样调查了新疆南疆地区 1 100 户农户，运用 Logistic 模型分析农业经营主体绿色行为决策中的个体特征、资源禀赋和行为变量对农业经营主体绿色行为的影响，并通过模型估计结果分析现有农户产生绿色发展行为的可能原因。绿色农业发展是解决农业环境污染"公地悲剧"的重要路径，涉及多方利益主体，需要多个利益主体一起参与，形成多中心治理体系。从农业环境治理的视角看，绿色农业发展中的主体包括中央政府、地方政府、生产经营主体（农户）、消费者、非环境组织等，不同的利益主体处在绿色农业发展产业链上的不同环节，对绿色农业发展的影响显著不同。

　　一是新疆南疆地区气候干燥，降水量少，蒸发量高，而且人口不断增加，水资源使用不合理，过度放牧，乱挖滥采，乱砍滥伐等，该地区植被遭到严重破坏，土地盐碱化和沙漠化状况日益严重，造成了该地区脆弱的生态环境。

二是从新疆南疆地区农业绿色发展的生产基础、生活质量、生态环境、技术支撑四个维度来看，农业绿色发展呈现良好的态势，但农业粗放发展、追求短期利益、全球输送的环境污染等经济诱因以及市场失灵、政策失灵等政策诱因会阻碍农业绿色发展。从熵值法分析的四个维度以及16个指标的结果来看，1989—2019年，新疆南疆地区农业绿色发展水平总体明显提升，增速排名从高到低依次为巴音郭楞蒙古自治州、和田地区、克孜勒苏柯尔克孜自治州、阿克苏地区、喀什地区，巴音郭楞蒙古自治州增速高于新疆全区平均水平，五地州绿色发展水平总体上呈现逐年上升的趋势。在空间维度上，巴音郭楞蒙古自治州的绿色发展水平最高。在时间维度上，巴音郭楞蒙古自治州在生产基础方面得分最高。在生活质量方面，巴音郭楞蒙古自治州和阿克苏地区平分秋色。在生态环境方面，新疆南疆五地州各有优势。在技术支撑方面，喀什地区评分最高。

三是农业经营主体绿色行为假设经历了从"自然人"到"经济人"，再到"有限理性经济人"的发展过程。农户施肥决策有一个复杂多变的决策系统，这个系统以"短期效益最大化"为目标，选择最佳农资投入组合，来实现农作物的最优产出。农业经营主体决策行为具有追求短期利益最大化、集体行动和路径依赖等特征。

四是农业经营主体绿色发展行为受到自然、经济、社会、计划、人力资本、制度等诸多因素的共同影响。其中自然因素提供了决策的可能性，并构成决策的制约因素，主要包括资源禀赋中的耕地资源、劳动力；经济因素包括经济发展中的资金投入、金融发展水平、生产要素价格、农产品价格、化肥等农资产品价格，以及对外开放程度中的市场环境、信息来源、市场风险、市场竞争；社会因素中的场域-惯习的土地经营方式；计划因素中的行为态度（购买前认知程度、农资产品效果评价及农业污染认知）、主观规范（购买及施用信息获取渠道）、知觉行为控制（购买地点及便利性）、行为意向（其他方面的认知）等；人力资本因素中的性别、年龄、文化程度、兼业化程度、社会资本；制度因素中的环境规制，主要包括农业技术、环保意识、土地产权制度、农业生产组织形式、农业补贴政策、农业标准化生产、农产品质量安全体系以及文化理念、价值观念、道德规范等非正式制度。

五是中央政府是整个国家综合利益的代表，主要通过委托代理的方式，将综合利益委托给各地方政府。地方政府是农业环境管治的实际行动者。农业环境作为公共物品，具有非竞争性、非排他性和单一外部性等特点。在市场经济条件下，经营主体自主经营、自负盈亏、自担风险，在为社会提供农产品的同时，也对环境产生了显著的负外部性影响。绿色农业的发展过程是农业环境治理模式由"地方分治"到"网络共治"的博弈演进过程，说明农业从绿色发展政策的制定到农户行为的规范需要多方共同参与。中央政府的干预机制对规制绿色农业发展中主体的行为极其重要，政府拥有税收、信贷、财政补贴等多种形式的政策工具。应由政府、社会媒体等多方来担任监督政策运行的角色。此外，政府要大力宣传，倡导绿色消费，培养公众环境意识，在规范农业经营主体绿色发展行为的时候，可采取多层次多角度全方位的宣传手段。在绿色农业发展过程中，要注意培育以信任、沟通、协同为特征的关系资产，在多层次体系中减少信息不对称，加快绿色技术传递，使中央政府、地方政府、农业生产经营主体、市场消费者等行为主体形成命运共同体。

在以上理论分析框架指引下，我们以新疆南疆地区农业经营主体为研究对象，对农业经营主体绿色发展行为的影响因素进行了更深层次的验证。通过实地调查及计量分析，我们得到以下结论：

一是年龄较大的农户倾向于多施肥，文化程度较高的农户施肥量更低，务农时间长的农户施肥量多；家庭纯农人口占比高的农户施肥量低，种植规模大的农户施肥量低；参加过农技培训的农户会减少施肥量等。文化程度低、务农时间短、不参加农药使用技术培训、看不懂农药说明书、不做农药防护措施、对生物病虫害防治了解少、对农药对环境污染的认识不全面都会影响农户的农药使用行为。女性、年轻、文化程度高、家庭人口中纯农人数占比高、经常接受宣传教育、参加过农技培训并且了解农药对环境的危害和绿色发展的意义的农户对地膜使用的认知程度高。

二是运用计划行为学的认知、意愿、实践三阶段理论对农户绿色发展行为决策进行分析，结果表明：年龄大的农户对绿色发展的认知程度低，文化程度高的农户对绿色发展的认知程度高，务农时间长的农户对绿色发展的认知程度高，种植规模大的农户对绿色发展的认知程度高；年龄大的农户绿色发展意愿低，文化程度高的农户绿色发展意愿高，务农时间长的农户绿色发展意愿高、种植经济作物的农户绿色发展意愿低，化肥使用量不变的农户绿色发展意愿低；年龄小、家庭纯农人数占比高、经常改变种植结构、在村里采购农资、施肥量高、农药残留直接倒掉、农资投入品不变等行为特征会降低农业绿色发展的实践效果。

本书在对农业经营主体绿色发展行为及影响因素的理论和实证方面进行系统深入研究的基础上，参考国际国内绿色发展的相关经验，提出促进南疆地区农业经营主体绿色发展行为的政策建议：南疆地区农业经营主体绿色发展的政策体系应包括法律保障机制、市场决定机制、公共管理机制、统筹协调机制、创新驱动机制等；南疆地区要综合运用可供选择的投入税、禁令、新技术、补贴等政策工具，完善农业绿色发展机制；推动农业科技创新，提高农业绿色发展水平；充分发挥农业经营主体的作用，完善农业绿色发展体系；加大宣传和教育力度，增强农户的农业绿色发展意识；构建生态种养殖体系，提高农业绿色发展质量；建立环境综合治理示范区，践行农业绿色发展理念；强化基础条件保障，夯实农业绿色发展基础。

为了保证数据来源的统一性和连续性，本书研究中的相关统计数据均来自《新疆统计年鉴》。

颜璐

2023 年 3 月

目　录

1 引言

1.1 研究背景及意义

1.1.1 研究背景

"绿水青山就是金山银山"是习近平总书记任浙江省委书记期间，2005年8月考察湖州市安吉县时提出的科学论断。习近平总书记多次指出，要践行"绿水青山就是金山银山"的发展理念。可以看出，国家高度重视农业绿色发展。发展绿色农业应以农业供给侧结构性改革为主线，注重资源节约和环境友好，更加注重生态保育。中共中央多次召开关于农业农村绿色发展的相关会议，部署农业绿色发展，农业农村部制定《2020年农业和农村绿色发展工作要点》，加快解决农业发展中突出的环境问题，改善农村人居环境，夯实发展绿色农业基础。在贯彻新发展理念、加快农业供给侧结构性改革和农业高质量发展的要求下，国家为实现农业绿色生产，推动农业可持续发展和增强竞争力，启动实施畜禽粪便资源化利用行动、果蔬茶有机肥代化肥行动、东北地区秸秆处理行动、地膜循环利用行动、长江五项农业绿色发展行动、保护水生物行动等，维护生态安全，推进生态文明建设，促进经济社会可持续发展。随着工业化、城镇化的步伐加快，人民群众的消费结构升级，我国能源需求的刚性增长，节约资源、保护环境与经济社会发展之间的矛盾越发突出，我国也越来越重视生态环境保护和绿色发展。"绿色发展"是党的十八届五中全会提出的，是指导我国实现科学发展的重要路径。目前，我国已全面建成小康社会。农业走绿色发展之路，保障粮食安全、食品安全与农业生态安全，不仅是世界农业发展面临的严峻问题，也是我国现阶段和未来农业发展的根本战略。绿色发展是增强我国综合实力和国际竞争力的必由之路，农业生产必须要走高效生态的新型农业现代化道路。《"十三五"节能减排综合工作方案》（国发〔2016〕74号）提出重视农业污染排放治理，到2020年农膜回收率达到80%以上，到2020年实现主要农作物化肥农药使用量零增长，化肥利用率提高到40%以上等一系列的目标。我国三大粮食作物化肥利用率由原来的27%增至2020年的40.2%。《中国农业绿色发展报告2020》介绍了2019—2020年我国农业绿色发展的状况、主要举措和重要进展。该报告明确指出我国农业绿色发展水平明显提升，绿色发展指数从2012年的73.46提升到2019年的77.14，主要体现在如下几个方面：农业生产实现绿色发展，到2020年年底，我国已经建成农业行业标准5 479项，2019年绿色农产品的监测面积达2.08亿亩，比上年增加32.4%。农业资源综合利用水平明显提高，2019年，全国耕地质量平均等级为4.76，比2014年提高了0.35，全国农田灌溉用水利用系数达0.559，比2012年提高0.043。农业生产经营环保成效显著，2020年全国三大粮食主产区化肥、农药利用率为40.2%和40.6%，较2015年分别提高5个百分点和4个百分点，全国秸秆综合利用率达到86.72%，牲畜粪便综合利用率达到75%以上，重点地区的白色污染得到有效控制。农村人居环境得到明显改善，农村卫生厕所普及率达65%以上，农村生活垃圾处理装置体系覆盖率达到90%以上，农村生活污水治理率超过25.5%。绿色发展综合试验在全国深入开展，主要农业资源台账制度已经基本确立并试运行，完成了农业资源共享平台政务版的开发和使用，建立了16个国家农业绿色发展长期监测点。

虽然我国农业绿色发展取得了长足进步，但小而散的农业经营主体在我国农业生产经营活动中仍然占据主导地位，农业经营主体的行为决策目标除了满足家庭生活消费以外，主要是实现农业经济利益的最大化。农业经营主体是农业农村生产经营中的基本经济和社会单元。在经济方面，农业经营主体从事农业农村的生产活动；在社会方面，农业经营主体依旧需要消费农产品。在开放的农业生产过程中，农业经营主体从生产到消费的家庭结构变迁都需要与社会环境发生一定程度的联系，在生产和消费资料不能满足现实所需的情况下，会通过市场进行交换，获取所需要的生产消费资料，农业经营主体行为的一部分是市场交换的前提准备，如购买化肥、农药等生产资料。农业经营主体作为农作物的生产者和绿色发展决策的微观主体，能独立地对化肥的施用量、农药的施用量、地膜的施用量等行为进行决策，以期通过不同的行为决策组合，能获得农作物的增产。但在这个行为决策的过程中，很多农业经营主体会采用牺牲农业农村生态环境的方式来获取更高的农业效用。在我国生态环境交易市场体系不健全、农业经营主体缺乏自律性的条件下，农业经营主体往往会因为短期利益最大化、机会主义倾向而逆向选择，做出非绿色的行为决策，而农业经营主体过量投入化学类农资会造成土壤酸化、生物多样性降低、温室效应等诸多环境问题。因此，有必要纠正农业经营主体非绿色发展行为，实现农业的绿色发展。

我国贯彻新发展理念，实施绿色生产，保障农业绿色发展，推动农业供给侧结构性改革，建设资源节约型和环境友好型社会，努力使农业生产达到产出高效、产品安全的目标。农业生产是新疆大多数居民收入的重要来源，高效绿色的生产目标与目前高消耗、高投入、资源约束和过度开发的现状相矛盾。作为资源环境严重受约束的地方，新疆自然资源分布极度不均，新疆应该坚持农业绿色发展道路，推进农业绿色发展，保障农业高质量发展。新疆是我国西北地区重要的战略屏障，属于温带大陆性气候，日照时间较长，降水量少，土地面积（166万平方千米）占国土总面积的1/6，但耕地面积仅占全国耕地面积的3.39%，人均耕地面积约0.2公顷，却是我国重要的粮食、棉花、油料、林果、畜牧生产基地，农业发展在新疆经济社会可持续发展中占有重要地位。随着工业化和城镇化建设的不断推进，新疆的化肥、农药、地膜等农资产品的过量投入使农业农村生态环境极速退化，进一步造成地下水体、温室效应、土地质量下降等问题，这些问题已经成为制约新疆经济社会发展的重要问题。

南疆地区属于大陆性干旱气候，植被稀疏，降雨量少，蒸发量高，生态环境较差。受自然环境等客观因素的制约，生态环境极易形成难以逆转的退化。化肥、农药等农资产品的投入量占全疆的60%以上，高于全疆平均水平，但化肥利用率不足30%。在农业经营主体受到农业结构调整、农业预期增收等影响的条件下，为了追求农业经济效益的最大化，农业经营主体会不断增加化肥、农药、地膜等农资产品的投入。根据土地报酬递减规律可以看出，在南疆，化肥、农药等农资产品的边际效用正在逐渐下降，并且会带来土壤、水体、大气、人体健康等方面的危害。这在一定程度上会增加农业成本，给农产品质量安全带来潜在的危害，严重阻碍农业绿色发展。

本书的研究正是要从南疆地区农业经营主体的行为决策入手，对农业经营主体的绿色行为决策进行研究，探索农业经营主体行为的影响因素，提出切实可行的政策建议，为南疆地区政府和生态环保部门制定相应政策提供依据，保证南疆地区农产品质量安全，促进农产品贸易出口，改善农业农村生态环境，促进农业绿色可持续发展。

1.1.2 研究意义

1.1.2.1 探析经营主体行为决策的原因，规范农业绿色发展行为

自我国农村实行家庭联产承包责任制以来，农业经营主体在农业生产经营中的主体地位得以确立，农业经营主体不仅拥有土地使用权和化肥等其他基本生产资料，还拥有相应的经济利益——它为农业经营主体及整个社会资源的优化配置提供了持续的动力机制，而农业经营主体绿色发展行为的最终目标正是追求经济利益最大化。农业经营主体在农业生产经营中运用化肥、农药、地膜等资源从事物质资料投入，谋求获取最大的产出与收益。一方面，农业经营主体生产决策行为将直接决定化肥、农药、地膜等农资产品的投入量、投入结构、投入方式等；另一方面，农业经营主体的绿色发展行为又受到其自身受教育程度、风俗习惯、资源禀赋、市场环境、政策制度等多方面因素的影响。根据国内外相关研究和边际报酬递减规律，自 20 世纪 70 年代后，化肥等农资产品的持续投入对农作物单产的贡献率正在逐渐下降。但大部分农业经营主体还是主观、片面地认为持续多投入农资产品就会多产出，而忽略了农资产品的边际产出。农业经营主体的这些非理性施肥观念将会直接影响农资产品的施用量、施用结构和施用方式，增加农业生产的物质资料成本，影响农户家庭收入的提高。运用归纳演绎分析法对农业经营主体绿色发展决策行为展开研究，对农业经营主体绿色发展行为决策从质和量上进行深入探讨和分析，把农业生产经营中的农业经营主体绿色发展行为搞清楚，将与此相关的决策因素弄明白，从而抽象出农业经营主体绿色发展决策行为的特征和规律，对农业经营主体正确对待农户家庭农业生产经营、把握农业经营主体绿色发展决策的调整方向、制定适宜农村经济发展的政策、促进农户农业收入的持续增加等有重要的意义。

1.1.2.2 分析农业经营主体绿色发展经济特征，为政府制定政策提供依据

本书的研究着眼于农业经营主体行为，而我国农业经营主体的数量较为庞大且分散分布。农户在受教育程度、农业收入水平、农作物种植习惯上存在较大的差异，如果不深入探讨农业经营主体绿色发展行为的微观经济特征，就会使得很多政府政策难以达到预期的效果。农业经营主体决策行为是一个复杂的动态心理过程，包括对生态环境的认知、对绿色发展的认知、创新农业技术的采纳意愿、绿色农业生产实践等几个阶段。现有的国内外研究缺乏对认知阶段和实践阶段的研究，本书的研究将全面分析其动态发展过程。本书的研究通过

对农业经营主体绿色发展行为及影响因素的深入研究和分析，发现农业经营主体行为将直接影响到农村生态环境污染的状况，对提高农户参与积极性、提高农业收入、构建和谐农村环境等有着重要的理论意义，在此基础上归纳、总结出切实可行的科学合理的对策和建议，期望引起政府和社会的广泛关注与高度重视，进而把农产品质量安全、农业可持续发展等问题列入日后工作计划和议程，为政府和环境治理部门制定完善、健全的法规和政策制度体系提供重要依据，从而实现农户收入增加、生态环境良好、人与自然和谐共处的目标。

1.1.2.3　减少生态环境污染，实现农业可持续发展

南疆地区是少数民族聚居区，经济发展相对落后，以农业生产为主，农村环境的公共物品属性，使生态环境陷入恶性循环，进一步影响"五化协同"（具体是新型工业化、城镇化、信息化、农业现代化和绿色化）推进，而区域间绿色发展差距的持续拉大，将对民族和谐关系产生不利影响。通过对影响农业生产、农产品质量安全、农业可持续发展的微观主体——农业经营主体绿色发展行为及影响因素进行深入分析，了解农业经营主体绿色发展需求、购买行为、施用量的影响因素以及化肥、农药、地膜等农资产品投入对不同作物产量的影响等方面，深入分析农业经营主体绿色发展行为特征，不仅有利于研究农业经营主体绿色发展行为的演变规律，而且有利于为探索农业经营主体绿色发展行为的调整和优化、绿色行为决策的选择机理等提供理论依据。而通过实地调查数据来佐证这些影响因素对农业经营主体绿色发展行为的影响程度，在一定程度上可以提高农资投入品的利用率，减少化肥、农药、地膜等物质资料投入的浪费，在保证农作物产量的前提下，减轻化肥和农药对土壤、水质、大气、人体等造成的不利影响，对减少农村生态环境污染、农业可持续发展具有十分重要的理论和现实意义。

1.2　研究目标

农户不同的农业经营目标和生产行为等必然会对农业生产中各要素、资源配置产生一定的影响，而农业经营主体绿色发展行为不仅显著影响到农资产品需求量，而且会影响到农作物生产成本和生长环境。我国农业经营主体数量庞大且分散分布，农户在文化程度、收入水平、种植习惯上均有较大的差异，不深入研究农业经营主体绿色行为的微观经济特征，很多政策和法规就难以取得

预期的效果。因此，本书的研究在国内外已有研究的基础上，全面分析农业经营主体绿色发展行为的理论基础，从个体特征、资源禀赋、心理因素、市场环境、生产技术、政策制度等方面综合研究农业经营主体绿色发展行为，探讨影响农业经营主体绿色发展行为的主要影响因素和深层次的根本原因，以及相关主体（如中央政府、地方政府）与农业经营主体之间的利益关系，总结出农业经营主体行为的特征。通过实地调研，科学抽取南疆地区农户为样本，实证分析个体特征、资源禀赋和行为变量等因素对农业经营主体行为的影响程度，根据计量结果提出较为科学合理的对策建议，以此来调节农业经营主体绿色发展行为，为提高农产品质量安全水平，提高农产品的社会、生态、经济效益，提高农民收入水平，构建以政府主要部门为主导，以市场机制调节、农户积极参与为手段，以公众监督为保障的环境污染治理政策和制度体系，实现南疆地区经济、社会、生态环境的可持续发展。本书的研究主要解决如下几个关键问题：

一是农业绿色发展是南疆地区防止生态环境退化、提高经济效益、实现社会稳定的必然战略选择。南疆地区需要根据实际情况，通过创新机制和高效的政策组合来实现绿色转型，在借鉴国内外经验的基础上，构建符合南疆地区实际情况的农业经营主体绿色发展行为的理论分析框架，分析各影响因素的影响程度和影响方向。

二是农业经营主体是农业绿色发展的生产行为主体。本书通过对典型地区的抽样调查，以量化的手段，深入分析农业经营主体绿色发展生产决策行为的影响程度和影响方向，再从农业经营主体绿色发展行为从认知到意愿，再到实践的动态过程中发现主要的影响因素，为优化农业经营主体行为的政策建议提供量化基础。

三是结合南疆地区的农业生产经营特点，构建以政府和环保部门为主导，农业经营主体积极参与，公众、社会团体、新闻媒体等广泛监督的绿色发展政策制度框架，探索促进南疆地区农业绿色发展的有效治理模式和途径，为推动南疆地区绿色发展提供政策支撑。

1.3 研究方法

本书的研究以管理学、地理学、资源环境经济学、公共政策学、发展经济学、农业技术等多学科为理论基础，并充分吸收了心理学、行为学、社会学、教育学等方面的相关理论，综合应用理论和实证、定性和定量、综合和比较、归纳和演绎等多种综合分析方法，系统分析了南疆地区农业绿色发展规范背景下的化学投入品使用状况，农业经营主体行为的变化、成因和特征，从实地调查中发现问题，并综合给出农业绿色发展背景下经营主体行为的政策建议。本书具体涉及的研究方法如下：

第一种是分类法和归纳法。本书系统全面地搜集相关的国内外文献资料，准确把握国内外发展动态，综合运用实地调查研究方法，分别对南疆五地州各选取 1~2 个点，从县、乡、村三级，采用分层随机抽样的调查方法，对农业经营主体（农户）进行入户调查，经过多次预调查、修改问卷、正式调查、面对面随机访谈（农户、乡政府工作人员、社区工作人员等）多个步骤，甄别获取问卷的真实性，经过多次筛选，获取真实的第一手实地调查数据，为定量研究行为决策提供了基础。

第二种是归纳法、演绎法和理论分析法。本书全面、系统、分层地整理相关的文献资料和调查数据，构建农业绿色发展下的农业经营主体（农户）的经济条件、人文社会环境、政策制度等方面的理论分析框架，采用 Logistic 模型对农业经营主体行为的影响因素进行分析，剖析农业经营主体（农户）对绿色发展的微观作用机理，以及农户化学品（化肥、农药、地膜等）投入决策的影响因素。农业经营主体（农户）是农业生产经营的最终决策者，也是绿色发展决策的核心，定性和定量相结合的研究方法能从多层次、多角度准确地分析农业经营主体行为的发展脉络。

第三种是博弈论模型。本书在全面分析实地调查数据的基础上，运用博弈论对农业经营过程中绿色发展相关利益主体（中央政府、地方政府、农业生产经营主体、消费者）进行博弈分析，认清绿色发展过程中相关利益主体间的关系，为正确提出相关对策建议打下基础。

第四种是计量分析法。本书对数据分析、模型分析、理论分析的结果进行归纳总结，分层次、分角度地提出问题，对这些问题产生的深层次原因进行剖析，并从国家政策、产业发展、农业企业、微观农户和消费者等多方面给出有效规范农业经营主体行为、有效提升农业绿色发展水平的建议。

1.4　研究思路及技术路线

1.4.1　研究思路

农业经营主体绿色发展行为决策的研究从理论层面需要回答两个问题：一是农业经营主体的绿色行为决策的目标、特征及选择机制；二是实现农业经营主体绿色决策行为目标所需要的政策、市场、环境、制度等方面的支持。本书在充分了解农业经营主体绿色行为相关理论的基础上，归纳和总结了国内外关于农业经营主体绿色行为的理论、实证、计量等方面的研究，从而确定了本书的研究内容：关于农业经营主体绿色行为的理论内涵，以及农业经营主体绿色发展行为决策不同的模式和目标，基于农户个体特征、资源禀赋、市场环境、政策制度等制约因素会对农户决策有不同程度的影响，构建农业经营主体绿色行为影响因素的理论框架，并通过动态博弈和进化博弈来分析中央政府、地方政府、农业经营主体、市场消费者绿色行为决策选择的一般机制。由于农业经营主体绿色行为决策自由度存在差异，将直接导致不同的行为决策集合，并产生不同的决策结果，因此，本书在理论上对农业经营主体绿色行为的影响因素进行系统分析的基础上，利用实地调查数据来佐证理论分析，详细分析了南疆地区农户农业绿色发展的特征和水平，学习和引进国内外关于农业经营主体绿色行为的先进技术成果和计量分析方法，针对当前农业经营主体绿色行为存在的主要问题，对南疆地区农户开展有目标、有实用性的实地调查，分析农户个体特征、资源禀赋、行为变量对农业经营主体绿色行为决策的影响程度，最终给出适宜农户、政府、企业、合作组织等多方的调控手段。

第1章　引言。这一部分从研究背景出发，分析本书研究的意义，确立研究的目标，并通过实地调查、计量模型、归纳分析等不同的研究方法，明确研究所要解决的关键问题。

第2章　相关理论与研究动态。这一部分在简述了绿色发展和与农业经营主体相关的内涵，确定本书研究的范围，运用可持续发展理论、农户行为理论、集体行动理论、路径依赖理论及产权理论等相关理论的基础上，回顾了国内外关于绿色发展以及农业经营主体行为的主要影响因素的相关研究，并对这些研究做了简单的评价。

第3章　南疆地区经济与环境发展概况。这一部分运用《新疆统计年鉴》

的数据对新疆的自然环境、经济发展状况和农业及畜牧业发展做了系统描述，以便于了解南疆地区经济社会具体的发展阶段和状况。

第4章 南疆地区农业绿色发展水平测度。这一部分通过相关统计数据从四个维度分析南疆地区绿色发展的特征，并对南疆地区绿色发展进行测度。

第5章 农业经营主体绿色发展行为的理论分析基础。这一部分在对农业经营主体绿色行为的基本内涵有所了解的基础上，梳理出农业经营主体绿色行为的主要特征，并分析了农业经营主体绿色行为决策的主要模式和目标。

第6章 农业经营主体绿色发展行为影响因素的理论框架。为全面和系统地了解农业经营主体绿色发展行为的影响因素，本章从农业经营主体绿色发展行为影响因素的理论层面进行分析的基础上，全面分析了影响农业经营主体绿色发展行为的自然、经济、社会、制度等方面的内外部因素，以及这些因素的影响方面。

第7章 农业经营主体绿色发展行为博弈分析。这一部分从动态博弈理论和进化博弈理论模型两个角度分别分析了中央政府、地方政府、农业经营主体、市场消费者的绿色发展决策选择行为博弈，其中以政府和农业经营主体之间的博弈分析为主。

第8章 影响南疆地区农业经营主体绿色发展行为的实证分析。这一部分以南疆地区农户抽样调查为依据，调查农业经营主体绿色行为状况及行为决策，对影响被调查农业经营主体绿色行为的自然、社会、经济等因素进行了描述性统计分析。在实地调查数据的基础上，这一部分运用 Logistic 模型分析农业经营主体绿色行为决策中的个体特征、资源禀赋和行为变量对农业经营主体绿色行为的影响方向及程度，并通过模型估计结果分析产生现有农户绿色发展行为的可能原因。

第9章 促进南疆地区农业经营主体绿色发展行为的政策建议。本章在前文分析研究的基础上，归纳出研究的主要结论，并从政策机制、政策工具、政策建议等多个角度，探讨引导农业经营主体绿色发展行为决策，推动南疆地区农业农村经济绿色发展的对策。

1.4.2　技术路线

本书的技术路线如图 1-1 所示。

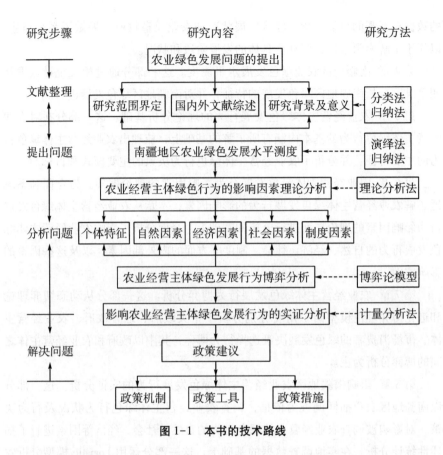

图 1-1　本书的技术路线

1.5　创新之处与不足

本书学术思想和学术观点的特色和创新：农业经营主体是南疆地区绿色发展的主要实践者，受到诸多内生和外生变量的影响，如何从理论和实证两个维度系统全面剖析农业经营主体绿色发展生产行为，探求和分析影响农业经营主体绿色生产行为的深层次因素是南疆地区农业绿色发展的关键。由于目前还没有针对南疆地区全面、深入、系统地从新型农业经营主体行为的视角研究绿色发展的专著或调研报告，因此本书具有较为明显的创新性。同时，本书对现有研究中一些片面的观点进行了补充，提出了一些更具说服力和可操作性的建议。

本书研究方法的特色和创新：农业发展向绿色方向进行结构调整是农业供

给侧结构性改革的重要内容。农业新型经营主体既是绿色发展的主体，也是农产品供给、农业现代化发展的主体，而农业经营主体行为决策是一个动态发展过程。本书以农业经营主体行为作为研究的切入点，针对南疆地区这一特定区域构建了农业经营主体绿色发展行为决策的理论分析框架，建立了农业经营主体绿色发展行为认知、绿色发展行为意愿、绿色生产行为实践三个阶段的理论和计量模型，旨在从源头上提升民族地区绿色发展水平，推进"五化"协同发展。

研究农业经营主体绿色行为决策的难点不仅在于各方面资料难以搜集和整理，而且因为它与农村经济体制等各种复杂因素糅合在一起，增加了我们把握问题的难度。本书在前人理论研究和自己思考的基础上，将研究的重点集中在农业经营主体绿色发展的微观经营行为及影响因素上，以期能解释农业经营主体绿色发展的相关问题并得出一些具体而有针对性的建议，为制定正确的农业绿色发展决策提供参考，但由于我们水平有限，分析的广度和深度都非常有限。一是本书的研究对农业经营主体绿色发展行为的影响因素进行了多层面、多角度的分析，但影响农业经营主体绿色发展行为的因素具有复杂性、多样性以及资料的不足，可能对影响因素的考虑并不全面；二是受调查对象和调研能力的限制，本书采取了随机抽样的方式从南疆地区部分县乡中进行抽样实地调查。

2 相关理论与研究动态

本书的研究首先从农业绿色发展和农业经营主体行为的相关概念出发，了解涉及这两个概念的相关理论，准确把握国内外研究进展，为农业经营主体绿色发展的理论框架搭建和实证研究做准备。

2.1 概念界定

2.1.1 绿色发展的含义与特征

2.1.1.1 绿色发展的含义

2.1.1.1.1 绿色发展的内涵

党的十八大首次提出"建设美丽中国"，习近平总书记的"两山理论"在十八届五中全会又得到了进一步的深化，提出必须要坚持资源节约、保护环境的基本国策，走生产发展、生活富裕、生态良好的文明发展的道路，建设资源节约、环境有好的人与自然和谐发展的新格局。绿色发展是马克思生态理论和中国当代特殊国情的有机结合，是国家发展理念的重大新飞跃。

绿色发展理念的提出是建立在科学发展的基础上的，是对全球工业化过程进行了充分的反思后提出来的，特别是反思改革开放以来我国经济社会发展的轨迹。随着生产力的发展，人类社会对自然环境的影响越来越强，人类活动对自然的破坏使我国对自身的发展方式进行了反思，对我国未来社会的发展道路进行了思考，最终提出我国必须要在实践、理论、制度创新的基础上，协调推进"四个全面"（即全面建设社会主义现代化国家、全面深化改革、全面依法治国、全面从严治党）战略布局，毫不动摇地发展中国特色社会主义，牢固树立创新、协调、绿色、开放、共享的新发展理念，为我国全面建成社会主义现代化强国而努力的目标。

从经济发展的角度来看，绿色发展是创新驱动，传统产业、发展模式和路径是很难形成有效持续的增长效用的，要从量到质、从要素驱动到创新驱动、从以资源利用为主到节能环保为主，这个绿色发展是以科学发展观为基础的，强调生态环境保护的，在改善生产生活的生态环境的基础上，开发绿色资源、产出绿色经济产值、拓展绿色发展空间，从技术创新、文化创新、制度创新、管理创新等多方面实现绿色发展的转型升级。

从政治建设的角度来看，绿色发展是高层次的发展，绿色发展对政府执政水平、国家治理能力等方面提出了更高层次的要求，我国可以从国外的发展经验中，探索适合中国当前国情的发展道路，系统推进国家治理体系和治理能力现代化，不断融入国际环境治理体系，从经济和社会的重大发展方面发挥更大的国际影响力。

从生态环境的角度来看，绿色发展是可持续发展，绿色发展的核心是要把生态环境保护放在首要位置，将生态环境保护融入经济社会发展的全过程，逐步实现经济社会发展和生态文明的协调统一，保护生态环境就是保护生产力，如何治理生态环境关键在人，关键在思路，绿色发展理念要统一来看"绿色"和"发展"，绿色发展理念要在经济社会的发展过程中起到先导性作用，中国的绿色发展，对全球人类社会的未来有着现实意义和价值。

从社会发展角度来看，绿色发展是普惠民生的发展，绿色是对美好生活追求的永续发展的具体体现，可以满足人民群众对绿色食品的需求，生态环境是最公平的公共物品，只有强调人类社会赖以生存的生态环境的生产发展性，突出生态环境的生存宜居功能，在确保提升生态环境适合人类生存和生活的标准的基础上，强调绿色发展才能满足广大人民群众的全面发展。

从文化价值的角度来看，绿色发展是和谐向上的发展，文化建设在社会发展的进程中具有排浊吐氧的绿肺功能，文化建设是绿色发展的灵魂，秉持绿色的世界观、价值观和法治观，才能实现绿色的生产生活方式，绿色文化与绿色发展紧密相关，必须在传承中华优秀传统文化的基础上，吸收世界先进文化的养分，凝聚社会共识，倡导和谐绿色的中国优秀文化价值观，实现中华民族伟大复兴的中国梦。

绿色发展是以节约、效率、和谐为目标的经济社会发展方式，其特点是资源节约型、环境友好型。经济合作与发展组织（OECD）曾给出"绿色增长"的定义："绿色增长指的是在确保自然资源能够持续为人类幸福提供各种资源和环境服务的同时，促进经济增长和发展。"其核心要义指出绿色增长作为一种经济社会发展方式，既要以追求经济增长和社会发展为目标，又要遏制自然环境的恶化、生物多样性的降低、资源不可持续利用等现象；既要强调经济社会发展和生态环境协调，又要通过完善社会保障制度、改变人类消费习惯、提高就业水平、提倡人类健康生活方式等多种手段来协调资源分配的问题。而世界银行（The World Bank）指出，绿色发展是区别于传统发展的一种新型的发展模式，是涉及生产模式、消费方式、发展理念的一种全面深刻的变革模式，绿色发展将在一定程度上摆脱原有的"三高一低"（高投入、高消耗、高污染、低效益）的发展模式，并形成一种低碳、资源节约、环境改善的经济社会增长方式。绿色发展涵盖的范围较为广泛，包括绿色技术、森林覆盖率、生态环境修复、循环产业、资源再利用、可再生资源、节能减排等多个方面。

综上所述，绿色发展至少包含两层含义：一是绿色，二是发展。绿色发展既要绿色，即合理使用资源、保护生态环境，又要发展，即实现经济增长、社会进步和可持续发展。绿色与发展两个方面都不可或缺。要实现绿色发展，就要绿色和发展两手抓，只有绿色没有发展，或者只有发展而没有绿色，都不是绿色发展，绿色发展的核心含义与习近平总书记多次强调的"两山理论"完全一致，绿色发展就是既要绿水青山，又要金山银山。本书的研究中的绿色发展特指农业绿色发展，在农业的生产经营过程中合理配置农业资源，规范农业经营主体农资产品投入行为，推广农业绿色技术，保护生态环境，实现农业经济可持续增长、农业社会环境改善，农业生态环境得到有效保护，从而实现农业绿色发展。

2.1.1.1.2　绿色发展的本质

绿色发展的本质是发展模式从粗放的发展向集约、低碳、环保的发展转变，在资源环境的约束下，实现经济、社会、生态、环境、文化等可持续发展，以生产经营活动的"绿色化"和"生态化"为经济社会发展的目的。绿色发展是人与自然和谐发展，依靠绿色环保措施，实现可持续发展，绿色发展的核心是转变中国的发展模式，实现中国的可持续和永续发展。

绿色发展体现了整体性、和谐性、可持续性、时代性、高效性的要求。一是整体性。整体性是对全国、全产业、全人类等的发展模式的整体性转变，而不是局部性改革。二是和谐性。和谐性是不仅在时间层次上，还要在空间层次上实现和谐，这种和谐包括代际、短期和长远之间、国家和区域之间、生态系统内部和外部之间的和谐。三是可持续性。可持续性是强调生产经营中的"三低"（低消耗、低排放、低污染），实现永续发展的可持续发展。四是时代性。时代性是经济社会发展进入新阶段、人类社会文明进入新时代。五是高效性。高效性是生态环境恢复到原始自然状况，最终代表生产经营的发展方向。

2.1.1.2　绿色发展的基本特征

绿色发展作为一种新的发展模式，主要表现在"三低"和"三高"（高效率、高循环、高效益）两个方面，即实现"三低"和"三高"的有机统一，既体现了绿色发展的"绿色"，又体现了绿色发展的"发展"。

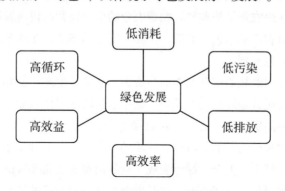

图 2-1 绿色发展的基本特征

（1）低消耗指的是单位产品生产所需的资源和能源消耗较少，绿色发展要求在生产经营的过程中尽量降低对水资源、大气资源、土壤资源、矿产资源、能源资源，特别是像煤炭、石油等不可再生资源的消耗，在有限资源约束下实现可持续发展。

（2）低污染指的是尽可能减少生产生活中大气、水、土壤等中的污染排放物，降低环境污染程度，实现生态环境的可持续发展。

（3）低排放指的是降低经济社会发展中二氧化碳的排放，二氧化碳的排放是全球变暖、温室效应的重要原因之一，低排放将以低碳、碳中和等指标为依据。

（4）高效率指的是以低投入获得高产出，提高生产经营的全要素生产率和资源配置效率，一方面使行业中的生产经营要素实现高效配置，另一方面实现生产经营要素在不同行业和区域的高效配置。

（5）高循环指的是通过资源的循环利用的"3R"（减量化、再利用、资源化）原则，达到经济、社会、自然、生态系统的物质循环，实现生态平衡下的可持续发展，绿色发展的循环经济模式是对废旧资源的再利用，形成从资源到产品、再到再生资源的循环系统。

（6）高效益指的是在考虑到成本和产出的价格因素的前提下，用低投入来实现高效益，并实现有价值量的生产经营活动成果。

2.1.1.3 农业绿色发展的内涵

党的十九大报告提出，中国特色社会主义新时代的主要矛盾发生了根本性的变化，主要矛盾的转变对农业现代化发展提出了更高的要求，南疆地区是以农业发展为基础的地区，经过四十多年的改革发展，农业农村环境得到了根本性改善，这都与南疆地区绿色可持续的农业发展之路息息相关，在未来的一段时间里，继续加快农业结构调整，期望农业的生产经营的快速发展能够满足人民日益增长的对农产品绿色、健康、营养、安全的需求，在这个过程中必须进一步推进农业绿色发展。

农业绿色发展的核心定义是在满足资源、环境、生态、循环、安全的前提条件下，满足人民日益增长的对营养、健康、优质、绿色农业的需求，农业绿色发展就是其中的重要路径之一。农业绿色发展要注重如下几个方面的发展，一是人民日益增长的对营养、健康、优质的需求，人民对食品需求从吃饱转变为吃好，营养、健康、安全、绿色变成了食品消费者首先要考虑的问题，这就为农业绿色发展提供了市场空间。二是农业生产经营方式的转型升级，从原来的农业单一发展到种植业、渔业、牧业、农业服务业的多产业共同协作，农业绿色发展的范围扩大。三是农业生产经营的业态发生改变，如生产阶段的植物工厂和智慧农业、加工阶段的绿色技术和研发、流通阶段的电商和物联网、消费阶段的直营和专卖店，为农业绿色发展创造条件。

为了解决农业生态环境污染、农业资源供给减少、优质安全绿色农产品供给不足、部分农作物供给过量导致库存压力大、农民无法分享产业化红利、农业绿色技术落后、绿色农产品加工领域的研发等问题，必须进一步推进农业绿色发展。一是深化农业供给侧结构性改革，调整农业产业结构和产品结构，提升农产品质量，实现大品牌规模化经营；二是在保证粮食安全的基础上，增加绿色农产品的有效供给，构建绿色农业产业链，实现农民收入的提质增效；三是加强农业科技研发，开展以农业绿色发展为主的科技攻关体系，创新科技成果转化机制，加快农业生态环境监测风险评估体系，构建好绿色农产品的示范推广体系；四是加快对大众的营养健康绿色消费的引导，提高优质绿色农产品的推介，提高大众对营养健康绿色食品的认可；五是加强一、二、三产业融合发展，提高农业绿色发展的经济效益，吸引更多的人才到绿色发展的研发、产业、技术等环节中去，使更多的人享受到农业绿色发展的成果。

2.1.2 新型农业经营体系的内涵及方向

2.1.2.1 新型农业经营体系的内涵及范围

党的十八大报告首次提出要培育新型农业经营主体，以家庭承包为基础，以种养殖大户、家庭农场、农民专业合作社、农业产业化龙头企业为骨干，以其他组织形式为补充，大力培育专业大户、家庭农场、专业合作社等新型农业经营主体，发展多种形式的规模化经营，构建集约化、组织化、专业化、社会化的新型农业经营体系，发展多种形式的农业经营和社会化服务，有利于缓解农业农村环境污染等问题，保障绿色农业健康发展。新型农业经营体系关注农业生产经营活动的主体和生产经营的方式，重点是谁来生产和怎么生产，在现代农业的发展体制机制里起到保障和组织支撑的作用，以现代农业经营主体、服务方式、组织方式、技术连接为一个整体，激发体制机制创新，构建职业化的农民队伍，形成一支高素质的农业生产经营队伍，发展适度规模化和集约化农业经营。

一是种养殖大户和家庭农场。种养殖大户和家庭农场在农业生产经营活动中发挥着基础作用，是保障粮食安全生产的主力军，拥有一定的生产经营管理能力，可通过一定的资金保障，通过土地流转、规划经营、企业投资等形式实现集约化管理和规模化种养殖。

二是农民专业合作社。农民专业合作社集生产、经营、服务为一体，融入了农户和新型主体的优势，在农业产业链中发挥连接作用，发挥联系农户、自我服务、自我组织的作用，主要探索农地承包经营权入股、托管、产供销服务等模式，整合农地资源，实现规模化经营和组织化生产。

三是龙头企业和大产业集团。龙头企业和大产业集团的建立必须产权明晰，管理高效，治理完善，在绿色、高端、循环农产品方面发挥引导示范作用，可利用优越的市场开拓能力、雄厚的经济实力、完善的组织架构等，与农户签订订单农业，实现农业生产经营的规模化、标准化和产业化。

四是农业社会化服务组织。农业社会化服务组织是为农业的生产经营活动提供技术支撑和服务的，也是农业生产经营中的一部分，运用技术优势在产前、产中、产后多个环节，提供农业信贷、代耕代种、牲畜托管、土地托管等服务，从而形成连片作业的农业规模化经营。

五是新农人。新农人是指具有科学文化素养、掌握现代农业生产技能、具备一定经营管理能力，以农业生产、经营或服务为主要职业，以农业收入为主要生活来源，居住在农村或城市的农业从业人员，是农业现代化进入中国发展后产生的一个新群体，以生态理念为基础，运用互联网等高科技手段，实现农产品直销，为消费者提供生态安全、绿色优质的农产品。

在工业化和城镇化快速推进的条件下，新型农业经营体系的构建是为了进一步解放农村劳动力，转变农业发展方式，确保农产品的有效供给和质量安全，并解决"谁来种地"问题的关键。

2.1.2.2 新型农业经营体系的发展方向

我国农业的发展要进一步推动农业生产经营的规模化、集约化、绿色化，推动家庭经营、合作经营、企业经营、集体经营共同发展，重点在于培育新型农业经营主体和新型职业农民，发展农业社会化服务，最终实现农业生产经营效益最大化。

一是完善土地制度。我国一直在完善农业农村土地经营制度，完善土地所有权、承包权、经营权的三权分置，对农村土地承包经营权的确权登记，以土地流转、土地入股、土地托管等多种形式实现土地的规模化经营。

二是培育新型农业经营主体。新型农业经营主体的培育重点在利用好财政、金融、保险、税收等政策，加大对新型农业经营主体的扶持，加快建立农业绿色信贷服务，通过股份制等形式实现农业生产经营的规模化种养殖，提高农民收益。

三是加强新型农民培训。将培养教育新型农民纳入农民技能培训的范围，采用政府购买的形式提供公益性农民培训，引导大学生返乡创业，成为新型农民。

四是强化农业生产经营社会化服务。加快培育社会化服务组织，积极推进测土配方肥、低毒农药、生物质农药、有机肥、缓控释肥、机械捡膜、畜禽粪便处理等技术服务，建立与农业技术服务相关的配套设施，鼓励社会化服务有效地连接家庭农场，实现农业的规模化经营。

五是提供良好的政策。采用补贴、税收、信贷等多种手段，积极扶持规划农业经营体系，提高农民素质，切实做好农民合作在产业链中的连接作用，提高市场竞争力。通过兼并、重组、收购等多种形式建立农业大产业集团，鼓励农村实现多元主体、专业服务、市场运作的种养殖体系，构建公益性和经营性、专业服务和综合服务相结合的新型农业社会化服务体系。

从以上关于新型农业经营体系概念界定和特征的概述，不难发现在南疆地区的农业经营主体可能没有新型农业经营体系所包含的范围广，农业绿色发展阶段可能没有国家农业绿色发展的水平高。因此，在本书关于农业绿色发展水平评价中，如农业高技术、绿色生产方式等所代表的指标并没有预期的多，仅仅以现阶段农业绿色发展的相关指标来测算当下水平；在农业经营主体的理论框架的搭建中，以农户入户随机抽样调查为样本对象，主要阐述了农业经营主体中农户这个重要角色的行为影响因素，并采用上千份的入户调查问卷量化结果，希望通过这种专业专项的调查得出合理的南疆地区绿色发展的现状。

2.2　理论依据

2.2.1　可持续发展理论

可持续发展是人类为了克服环境污染和生态环境破坏而提出的事关经济、社会、环境、人文等方面的一个重要理念，是对环境失衡做出的理性选择。可持续发展关系人类发展的命运，是科学发展观的重要方面。可持续发展是由美国海洋生物学家蕾切尔·卡逊（Rachel Carson）在其《寂静的春天》（1962年）一书中首次提出的。书中描述了因过量使用双对氯苯基三氯乙烷（DDT）等农药和化肥所带来的农村生态环境的严重恶化，同时她还呼吁大家反思：过量的化学物质的投入带来的环境问题将影响人类的生存和发展。之后德内拉·梅多斯和巴尼斯·梅多斯的《增长的极限》（1972年）根据数学模型预测了在未来一个世纪里，人口和经济的过快增长会导致地球资源枯竭和生态环境破坏，如果不限制工业和人口的过快增长，这一悲剧最终将发生。联合国人类环境会议通过的《联合国人类环境会议宣言》（1972年）报告呼吁各国政府广泛关注全球环境问题。世界环境与发展委员会（UNCED）发表了《我们共同的未来》（1987年）报告，该报告首次较为完整地提出了可持续发展的定义。《里约环境与发展宣言》（1992年）、《约翰内斯堡可持续发展宣言》（2002年）、"人与地球的可持续发展：值得选择的未来"（2012年）陆续在全球各大会议发布，可持续发展理念不断深入人心，得到了全球很多国家的广泛关注。可持续发展包括两个方面：一方面是需求，另一方面是对需求的限制。首先要满足人类的基本需求，特别是对经济发展的迫切需求，其次要限制这种经济发展需求所带来的危害——这种危害必然造成对大气系统、土壤、水体、生物等要素的破坏。

可持续发展一般包括公平性、效率性、生态性、共同性的原则，影响到自然、经济、社会、生态、文化等诸多方面的发展，涉及经济、社会、生态的可持续的协调统一，而将这一理论运用到南疆地区绿色发展之中，则需要关注南疆地区农业经营主体具体的行为决策，要以经济和生态平衡为目标，建立可持续发展的农业生态系统。行为决策的目的是提高全要素生产率，以农业农村生态环境为基础的行为，最终形成生态、循环、节约、集约的农业生产经营体系。

2.2.2　外部性理论

外部性理论是英国经济学家马歇尔在他的《经济学原理》（1890年）一书中提出的。马歇尔提出，随着企业产品生产规模的扩大，会产生两种经济成分，一种是依赖产业的一般发展所形成的经济，另一种是依赖产业自身资源、企业组织和经营效率所形成的经济，前一种称为外部经济，后一种称为内部经济。之后英国经济学家庇古（马歇尔的学生）在《福利经济学》（1920年）一书中，首次用现代经济学方法，从福利经济学的角度对外部性问题进行了考量，实现了从马歇尔的"外部经济"到"外部不经济"的扩充，将研究内容从外部性对企业的影响扩展到了外部性对企业和居民或者其他企业和居民的影响，首次提出了企业的资源开发会造成环境破坏，而这种环境破坏被称为负外部性。负外部性不会随着企业的生产进入私人成本，且价格只能补偿私人成本，却无法补偿全部的社会成本，这种现象会致使市场偏离帕累托最优状态。如若要补偿全部的社会成本，必须通过第三方的制度，即国家利用强制性手段征收边际社会成本高于私人成本部分的税收，学界将这一税收称为"庇古税"，是新古典经济学的政策制定的理论基石。科斯的《社会成本问题》（1960年）提出的科斯定理又对庇古税进行了创新和发展。

外部性在其他经济类文献中经常被称为外部经济或外部效应，而外部性的概念自从被提出后，就有诸多争议，如美国的蒂博尔·希托夫斯基认为外部经济的概念一直以来是最令人费解的，迄今为止都没有一个权威的定义。常规性的描述是这样定义的：外部性是某一经济单位或个人的经济活动造成其他经济单位或个人的或正或负的非市场性影响，这种非市场性体现在活动所产生的成本不通过市场价格来体现，是一种无意识的强加。假定市场行为是自私的，我们可以预测市场结果：如果产生的负外部性对企业或个人是有利的结果，那么企业或个人会愿意执行该行为。外部性表现在私人成本和社会成本不一致的时候，特别是社会成本远高于私人成本，某一商品在生产和消费的过程中会使他人产出额外的成本或收益，而生产或消费的行为却没有办法用货币的方式予以补偿，外部性就会随之而来。正外部性是企业或个人决策所产生的收益会有一部分被企业或个人以外的其他相关者获得，负外部性是企业或个人决策所产生的成本由其他相关者支付。外部性的特征包括经济活动强加给其他个体的溢出效应、经济活动对其他个体的影响运行在市场机制以外、额外的社会成本不会表现为价格或货币的形式。

如何克服或降低南疆地区农业经营主体行为的负外部性值得我们深思。如果按照"庇古税"的理念，就应该针对农业污染行为征税，对环保行为进行补贴，以实现农业生态环境外部效应的内部化。在产权界定清晰的条件下，无需政府来调节市场失灵，只需要自行协商就可以达到农业农村资源的最优配置。但就南疆地区的现实状况而言，在绿色发展体制机制不健全的前提下，无法实现自行协商。

2.2.3 产权理论

现代产权理论的创始人是著名的诺贝尔经济学奖得主科斯（1991 年）。他一直致力于考察经济运行的制度，即财产权力结构，而不是经济运行本身，即通过对产权的界定，从经济和法律的角度来考量产权理论的内涵以及产权收益和成本的关系。科斯第二定理在马克思产权理论的指导下，从正反两面深刻阐述了科斯产权理论的特点和本质。科斯的产权理论认为，私有企业拥有占有剩余利润的绝对权力，私有企业产权人只需用利润激励机制去提高企业的效益，这点优于国有企业。而没有产权的经济社会的效率是绝对低下的、资源是无效配置的、市场经济是无法正常调节运行的。如果要保证经济社会的高效率，产权就必须拥有以下特征：一是明确性，产权制度是包括所有者的所有权力的总和体系，并能对破坏权力体系的所有者进行处罚；二是专有性，产权制度因某一行为产生的收益或损失都有权直接与行为人相联系；三是可转让性，产权制度的权力集合可以被转移到所有者认为具有最优价值的途径上；四是可操作性，产权制度可有效地解决外部不经济的问题。科斯认为在协议成本最小的前提下，可通过市场交易达到资源的最优配置。科斯产权理论的核心是：人类社会所有经济活动都是在制度安排下进行的，实际就是人类行使权力的能力，而经济分析必须要先界定产权，明确当事人的义务和权利，通过权力的交易达到社会成本的最大化。完全产权制度对资源、人口、环境、经济的协调发展具有重要的意义。现实中的市场是有缺陷的，企业产权界定不清将导致外部性的存在，使得产权交易市场存在障碍，这些又会影响到企业或个人的行为和资源配置的结果。在利润最大化的前提条件下，必须要把产权纳入考量的范围。科斯的《企业的性质》（1937 年）、《联邦通讯协议》（1958 年）、《社会成本问题》（1960 年）都是对产权理论的进一步扩展和描述，并形成了科斯第一定理：在没有社会成本或交易费用的条件下，产权制度存在与否都不能影响到以自愿协商的方式通过市场交易达到资源最优配置；科斯第二定理：如果社会成本或交易费用存在，不同的产权制度对资源配置有较大影响。

从以上介绍可以看出，产权制度对资源、环境、生态、人口、经济等协调发展有重要的影响，对研究南疆地区农业绿色发展具有重要的作用。在南疆地区现有市场经济条件下，只有明确水资源、大气、土地等的产权，才能制定出更好的政策工具，有效推进农业绿色发展。

2.2.4 农户行为理论

在国际上，学界比较认同的农户行为理论主要包括组织生产学派、理性小农学派和历史学派三个学派。

组织生产学派以俄罗斯的恰亚诺夫为代表，其认为农户的行为决策和私有企业存在明显的差距，农户个体依靠自身劳动、非雇佣劳动力获得农业经济的发展。一般来说，农业产出是为了满足家庭生活所需，而不是为了追求利润最大化。农户家庭投入的劳动力都是家庭成员，无法以工资的形式来表现，并不计入劳动力成本，但劳动力产出会推动农业产出，在农户追求利润最大化的时候，行为决策会在满足家庭生活所需和劳动力供给的基础上，实现农作物的生产，而不是为了平衡投入和产出。

理性小农学派以美国的西奥多·舒尔茨为代表，其提出的农户理性解决了农户经济学研究的基本问题，这也是古典经济学最大的问题所在，市场经济让农户行为在更加严密的约束条件下运行，价格接受只是市场经济运行条件下一个非常特殊的点，企业或个人的行为决策由整个市场价格系统来支配，企业或个人在追求利润最大化的条件下所能决策的行为很少，但在传统农业中，这一论断是不存在的，传统农业中农户和企业的决策是无差别的，都是实现生产要素的合理配置，并不存在低效率的现象。

历史学派以美国的黄宗智为代表，其结合了上述学派的观点，提出农户在边际报酬极低的情况下仍能投入劳动力等资本，因此没有边际报酬的概念。例如耕地规模小、家庭剩余劳动力多，且外部市场不发达，在缺乏就业机会的前提下，农户家庭投入劳动力的成本几乎为零。

由于所处的农业发展历史阶段、信息技术发展阶段、研究对象和方法不同，以上三个学派给出了农业经营主体行为的不同研究结果。这三个学派的观点给农业经营主体行为的研究范围和绿色发展对农业经营主体行为的引导提供一定的理论基础。在现如今市场经济条件的制约下，南疆地区农业经营主体的行为必然会在追求农业产出效益最大化的前提下，受到经济、社会、文化、环境等的影响，在特定的条件下，农业经营主体行为决策都有其存在的合理性和必然性，农户作为农业生产经营的主体，本书的研究必然要探索农业经营主体的行为特征和产生的原因，从更深层次提出农业绿色发展的政策建议。

2.2.5 路径依赖理论

路径依赖理论又被称为路径依赖性。长久以来，人类社会发展中的技术变迁、制度变化、行为改变就像物理上提出的惯性一样，一旦进入某个好或坏的状态，路径就很难改变，惯性的力量会起到不断强化的作用，并不能轻易地改变路径。美国的制度经济学家道格拉斯·诺思用路径依赖理论来完整阐述了经济制度是如何变迁的，从制度经济学的角度来阐述制度变迁的轨迹。但并不是所有国家的发展轨迹都是一样的，有些长期经济不发达的国家会陷入长期不发展的经济怪圈。诺思在考察了西方近代经济史的基础上，认为制度改革是存在路径依赖的，而这一理论被广泛地用于行为决策、政策变迁、技术发展等诸多方面，简单来说，就是人类过去的行为决策会影响现在的行为决策，形成个人独有的行为习惯。

南疆地区农业经营主体的绿色行为决策可以用到路径依赖理论，如农资品的过量投入、信息的传播途径等都受到路径依赖理论的影响，农业经营主体为保持持续高产，会逐年增加化肥、农药、地膜等农业化学品的投入，但没有认识到边际报酬递减规律，并在农业生产经营行为决策过程中不断地自我加强这一理念。

2.2.6 集体行动理论

集体行动理论是美国经济学家曼瑟尔·奥尔森在《集体行动逻辑》一书中提出的，是政治过程理论和资源社会动员的基础，实现了数学建模在社会运动中的运用。集体行动理论指出，只要有公共物品的存在，无论该社会成员是否对其有支付，都不影响其免费使用公共物品，这就意味着当人类成为群体，大家都会为了特定的公共物品而付出代价，但不排除部分成员不劳而获地享受成果，这就造成了公地悲剧，即现实生活中常说的"搭便车"，这种现象会随着群体成员的增加而增多。一是在公共物品数量一定的情况下，随着群体成员的增加，各个成员从中获取的公共物品会减少；二是在群体成员数量一定的情况下，当各个成员在集体行动过程中的相对贡献降低时，集体行动中各个成员的荣誉感、自豪感、满足感会降低；三是群体成员数量增加到一定规模时，成员之间的相互监督力度降低，某一成员不参与集体行动也不会被发现；四是全体成员数量的持续增加，会提高参与集体行动的代价或成本，在大家都寻求同一公共物品的情况下，所有成员都会不想付出代价或成本，就会产生"搭便车"现象。

集体行动理论提出了"搭便车"困境的解决途径：选择性激励为群体中的各个理性成员获取公共物品所付出的努力为实现效用最大化提供了有效手段。选择性激励假设某一成员不参加集体行动就无法获得相应的公共物品。一是在参与集体行动成员较少的情况下，某一成员不参加集体行动就会影响到整体公共物品的奖励，群体间的监督变得尤为重要，如果有人不参加集体行动，就不能获得公共物品奖励，甚至边缘化该个体使其以后都不能参加集体行动，这就是小组织原理。二是在参加集体行动成员较多并达到一定规模的情况下，可对群体成员进行分层次监督管理，每层都是一个小组织，就能很好地提高群体内成员的集体参与度和获得奖励的有效性。三是群体内的成员不以平均主义作为奖励的划分标准，应确立各个成员所获得的权力为集体做贡献，如分配制度中的"多劳多得"。

南疆地区的农业农村生态环境就存在搭便车的现象，很多的农业经营主体虽然认识到了环境的持续破坏会对生产、生活产生影响，但在污染农业农村环境这一公共资源并不付费的情况下，农户只想通过农业生产经营行为从环境中获得更多的资源，以取得农作物的高产出，提高家庭收入。但对于南疆地区的农业农村环境而言，这种不考虑边际效益的持续性开发，会造成土壤、水体、大气等环境污染和身体健康、农产品质量等诸多问题。

2.3 国内外研究动态

2.3.1 国外研究动态

2.3.1.1 关于农业经营主体行为方面的研究

由于农业经营主体是农业结构调整、农产品供给的主体，也是农业现代化发展的主体，其行为决策将直接影响到地区绿色发展的质量，因此我们必须通过农业经营主体行为决策质量的提升来推动农产品供给结构的改变，从而提高民族地区绿色发展水平。农业经营主体包含的内容十分丰富，国内外学者采用的研究方式各有不同。国外学者认为农业经营主体行为是复杂的，单纯的经济模型不能解释其复杂性（Fairweather & Keating，1994；Coughenour & Swanson，1988；Salamon & Davis-Brown，1986），必须要把社会心理学的一些理论和方法引入到农业经济领域来解释农业经营主体的行为，在多属性态度理论的基础上提出了理性行为理论。此外，还应考虑个人特征和外在环境变量的影响（Fishbein & Ajzen，1975）。从20世纪60年代绿色革命开始，大多数研究都针对微观层面影响农业经营主体行为决策的因素（Feder，1981；Feder，1982；Leathers & Smale，1991；Pitt & Suodiningrat，1991；Just & Zilberman，1983；Dinar & Yaron，1992），也有研究针对宏观层面的农业经营主体行为决策的趋势（Feder，1985；Feder，1993）。

随着农业生态环境的日益恶化，绿色发展日趋重要，学者们开始用计量模型分析农业经营主体决策行为（Arellanes & Lee，2003；Harper，et al.，1990；D'Souza，et al.，1993；Okoye，1998；McNamara，et al.，1991），并将个体特征、农业特征、经济特征、管理特征、行为特征等变量纳入分析的范围。

2.3.1.2 关于绿色发展方面的研究

国外学者使用绿色经济、绿色增长、低碳经济、可持续发展等词汇来描述绿色发展，这些概念之间的边界比较模糊，在使用的过程中没有明显的区别。

随着全球工业化的快速推进，环境问题已经成为先工业化国家发展中的一个重要阻碍。西方学者开始主动关注环境污染产生的原因和解决的途径，如《寂静的春天》（Rachel Carson，1962）引起全球对环境污染的广泛关注；《增长的极限》（Meadows D.，Randers J.，1972）提出盲目的经济增长只会给人类带来危机，在多个国际组织的广泛推动下，可持续发展观获得了全球的认同；有学者提出借助绿色经济政策的研究，制定治理政策消除环境的外部性（Jacobs，1991）；也有学者从资源环境的角度将绿色经济重新定义，提出生态环境的恶意破坏影响人类幸福（Resrdon，2007）。此外关于绿色发展的概念也不断被提出，如《我们能源的未来：创建低碳经济》提出了低碳经济的概念；2005年第五届亚太环境与发展问题会议提出绿色增长的概念；2012年"里约+20"峰会上，全球进一步达成绿色发展的共识；2012年联合国可持续发展大会将"发展绿色经济"作为主题，并指出全球经济发展的新方向就是绿色发展，全球要实现绿色经济的转型。

制度如何影响绿色经济的发展一直以来都是国外学者广泛关注的一个方面。早期的制度经济学派认为国民生产总值（GNP）作为经济价值，只是社会价值的一种而不是全部，社会价值应该包括生态平衡、社会平等、闲暇时间的欲望等，虽然没有明确地提出绿色发展的概念，但是提出制度可以对绿色经济、可持续发展、生态环保等方面产生影响。Jacobs、Postel等于1990年提出绿色经济的成本应包括社会成本，如商业团体、社区、工会、法律、政治组织、国际环保条例等。Janicke在2010年提出政府需要通过宣传、目标设定、决策、执行、结果5个阶段的发展来使市场的发展成为很好的信息反馈环境，不断完善绿色产业政策。Kamp在2005年提出创新和环保之间存在相互影响的关系，可通过技术研发来实现环境保护。

2.3.1.3 关于农业绿色发展方面

第一，关于农业绿色发展的内涵。Abdul 在 2014 年指出，对于不发达地区来说，走农业可持续发展道路显得尤为重要，在保护环境的同时，对整个经济有巨大的促进作用，同时，农业科学技术又是一个非常重要的因素，它对农业可持续发展起支撑作用。D'Amato D 认为绿色经济这一概念由循环经济和生物经济这两个概念组成的，要做好协调经济、环境和社会目标的有机统一，并认为农业绿色经济是适应人类环保与健康需要而产生的一种发展模式，要维护好自然生态的过程，重视自然发展的基础作用，才能更好地制定经济政策以促进农业绿色发展。

第二，关于绿色发展的模式方面。Byomkesh Talukder（2016）认为世界各地当前的农业系统面临着农业实践、过度开发自然资源、人口增长和气候变化的挑战，农业发展可持续性已成为一个全球性问题，并系统分析了 8 种农业发展可持续性评估方法的科学可靠性和用户友好性，揭示了农业发展可持续性评估的多标准决策分析是农业可持续性评估的首选方法。Dimitar、Dimitrov 等（2017）从循环经济视角入手全面展示了保加利亚的有机农业生产和发展可持续农业的模式经验，提出了相关政策建议，强调了互联网新兴技术在农业可持续发展中的重要性。

2.3.2 国内研究动态

2.3.2.1 关于农业经营主体方面的研究

国内学者对农业经营主体行为的研究历史并不短（Lin，1991；林毅夫，2000；胡瑞法 等，1994；汪三贵 等，1998；方松海、孔祥智，2005；孔祥智 等，2004 等），但对于农业经营主体行为决策的研究还处于起步阶段，具体观点如下：一是对采用绿色发展技术的影响因素进行实证分析，提出用政策机制设计和制度变革来促进无公害和绿色农业的发展（张云华，2004）；二是通过建立数理模型分析农业经营主体行为决策受到年龄、受教育程度、工作性质、农技培训、家庭规模、污染认知、风险态度等多种因素的影响（如张云华等，2004；喻永红等，2009；李虹等，2005；马骥和蔡晓羽，2007 等）；三是农业经营主体行为决策将直接影响农业生态环境（王怀预、陈传波 等，2004；张欣、王绪龙、张巨勇，2005；钟甫宁、宁满秀 等，2006；韩书成、谢永生 等，2005；欧阳进良、宋春梅 等；2004；张烽文、刘小鹏 等，2007）；四是农技推广、市场机制、宏观政策、调控机制、土地制度等政策对农业经营主体行为产生影响（宫新荷，1999；何蒲明、魏君英，2003；牛建高、李义超 等，2005；王秀东、王永春，2008；廖薇，2009）。

2.3.2.2 关于绿色发展方面的研究

随着资源、环境、生态问题的日益突出，国内学者对生态环境保护、绿色发展方面的研究热情也随之高涨，绿色发展的相关研究相继推出，主要包括绿色发展内涵的界定、绿色发展动因、绿色发展水平测度及推动绿色发展的政策建议。吴玉萍、董锁成（2001）提出生态资源环境的稀缺源自生态环境资源配置效率太低；王金南（2005）建立与经济社会协调发展的绿色距离和绿色贡献2个综合性指标，分析我国各省份的生产总值能源消耗、水资源消费、二氧化碳排放、二氧化硫排放等指标，测算我国绿色距离和绿色贡献。诸大建（2006）指出中国的绿色发展需要以生态为导向，发展循环经济，倡导绿色生产生活方式，建立绿色政府，实现经济、社会、体制的创新。陈银娥和高思（2010）提出绿色经济的发展需要绿色的运行机制和资源配置方式。李忠（2012）提出我国在创新能力不足的基础上，应进一步倡导绿色发展理念，制定绿色发展规划，完善绿色经济法律体系，实施绿色发展科技计划等。曹东（2012）指出要建立绿色发展的监控和调控体系，推行绿色消费模式。聂爱云和何小钢提出要通过科学合理的政策组织，激发企业的绿色发展创新能力，让市场提供更多的空间，提高绿色创新成功的概率。刘纪远（2013）提出应加强绿色发展的制度创新。张梅（2013）指出，对于全球绿色经济的发展，中国应从对外贸易和投资、发展战略等方面做合适的调整，形成绿色经济发展的后发优势。胡鞍钢（2014）提出国家绿色发展战略应从绿色投入、绿色规划、绿色政绩考核等多个方面加强。李晓西（2014）从经济社会和生态环境的可持续发展两个维度来测算人类绿色发展指数，中国排第86位，绿色发展的水平有待进一步提高。刘世锦和张永生（2015）提出贫困地区要实现绿色转型升级必须注重建立绿色综合改革试点。吕薇（2015）提出要从法律、经济、社会、行政、管理等多个角度转变环保模式，实现预防、保护、治理相结合，短期和长期相结合，监管和激励相结合，个体利益和整体利益相结合，实现绿色发展。李佐军（2016）提出绿色发展中制度是一个关键性的因素，全要素生产率、节能减排都要依靠制度来变革。张乃明（2018）提出从资源节约、环境友好、农村发展、产品安全四个维度，用十个指标来测算云南省绿色发展水平。金赛美（2019）用55个三级指标对全国各省的绿色发展水平进行评价。金书秦（2020）从制度变迁的角度分析了农业绿色发展的驱动力，必须从技术、环境监管、道德、市场等方面促进农业绿色转型。

2.3.2.3 农业绿色发展方面

一是关于农业绿色发展的内涵。韩长赋（2017）从深刻阐述我国农业绿色发展的深刻内涵，到解决面临的突出问题，切实抓好农业绿色行动，以及强化农业绿色发展的保障措施入手对我国大力推进农业绿色发展提供了理论支撑。魏琦等（2018）通过建立农业绿色发展指标体系，从资源节约、环境友好、生态保育、质量高效四个维度诠释了农业绿色发展的要义，并突出强调应进一步强化农业产地环境、农产品和生产加工过程的绿色化，从而提升我国农业绿色发展的水平。孙炜琳等（2019）提出农业绿色发展的内涵，首先是应当转变农业发展方式，其次是转变价值观念、思想导向、惯性消费思维等，再次是要在农业生产生活的全过程、全方位实现绿色化，最后提出了农业绿色发展的实现要以绿色发展制度建设和机制创新为保障。

二是农业绿色发展的影响因素。邓秀月（2019）以我国高原农业绿色发展模式为导向，深入分析了高原农业绿色发展的重要意义和必要性，并提出了相关发展建议，并以云南省为例强调了对推进区域经济可持续发展的重要意义。罗志高等（2019）从长江经济带农业布局、农业结构和农业污染防控三个视角进行深入研究并发现，目前，传统种植业呈波动上升，农业要素和水耗持续增加，长江经济带化肥和农药的施用量逐年增长，化肥和农药的施用强度一直处于增长状态。沈兴兴等（2019）深入分析了在乡村振兴背景下我国农业发展的新阶段，提出了农业绿色发展是推进小农业向现代化农业转型升级的重要途径，并深入分析了四种绿色生产社会化服务的典型模式，在建议层面提出要更好地发挥农民主体作用、发挥服务规模化引领作用、更好地发挥农民主体作用等。

三是农业绿色发展影响因素的评价方面。魏琦等（2018）通过构建环境友好、生态保育、质量高效、资源节约四个维度14个指标的农业绿色发展指数体系，对近年来我国及各省份的农业绿色发展水平进行了评价分析，并完善了相关政策举措。叶丽娜等（2018）从绿色经济效率、生活水平、环境变化等方面构建指标体系，通过熵值法分析计算得出制约宁夏农业绿色发展的主要因素，并对提高绿色发展水平提出对策建议。

2.3.3 国内外研究述评

综上所述，国外学者对农业经营主体行为的研究起步较早、内容丰富，主要集中在农业经营主体行为微观和宏观两个层面的影响因素以及运用指标或模型对其进行实证研究，但研究论及发展中国家的较少，主要是针对发达国家。

而国内研究主要运用实证分析、数理模型、理论分析等方法来研究农业绿色发展和农业经营主体行为的影响因素，但研究论及民族地区的较少，主要是针对发达地区。国内外研究并没有从综合的角度来分析农业经营主体绿色发展行为的动态过程，本书的研究将综合考虑农业经营主体行为认知、意愿、实践决策的动态三阶段过程，从理论和实证两个维度深入全面分析行为影响因素，总结农业经营主体绿色发展的行为过程，为规范南疆地区的农业绿色发展提供一定的参考。

本章从绿色发展、农业绿色发展、新型农业经营主体等概念的界定出发，对国内外学者的研究进展进行分析可以发现，国内外学者对绿色发展、农业经营主体、农业绿色发展等方面从内涵、影响因素、发展模式、路径等方面做了一定的分析，但针对民族地区和欠发达地区的论述较少，把整个农业经营主体行为当作一个动态过程来分析的更少。本书的研究在农户行为理论、集体行动理论、路径依赖理论、产权理论、可持续发展理论的基础上，系统分析了农业经营主体绿色发展行为及影响因素，并提出了相关的对策建议，为实现经济、社会、生态的可持续发展做铺垫；通过对相关理论和国内外文献综述的研究，构建本书的研究的理论基础和农业经营主体绿色发展行为影响因素的理论分析框架，为后文的博弈分析、计量分析、实证研究以及对策建议做准备。

3　南疆地区经济与环境发展概况

农业绿色发展要依托自然、经济、农业等环境，本章在《新疆统计年鉴》1990—2000 年相关数据整理分析的基础上，对南疆地区自然环境、经济发展、农业经济发展和种植结构调整等方面做详实的分析。

3.1　研究范围界定

新疆南疆地区在行政区划上包括巴音郭楞蒙古自治州，阿克苏地区，喀什地区，克孜勒苏柯尔克孜自治州和和田地区的 42 个县（市），新疆生产建设兵团南疆四地州的第一师、第二师、第三师、第十四师的 45 个团场的地域范围，是以维吾尔族为主的多民族地区。南疆地区人口占全疆人口的 45% 左右，产值占新疆的 30% 以上，在新疆经济社会发展中具有举足轻重的作用。

考虑到数据的连续性、可获得性和一致性以及计算的统一性，本书调查数据中的南疆地区只包括南疆五地州地方的行政区域，不包括新疆生产建设兵团所辖范围，年鉴数据分析主要从南疆五地州状况进行比较分析。农业农村绿色发展问题是一个综合的生态系统问题，在影响因素、博弈论和对策建议部分包含了所有范围，在入户实地调查部分，农业经营主体包含了农户、农业企业、农业合作组织、大农场等。为了保证调查问卷能够进行数据的量化操作，本书对南疆地区的农户进行了全面抽样调查。为了方便研究，下文中的克孜勒苏柯尔克孜自治州简称"克州"，巴音郭楞蒙古自治州简称"巴州"，新疆南疆地区简称"南疆地区"。

3.2 自然环境条件

3.2.1 地理位置

新疆位于我国西北边陲，是亚欧大陆的内陆区，与多个国家相邻，其典型的地理特征是"三山夹两盆"，新疆最北部为阿尔泰山，中部为天山，最南部为昆仑山系。

南疆地区地处新疆地区的南部，位于天山与昆仑山系之中，南北距离600千米，东西距离1 100千米，地域辽阔，拥有丰富的土地资源。土地总面积达到10 573万公顷，占新疆土地总面积的64%，巴州约占总土地面积的45%；阿克苏约占总土地面积的12%；喀什约占总土地面积的13%；阿克苏总面积1 271万公顷，约占12%；克州约占总土地面积的7%；和田约占总土地面积的24%；其中沙漠面积约占33%，平原区面积约占20%，山地面积约占47%。南疆五地州是丝绸之路必经之地，并西延至中亚和西亚。南疆西边与塔吉克斯坦、巴基斯坦、阿富汗、印度等五国接壤，具有独特的地理位置优势。

3.2.2 水资源状况

南疆地区属于大陆性气候，三面临山，地势西面高、东面低，降雨极少，蒸发强烈，气候干燥，早晚气温相差较大，年均气温达到12.9℃，7月份月平均气温20℃~30℃，最高温度达43.6℃；1月份平均气温-10℃~-20℃，最低气温达-27.5℃，沙尘暴和大风天气频发。南疆五地州年均降水量约89毫米，其中山区年降水量200~500毫米，塔里木盆地边缘年降水量50~80毫米，盆地中央降水量仅有17.4~25.0毫米。年降水量分布不均衡，超过80%以上的降水量集中于5月到9月，20%以下的降水量主要在11月到次年4月。

南疆地区水源主要依靠塔里木河的冰川融雪，由叶尔羌河、阿克苏河、和田河组成的塔里木河，多年平均河川径流量256.7×10^{8}立方米，从国外流入57.3×10^{8}立方米，地表水资源量199.4×10^{8}立方米，存在年内分配不均的问题，在地区上，呈现南面少北面多，东面少西面多趋势；在季节上，呈现年际变化大、春干夏涝的趋势。

在灌溉过程中，地表水的过度使用使得耕地盐碱化，因为耕地必须用大水压盐、洗盐，洗盐后的高矿水又被排进河水，地面水体严重污染。由于源流区、上中游无节制地引水，任意排放高矿化度盐水，下游河水矿化度不断升高，地表水逐渐矿化，河水、地下水矿化度大幅上升。随着上游人为活动的增加和水土开发规模的扩大，干流的来水量逐年减少，下游失去地表径流，地下水位下降明显。

3.2.3　植被条件

南疆地区因气候原因降水少、蒸发量大，随着人口不断增长，受水资源的不合理使用、过度放牧、乱挖滥采、乱砍滥伐等影响，该地区植被遭到严重破坏，土地盐碱化和沙漠化日益严重，该地区脆弱的生态环境一旦遭到破坏，就难以恢复。

南疆地区是由高原山区朝着塔里木盆地倾斜到沙漠边缘，从而形成了山前倾斜平原，其分布呈现出山地、绿洲、自然植被、荒漠等景象。因此，该地区植物类别单一，植被稀疏且矮小，植被覆盖率低甚至没有植物生长。植被类型主要为盐生草甸、荒漠河岸林（胡杨、柽柳）、非地带性植被等。此外，光裸沙丘和龟裂地超过50%，主要的植物种类包括罗布麻、柽柳、芦苇、胡杨、骆驼刺等，组成不同的草本、乔木以及灌木的植物群落。其中，沙漠边缘、洪水泛滥区和沿河两岸主要以胡杨、柽柳为主，这两类植物旺盛的根系和枝干可以防风固沙、屏蔽绿洲。

不过，近几十年，胡杨林被严重破坏，根据调查，自 20 世纪 50 年代以来，随着人口的不断增长，该地区在发展地方经济时，对土地进行大规模的开发，植被砍伐过度，开荒造田，南疆地区的胡杨林从 1958 年的 46 万公顷，锐减到 1978 年的 17.5 万公顷。塔里木河下游 20 世纪 50 年代有胡杨林 54 万公顷，20 世纪 70 年代末为 1.64 万公顷，到 20 世纪 90 年代仅存 6 700 公顷，成为胡杨林受损和死亡的高发地区。胡杨林不断减少，荒漠化草场、盐化草甸草场、草甸草场、沼泽化草场等各类草地也大批量减少，自然生态系统受损严重。

3.2.4　土壤环境

南疆地区土地环境呈如下状况：①土壤呈带状分布，自外向河岸推进，分别为半流动或流动沙地、平沙地、荒漠化草甸土壤、盐化草甸土壤、红柳林土壤、草甸化胡杨林土壤、河漫滩草甸土壤等。此外，塔里木河下游还分布了风沙土、盐土、草甸土、灌淤土等，以风沙土为主，其次是盐土、灌淤土、草甸土等。土壤类型随地形、水文等条件的变化呈规律性变化。从横向看，离河流较近的多为草甸土和胡杨林草甸土，而离河流较远的多为风沙土和盐土；从纵向看，上游铁干里克一带多为沼泽土，下层是胡杨林草甸土、灌木林草甸土，向下游风沙土逐渐增加。但多年的水土治理，成效较为显著，2019 年南疆地区水土流失治理面积 707.34×10³ 公顷，占新疆水土流失面积的 41.3%，其中巴州水土流失治理面积最大，占南疆地区水土流失面积的 32.52%。②土壤沙化严重。因南疆地区大风和沙尘暴天气居多，强风导致土壤易呈沙漠化，沙漠化的土壤以未利用的土地和草地为主，其中克州沙漠化比重较小，而阿克苏地区、巴州由于水资源的不合理使用，下游断流、盐渍化土地较多，已成为新疆沙漠化最严重的地区之一。此外，土壤沙化会引起南疆地区气温升高、旱情加重、沙尘暴天气增多，埋没道路、村庄和农田，进一步影响到绿洲经济、社会、生态的健康发展。③土壤盐渍化严重。塔里木盆地是封闭的内陆盆地，土壤积盐，形成大量的盐渍化土壤。由于南疆地区自然条件限制，气候干燥、降雨量少、蒸发量大，地下水的盐分随蒸发由浅埋土层向地表迁移，而南疆地区地下水位较浅，矿化程度较高，土壤盐渍化程度较高。此外，水资源的不合理利用、灌溉方式不合理等致使地下水位上升，使得耕地遭到了不同程度的盐渍化，而其主要分布在塔里木河两岸和下游。

3.3　经济发展概况

南疆地区不仅生态环境脆弱，而且经济发展水平相对落后。如表 3-1 所示，2019 年南疆地区五地州地区生产总值为 3 956.79 亿元，人均生产总值为 37 165.4元，三次产业结构为 21.1：32.9：46，表现为第三产业产值较高，第一、二产业产值较低，根据配第-克拉克定理，随着经济的发展，国民收入水平的提高，第一产业在经济中的比重逐渐下降，第二、三产业的比重逐渐上升，这说明南疆地区经济发展水平有待进一步提高。其中，巴州地区生产总值为 1 149.34 亿元，人均生产总值 80 170 元，高于新疆平均水平（54 281 元），且位于南疆地区第一位，三次产业结构为 15.2：53.4：31.4，第二产业比重较高；塔里木盆地石油和天然气的开发，带动了附近地区石油产业的快速发展，工业产值迅速提高。阿克苏地区生产总值为 1 222.43 亿元，人均生产总值为 42 531 元，低于新疆及南疆地区平均水平，三次产业比重为 22.6：31.4：46，第三产业所占比重最高，第一产业比重最低。喀什地区生产总值为 1 048.32 亿万元，人均生产总值为22 647元，三次产业结构为 28.2：19.1：52.7，农业所占比重在五地州中最高。和田地区生产总值为 377.65 亿元，人均生产总值为 14 923 元，三次产业结构为 18.2：15.2：66.6，工业发展严重不足，而第三产业已成为推动地方经济发展的主要因素。克州地区生产总值低，仅为 159.05 亿元，人均生产总值为 25 556 元，三次产业结构为 11.4：30：58.6，由于耕地、水等自然资源的限制，第三产业已成为当地的支柱产业。

表 3-1 2019 年南疆地区经济发展状况

地区	地区生产总值/亿元	三产结构	人均地区生产总值/元	固定资产投资总额/亿元	社会零售品总额/亿元	财政收入/亿元	财政支出/亿元
南疆地区	3 956.79	21.1∶32.9∶46	37 165.4	2 623.4	851.65	304.81	2 126.17
巴州	1 149.34	15.2∶53.4∶31.4	80 170	621.65	208	86.99	263.13
阿克苏地区	1 222.43	22.6∶31.4∶46	42 531	798.95	282.25	115.75	430.06
克州	159.05	11.4∶30∶58.6	25 556	113.97	37.39	14.75	184.46
喀什地区	1 048.32	28.2∶19.1∶52.7	22 647	721.43	260.34	58.15	760.79
和田地区	377.65	18.2∶15.2∶66.6	14 923	367.40	63.67	29.17	487.73

资料来源:《新疆统计年鉴》2020 年。

如表 3-1 所示，2019 年南疆地区固定资产投资总额为 2 623.4 亿元；社会零售品总额为 851.65 亿元，占全疆社会零售品总额的 23.54%；财政收入为 304.81 亿元，而财政支出为 2 126.17 亿元，收支逆差为-1 821.36 亿元。其中，阿克苏地区（798.95 亿元）和喀什地区（721.43 亿元）的固定资产投资较高，分别占南疆地区固定资产投资总额的 30.45% 和 27.5%；阿克苏地区的社会零售品总额为南疆五地州最高（282.25 亿元），占比 33.14%。

调研发现，自从 2008 年颁布环塔里木盆地大面积种植林果业的政策以来，南疆地区农业经营主体种植结构发生了明显的改变，特别是红枣、核桃等林果作物的种植面积明显扩大，套种基本以果棉、果粮套种为主。以下的分析以从历年的统计年鉴中查询到水果播种面积的相关数据为基础，以期能了解林果的大致走向，水果播种面积并不计入农作物播种面积。

3.4 农业经济发展及种植结构变动

3.4.1 农业经济发展状况

南疆地区具有独特的地理优势，光照充足，地域面积大，农业生产更是具有鲜明的特色，是我国新疆棉花、林果、粮食、蔬菜以及众多特色农产品的生产基地。如表 3-2 所示，2019 年新疆耕地面积为 5 242.27 千公顷，人均耕地面积为 0.21 公顷。农作物播种面积为 6 170.00 千公顷，农林牧渔业总产值为 38 506 455 万元，其中种植业总产值为 26 163 038 万元。2019 年新疆棉花种植面积为 2 540.50 千公顷，棉花产量为 500.22 万吨；粮食种植面积为 2 183.55 千公顷，产量为 1 511.02 万吨；水果种植面积为 1 578.25 千公顷。

喀什地区耕地面积为 709.96 千公顷，占新疆耕地面积的 13.54%，居南疆地区第一；阿克苏地区耕地面积为 659.37 千公顷，居南疆地区第二；巴州耕地面积为 379.12 千公顷；和田地区耕地面积较少，有 226.46 千公顷；克州耕地面积最少，仅有 57.06 千公顷。耕地动态变动状况会在下个章节中进行详细分析。

表 3-2 南疆地区农业结构状况

地区	耕地面积 /千公顷	农作物 播种面积 /千公顷	种植业 总产值 /万元	农林牧渔业 总产值 /万元
新疆	5 242.27	6 170.00	26 163 038	38 506 455

表3-2(续)

地区	耕地面积 /千公顷	农作物 播种面积 /千公顷	种植业 总产值 /万元	农林牧渔业 总产值 /万元
巴州	379.12	390.34	1 973 763	2 618 205
阿克苏地区	659.37	857.37	2 855 190	4 024 522
克州	57.06	75.65	176 157	434 011
喀什地区	709.96	1 008.66	3 762 821	5 163 134
和田地区	226.46	237.63	1 110 248	1 694 437

注：资料来源于《新疆统计年鉴》2020年。

2019年巴州农作物播种种面积为390.34千公顷，以棉花、水果、小麦、玉米和蔬菜为主；农业结构以种植业为主，种植业产值占农业总产值的75.39%，阿克苏地区农作物播种面积为857.37千公顷，主要种植棉花、水果、小麦；种植业产值占农业总产值的73.90%。克州农作物播种面积为75.65千公顷，农业结构以种植业和牧业为主，主要种植小麦、棉花和水果，种植业产值占农业总产值的40.59%。喀什地区农作物播种面积为1 008.66千公顷，占新疆农作物播种面积的16.35%，农业结构以种植业为主，种植业产值占农业总产值的比重为72.88%，农作物以棉花为主，还有小麦、棉花、玉米、蔬菜、果瓜、豆类等。和田地区农作物播种面积为237.63千公顷，主要种植小麦和水果。

南疆地区农业生产综合机械化程度较高，2019年拥有农业机械总动力1 237.07万千瓦，占新疆农业机械总动力的43.32%，每公顷耕地拥有农机动力11.90千瓦，高于新疆平均水平（5.45千瓦）。南疆地区主要农作物机耕水平、机播水平高，但机收水平却相对较低，各地区主要农作物（小麦、玉米、棉花）和特色经济作物等的收获仍然靠手工作业。

3.4.2 种植结构调整及变动

3.4.2.1 总体概况

南疆地区各地州农业总产值在生产总值中的占比均较大，均高于全国及全疆的平均水平。其中，阿克苏和喀什地区农业总产值分别占当地生产总值的22.56%和28.23%，在南疆五地州中处于相对优势地位，巴州和克州农业总产值占生产总值的比重分别为15.17%和11.38%。

随着南疆五地州农业生产的快速发展，各地州农业增长也呈现出明显的地区差异。截至 2019 年年底，喀什地区农业总产值为 5 163 134 万元，占南疆五地州农业总产值的 37.05%；阿克苏地区农业总产值为 4 024 522 万元，占南疆五地州农业总产值的 28.89%；巴州农业总产值为 2 618 205 万元，占南疆五地州农业总产值的 18.79%；和田地区和克州农业总产值分别为 1 694 437 万元和434 011万元，分别占南疆五地州农业总产值的 12.16%和 3.11%（如图 3-1 所示）。

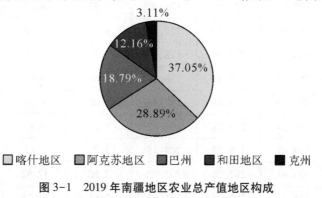

□ 喀什地区　▨ 阿克苏地区　▤ 巴州　▩ 和田地区　■ 克州

图 3-1　2019 年南疆地区农业总产值地区构成

3.4.2.2　喀什地区

喀什地区作为南疆五地州主要的农业生产基地，种植业结构调整变动幅度较大，总体呈现粮食播种面积持续波动减少、棉花播种面积先增后减、林果播种面积后期快速增加的趋势。20 世纪 90 年代初，喀什种植业以粮食和棉花为主，粮食和棉花播种面积占南疆五地州种植业播种面积的 80%。随着喀什地区种植结构的调整，20 世纪 90 年代，粮食播种面积比重波动下降了 7.88%，棉花播种面积比重上升 14.42%，而林果比重基本稳定；2002 年种植业结构再次出现转折，粮食播种面积所占比重仍维持在 50%以上，棉花播种面积所占比重迅速降至 24.29%，林果播种面积有较大增加，比重升至 7.89%，其后粮食播种面积所占比重继续下降，棉花播种面积在较低水平徘徊，取而代之的是林果种植面积的快速增加，并在 2008 年面积比重（23.96%）首次超过棉花播种面积。截至 2019 年，喀什地区基本形成了粮食、林果和棉花多元综合发展的种植结构（见表 3-3）。

表 3-3　喀什地区种植业结构变动情况

年份	农作物播种面积/千公顷	粮食播种面积/千公顷	棉花播种面积/千公顷	油料播种面积/千公顷	蔬菜播种面积/千公顷	水果播种面积/公顷
1989	486.33	300.49	109.03	8.94	10.82	30 515.08
1990	486.66	297.38	118.09	7.83	9.77	30 933.73

表3-3(续)

年份	农作物播种面积/千公顷	粮食播种面积/千公顷	棉花播种面积/千公顷	油料播种面积/千公顷	蔬菜播种面积/千公顷	水果播种面积/公顷
1991	489.40	291.70	136.67	4.69	9.73	30 010.02
1992	502.46	276.52	171.97	3.55	8.87	29 917.00
1993	495.16	281.30	159.34	4.61	9.56	29 852.00
1994	486.32	257.96	178.99	3.42	9.85	38 460.00
1995	488.11	265.95	176.79	2.66	9.09	30 624.00
1996	491.00	269.41	187.86	2.06	8.99	29 710.00
1997	503.14	273.12	196.52	1.69	9.45	29 784.00
1998	509.61	275.57	207.75	1.34	8.81	27 676.00
1999	520.94	282.26	202.92	2.50	12.92	27 419.00
2000	525.38	289.78	195.67	2.55	11.75	28 748.00
2001	525.71	274.04	205.84	1.86	11.85	32 471.00
2002	540.25	311.53	142.47	4.34	16.90	46 301.00
2003	549.70	268.84	159.42	2.16	17.57	62 879.00
2004	555.56	286.74	171.88	2.03	16.82	78 891.00
2005	582.36	303.76	170.94	1.72	20.04	122 859.00
2006	622.27	307.82	206.04	2.98	24.27	111 838.00
2007	669.73	293.62	196.79	0.19	36.51	170 402.00
2008	766.00	333.73	212.80	7.89	51.00	241 308.00
2009	852.14	410.12	177.08	5.71	70.42	250 000.00
2010	833.01	428.17	197.81	6.71	51.09	292 193.00
2011	853.67	415.71	210.67	8.93	54.19	255 707.00
2012	900.98	421.77	214.11	7.53	61.01	252 491.00
2013	898.46	433.50	205.36	1.59	57.60	220 281.00
2014	1 197.57	435.40	525.01	5.53	54.94	214 593.00
2015	1 177.96	456.19	481.01	4.99	53.68	217 843.00
2016	1 166.20	505.50	402.18	1.89	56.26	225 912.00

表3-3(续)

年份	农作物 播种面积 /千公顷	粮食 播种面积 /千公顷	棉花 播种面积 /千公顷	油料 播种面积 /千公顷	蔬菜 播种面积 /千公顷	水果 播种面积 /公顷
2017	1 105.49	465.42	444.08	4.52	54.51	205 552.00
2018	1 003.76	412.36	416.20	7.22	46.87	
2019	1 008.66	414.80	415.80	3.12	52.61	434 727.00

资料来源：根据《新疆统计年鉴》（1990—2020年）整理所得。

3.4.2.3 阿克苏地区

阿克苏地区种植业结构变动较大，1989—1999年10年间粮食播种面积急剧下降，棉花播种面积长期持续稳定增长，林果种植面积在进入21世纪后开始高速增长。1990年，阿克苏地区粮食播种面积居绝对主体地位，占阿克苏地区种植业播种面积的64.33%，棉花播种面积占15.90%，而油料、林果和蔬菜三种作物面积之和所占比重不足20%。1990年，阿克苏地区粮、棉、油、果和菜的种植结构调整力度加大，2007年以来粮食播种面积快速减少，占农作物播种面积的比重下降了41%，棉花播种面积则波动上升了27.81%，在2001年其比重首次超过粮食，成为阿克苏地区最主要的作物。林果种植面积在20世纪90年代比重长期维持在6%~7%，从2000年开始种植面积迅速增加，占比增加了17.86%。2007年阿克苏地区种植结构改变后，粮食播种面积有所反弹，种植结构基本趋于稳定，2011年种植结构调整后至今，已逐步形成棉花、粮食和林果为主导的作物种植结构（见表3-4）。

表3-4 阿克苏地区种植业结构变动情况

年份	农作物 播种面积 /千公顷	粮食 播种面积 /千公顷	棉花 播种面积 /千公顷	油料 播种面积 /千公顷	蔬菜 播种面积 /千公顷	水果 播种面积 /公顷
1989	326.43	229.95	47.43	23.88	7.26	22 857.54
1990	335.84	231.30	57.17	23.30	5.42	23 689.07
1991	344.21	228.45	74.31	20.69	5.63	22 520.68
1992	357.99	226.89	93.07	17.24	5.47	22 166.00
1993	205.98	182.81	87.21	17.53	7.92	23 427.00
1994	333.58	175.89	113.31	18.79	6.49	25 276.00
1995	341.48	185.64	114.19	18.28	7.10	26 169.00

表3-4(续)

年份	农作物播种面积/千公顷	粮食播种面积/千公顷	棉花播种面积/千公顷	油料播种面积/千公顷	蔬菜播种面积/千公顷	水果播种面积/公顷
1996	345.91	183.54	126.24	12.32	6.72	24 600.00
1997	360.17	180.18	145.11	11.81	6.63	22 614.00
1998	369.26	179.74	158.44	9.79	6.63	22 731.00
1999	372.29	176.55	194.05	16.16	7.43	23 660.00
2000	366.06	177.18	145.47	17.18	8.71	30 685.00
2001	373.67	159.58	162.74	10.24	9.56	39 466.00
2002	386.94	179.24	140.30	13.68	12.98	54 225.00
2003	390.11	167.35	153.04	11.21	12.45	62 272.00
2004	391.20	166.53	160.67	9.99	12.99	78 711.00
2005	416.01	184.09	169.29	8.85	13.48	87 089.00
2006	407.80	166.98	191.75	6.32	11.07	106 248.00
2007	387.17	119.55	224.02	4.08	15.14	125 313.00
2008	498.53	161.45	293.33	5.29	16.78	143 019.00
2009	577.59	221.57	291.65	12.17	18.40	162 665.00
2010	571.01	204.76	300.00	5.93	20.51	180 962.00
2011	582.17	198.69	315.24	4.66	25.31	201 148.00
2012	597.16	207.40	315.33	5.54	25.30	201 148.00
2013	602.49	218.67	305.71	4.93	24.98	192 304.00
2014	817.60	215.22	530.88	5.33	23.20	170 011.00
2015	844.23	271.68	479.56	8.61	25.80	168 985.00
2016	891.83	272.17	486.12	9.42	26.29	164 926.00
2017	883.99	225.34	527.26	7.68	26.30	151 201.00
2018	810.89	221.05	479.62	5.74	27.55	
2019	857.37	235.63	493.81	8.53	24.72	305 192.00

资料来源:根据《新疆统计年鉴》(1990—2020年)整理所得。

3.4.2.4 巴州

巴州种植业结构调整力度较大。20世纪90年代初,巴州种植业仍以粮食生产为主，粮食播种面积占巴州种植业播种面积的 60.64%，棉花、油料、林果和蔬菜的播种面积比较小。1991 年，粮、棉、油、菜和果种植结构开始调整之后，粮食播种面积开始迅速减少，棉花播种面积快速增加。2001 年开始，种植业结构的调整进一步降低了粮食播种比重，2007 年粮食播种面积所占比重降至最低点 8.98%，棉花播种面积所占比重继续增长，林果种植面积所占比重上升较快，蔬菜播种面积所占比重也有明显上升。2011 年至今，巴州种植业在保证粮食种植的基础上，形成了以棉花种植为主，林果业快速发展的种植结构（见表 3-5）。

表 3-5 巴州种植业结构变动情况

年份	农作物播种面积/千公顷	粮食播种面积/千公顷	棉花播种面积/千公顷	油料播种面积/千公顷	蔬菜播种面积/千公顷	水果播种面积/公顷
1989	105.16	70.93	6.81	9.41	4.25	8 453.67
1990	106.01	72.05	8.93	8.83	3.79	8 643.33
1991	110.77	72.46	12.84	8.79	3.86	87 305.04
1992	114.41	70.55	18.84	7.03	4.98	9 121.00
1993	113.22	65.53	21.09	6.20	5.08	9 943.00
1994	114.79	57.82	30.04	8.14	4.79	12 077.00
1995	116.96	62.52	29.40	8.04	5.09	13 003.00
1996	122.58	64.25	34.10	6.35	5.31	12 996.00
1997	133.76	64.26	45.09	5.05	6.03	13 627.00
1998	146.11	58.23	59.99	5.07	6.68	13 697.00
1999	151.15	56.50	54.94	11.31	6.92	16 368.00
2000	147.67	45.62	56.57	7.79	6.25	19 618.00
2001	145.49	42.64	64.96	6.14	5.93	25 355.00
2002	151.77	44.16	55.04	5.16	15.91	33 216.00
2003	157.34	34.23	68.26	3.23	13.89	45 603.00
2004	181.31	43.54	85.31	3.50	14.96	54 901.00
2005	202.90	50.57	96.23	4.05	15.19	64 988.00
2006	200.65	34.89	115.07	2.37	17.41	70 213.00
2007	220.97	26.39	139.43	2.83	22.79	72 938.00

表3-5(续)

年份	农作物 播种面积 /千公顷	粮食 播种面积 /千公顷	棉花 播种面积 /千公顷	油料 播种面积 /千公顷	蔬菜 播种面积 /千公顷	水果 播种面积 /公顷
2008	259.43	41.98	151.20	1.93	30.22	77 790.00
2009	276.55	62.07	136.58	6.80	35.84	81 939.00
2010	278.95	58.86	150.46	5.32	36.76	86 706.00
2011	298.66	55.71	171.60	4.10	41.23	95 534.00
2012	309.69	56.89	179.64	3.06	41.98	101 945.00
2013	328.43	66.56	192.63	0.82	38.44	107 350.00
2014	458.00	73.61	313.95	3.24	43.57	107 234.00
2015	417.65	108.11	220.59	3.26	49.28	104 884.00
2016	419.56	87.20	216.05	6.96	51.08	106 654.00
2017	416.49	74.12	239.59	3.51	54.63	106 364.00
2018	367.29	66.20	208.93	2.96	49.66	
2019	390.34	58.84	21 530.00	3.27	50.44	114 064.00

资料来源：根据《新疆统计年鉴》(1990—2020年)整理所得。

3.4.2.5 和田地区

和田地区的种植业结构以粮食为主，占比较高但变动不大，种植业结构调整主要在棉花和林果方面。1990年，和田地区种植业中的粮食、棉花、油料、林果和蔬菜种植结构改变后，粮食播种面积的比重一直保持在64%左右，而棉花则经历了其增长期，播种面积比重提高了一倍，林果比重在此期间有所下降，而油料和蔬菜长期维持在低水平。2001年和田地区种植结构发生改变，粮食和棉花播种面积占比均呈现下降趋势，其中棉花下降幅度较大，比重下降了约10%，粮食比重下降了约6%，而林果播种面积比重上升幅度较大，比重上升了约12%，蔬菜比重也提高了3%左右。2011年至今，粮食和林果是和田地区种植的主要作物（见表3-6）。

表3-6 和田地区种植业结构变动情况

年份	农作物 播种面积 /千公顷	粮食 播种面积 /千公顷	棉花 播种面积 /千公顷	油料 播种面积 /千公顷	蔬菜 播种面积 /千公顷	水果 播种面积 /公顷
1989	203.79	143.73	24.61	2.99	3.53	20 792.14

表3-6(续)

年份	农作物播种面积/千公顷	粮食播种面积/千公顷	棉花播种面积/千公顷	油料播种面积/千公顷	蔬菜播种面积/千公顷	水果播种面积/公顷
1990	200.76	143.78	27.19	2.50	3.01	19 983.07
1991	200.35	144.29	32.63	1.79	2.89	15 548.74
1992	198.76	138.55	40.90	1.20	2.75	13 642.00
1993	195.99	133.97	38.73	1.72	3.24	14 352.00
1994	191.39	124.42	44.38	1.16	2.69	15 099.00
1995	190.89	127.76	42.25	1.07	2.55	15 149.00
1996	190.21	130.84	41.27	0.77	2.72	15 045.00
1997	195.96	138.19	41.02	0.76	2.71	14 331.00
1998	198.82	136.59	45.25	0.82	2.84	14 077.00
1999	206.17	139.52	43.33	1.35	3.47	14 878.00
2000	205.37	142.51	37.35	1.84	3.71	16 205.00
2001	206.89	134.48	40.90	1.22	4.47	19 035.00
2002	225.04	145.26	16.87	6.18	5.68	27 621.00
2003	218.34	139.33	18.36	2.41	4.89	37 425.00
2004	225.09	135.29	23.33	1.04	7.58	41 386.00
2005	225.43	138.27	21.76	1.59	10.44	45 784.00
2006	216.36	135.28	23.41	1.47	10.96	45 701.00
2007	211.34	134.42	24.83	0.59	12.34	48 265.00
2008	223.43	149.76	29.01	3.01	13.16	50 830.00
2009	228.64	156.82	24.18	4.43	13.73	56 417.00
2010	235.09	158.91	24.98	5.10	14.95	62 570.00
2011	231.78	158.01	24.78	3.45	13.06	68 074.00
2012	236.69	159.82	21.04	4.27	11.12	72 085.00
2013	232.15	164.83	19.57	1.52	11.32	69 544.00
2014	254.89	168.30	40.95	5.05	10.08	82 697.00
2015	266.39	177.90	38.24	1.77	11.67	88 819.00

表3-6(续)

年份	农作物播种面积/千公顷	粮食播种面积/千公顷	棉花播种面积/千公顷	油料播种面积/千公顷	蔬菜播种面积/千公顷	水果播种面积/公顷
2016	260.76	179.88	25.64	1.67	13.61	90 414.00
2017	256.40	177.62	27.24	4.25	13.55	92 777.00
2018	242.13	162.63	7.38	3.56	25.52	
2019	237.63	144.84	7.05	3.27	32.54	216 696.00

资料来源:根据《新疆统计年鉴》(1990—2020年)整理所得。

3.4.2.6 克州

克州种植业结构在1990年以来也经历了较大的调整。20世纪90年代各类作物的播种面积变动幅度均不大,粮食播种面积所占比重一直在70%左右,棉花播种面积比重提高了3个百分点,林果种植面积有少量增加,比重提高了2.5%,蔬菜播种面积所占比重一直在2%左右徘徊,油料播种面积比重有小幅下降。2000年以后,种植业调整幅度开始加大,粮食播种面积所占比重从2000年的69.72%持续下降到2010年的50.43%,但比重仍偏大;棉花播种面积所占比重从13.49%下降到7.71%;林果种植面积快速增加,所占比重从11.29%提高到34.21%;油料播种面积所占比重从2.87%下降到1.01%;蔬菜播种面积所占比重变动不明显,长期在1%~2%波动。2010年至今,克州种植业中粮、棉、油、果、蔬结构较为稳定,形成了以粮食和林果业发展为主体的种植业结构(见表3-7)。

表3-7 克州地区种植业结构变动情况

年份	农作物播种面积/千公顷	粮食播种面积/千公顷	棉花播种面积/千公顷	油料播种面积/千公顷	蔬菜播种面积/千公顷	水果播种面积/公顷
1989	42.30	31.54	3.79	1.79	0.80	2 446.87
1990	42.33	31.58	3.75	1.78	0.86	2 558.40
1991	43.24	31.70	4.99	1.73	0.72	2 288.47
1992	44.52	31.81	6.13	1.81	0.82	2 171.00
1993	43.56	31.59	5.24	1.90	0.85	2 632.00
1994	43.79	30.23	7.41	1.51	0.57	2 815.00
1995	44.75	30.75	7.53	1.89	0.88	3 299.00

表3-7(续)

年份	农作物播种面积/千公顷	粮食播种面积/千公顷	棉花播种面积/千公顷	油料播种面积/千公顷	蔬菜播种面积/千公顷	水果播种面积/公顷
1996	45.16	31.78	7.28	1.79	1.13	3 794.00
1997	45.84	33.40	7.23	1.60	0.83	3 630.00
1998	46.46	34.81	6.77	1.24	0.79	3 416.00
1999	46.17	35.55	6.21	1.37	0.68	4 154.00
2000	45.77	35.98	4.64	1.55	0.73	5 825.00
2001	45.76	34.25	5.33	1.70	0.87	6 853.00
2002	46.06	34.99	3.82	1.54	0.91	8 987.00
2003	44.86	33.34	4.71	0.70	0.92	10 403.00
2004	43.33	29.78	6.14	0.79	0.72	12 974.00
2005	43.73	30.67	5.58	0.67	0.57	13 359.00
2006	42.29	29.17	6.28	0.64	0.81	13 923.00
2007	41.44	29.28	6.47	0.15	0.79	14 446.00
2008	45.97	32.31	6.60	0.25	1.01	15 345.00
2009	52.58	40.75	5.46	0.70	1.05	21 762.00
2010	52.05	39.90	6.10	0.80	1.26	27 063.00
2011	56.90	44.31	5.88	0.71	1.36	27 319.00
2012	60.03	46.84	6.67	0.79	1.50	32 557.00
2013	62.57	49.52	6.36	0.39	1.49	22 033.00
2014	69.35	50.65	12.29	0.54	1.51	24 203.00
2015	73.41	55.42	11.09	0.44	1.67	24 480.00
2016	76.70	58.84	10.01	0.48	1.57	25 185.00
2017	76.14	54.42	10.32	0.41	1.60	16 346.00
2018	71.04	51.26	9.70	0.39	1.68	
2019	75.65	53.30	10.15	0.19	1.79	25 836.00

资料来源：根据《新疆统计年鉴》(1990—2020年)整理所得。

3.4.3 畜牧业发展特征及结构

3.4.3.1 畜牧业产值

南疆地区属典型的干旱半干旱区，降水极少，植被稀疏，除巴州外几乎很少有天然牧草场，畜牧业发展以农区畜牧业为主，且主要是家庭零散的小规模养殖。2002年新疆维吾尔自治区畜牧工作会议做出"加快传统畜牧业向现代畜牧业的转变"的重大决策后，南疆地区畜禽养殖数量不断增加，养殖规模不断扩大，养殖模式也不断改变，畜牧养殖也从育肥专业户发展到目前大批的养畜专业户和有一定规模的养殖小区，养殖模式、养殖规模由过去的农区、牧区散养转变为集约化、规模化养殖。然而，规模化的养殖模式也造成了南疆地区农牧业严重脱节，这些地区的规模化养殖也造成了畜禽粪便的污染，加上农作物生产过程中化肥的广泛运用，改变了原来的畜肥粮的良性循环模式，造成了一些环境污染问题。同时，南疆地区畜禽粪便的整体利用率不高，大多数养殖场畜禽粪便处理技术落后，粪尿较少实现干湿分离，绝大多数养殖户都采用较落后的清炎工艺，没有粪便污水处理设施，畜禽粪便进行有机肥加工处理的水平也较低，大部分的畜禽粪便没有通过工业化生产加工成有机肥，而是将粪便污水直接进行施肥和堆积。有一部分养殖场将粪尿污水生产沼气，但沼气化处理程度和质量也不高，而且大量的畜禽粪便被直接排放进入土壤、水体，大量的有机氨、磷、有机悬浮物、重金属等对土壤、空气造成了严重的污染。

由于南疆地区是新疆典型的少数民族聚居区，畜牧业以羊、牛为主，马和猪的养殖数量较少，而驴是农户主要的交通运输工具和畜力，养殖量较大，此外，鸡和鸭是主要的家禽。多年来南疆地区畜牧业总产值呈逐年增长的趋势。1989年畜牧业总产值为8.44亿元，2019年达到284.20亿元，占农林牧渔业产值的比重没有显著的提升，一直在18%~22%，占新疆畜牧业产值的比重变化较大，在25%~45%浮动（见表3-8）。

表3-8 南疆地区畜牧业发展情况

年份	畜牧业产值/亿元	农林牧渔业产值/亿元	占农林牧渔业产值的比重/%	新疆畜牧业产值/亿元	占新疆畜牧业的比重/%
1989	8.44	44.78	18.84	33.491 1	25.19
1990	9.62	57.16	16.84	29.496 3	32.63
1991	11.08	66.4	16.68	32.241 3	34.35

表3-8(续)

年份	畜牧业产值/亿元	农林牧渔业产值/亿元	占农林牧渔业产值的比重/%	新疆畜牧业产值/亿元	占新疆畜牧业的比重/%
1992	12.27	70.61	17.38	35.824 4	34.26
1993	16.02	80.33	19.94	45.175 9	35.47
1994	16.18	129.2	12.52	64.690 7	25.00
1995	27.25	169.12	16.11	82.335 1	33.10
1996	28.53	166.52	17.13	87.556	32.59
1997	30.16	192.53	15.67	92.592 3	32.57
1998	31.65	207.01	15.29	100.878 3	31.38
1999	32.76	168.41	19.46	109.227 9	30.00
2000	35.78	183.39	19.51	114.514 2	31.24
2001	43.00	198.14	21.70	134.023 6	32.09
2002	48.71	216.24	22.52	148.038 2	32.90
2003	55.48	252.45	21.98	161.982 3	34.25
2004	63.56	277.42	22.91	187.466	33.90
2005	68.88	310.91	22.16	183.520 6	37.53
2006	79.91	352.47	22.67	189.07	42.26
2007	97.18	432.5	22.47	231.509 7	41.98
2008	113.93	501.86	22.70	318.225 6	35.80
2009	126.7	580.46	21.83	318.373	39.80
2010	145.5	676.79	21.50	375.790 5	38.72
2011	172.89	784.13	22.05	415.00	41.66
2012	199.05	913.67	21.79	485.371 9	41.01
2013	222.93	1 019.47	21.87	604.199 4	36.90
2014	247.04	1 141.28	21.65	651.199 4	37.94
2015	267.89	1 221.16	21.94	649.509 4	41.24
2016	287.4	1 254.04	22.92	653.150 5	44.00
2017	253.87	1 141.33	22.24	685.293 9	37.05

表3-8（续）

年份	畜牧业产值/亿元	农林牧渔业产值/亿元	占农林牧渔业产值的比重/%	新疆畜牧业产值/亿元	占新疆畜牧业的比重/%
2018	262.98	1 365.52	19.26	796.422 5	33.02
2019	284.2	1 393.43	20.40	915.273	31.05

资料来源：根据《新疆统计年鉴》（1990—2020年）整理所得。

3.4.3.2 主要家畜的年末存栏量

南疆地区家畜养殖量占新疆家畜养殖总量的45%左右。其中，2019年家畜养殖量最多，家畜养殖总数量从1 616.51万头（匹、只）增长到2 251.42万头（匹、只），占比为62.30%。南疆地区主要饲养的家畜有牛、马、驴、猪和羊，2019年分别为161.89万头、13.97万匹、28.86万头、48.93万头和1 997.77万只（见表3-9）。1989—2019年家畜的年末存栏量的动态变动会在下章进行详细的论述。

表3-9　南疆地区家畜存栏量占比

年份	南疆牲畜数量新疆占比	羊的占比/%	牛的占比/%	马的占比/%	驴的占比/%	猪的占比/%
1989	46.90	83.40	8.97	1.57	5.47	0.59
1990	45.05	82.09	9.99	1.60	5.69	0.62
1991	45.64	82.26	9.94	1.56	5.60	0.63
1992	46.63	81.36	10.94	1.53	5.47	0.70
1993	45.90	82.40	9.75	1.56	5.54	0.75
1994	45.82	82.63	9.53	1.51	5.56	0.77
1995	45.81	83.00	9.21	1.43	5.49	0.87
1996	45.58	83.39	8.83	1.36	5.46	0.96
1997	45.61	83.56	8.65	1.28	5.36	1.15
1998	44.65	84.24	7.92	1.23	5.34	1.27
1999	43.56	84.22	7.88	1.19	5.32	1.39
2000	4.30	84.14	7.87	1.16	5.33	1.51
2001	42.88	84.54	7.69	1.06	5.30	1.41

表3-9(续)

年份	南疆牲畜数量新疆占比	羊的占比/%	牛的占比/%	马的占比/%	驴的占比/%	猪的占比/%
2002	42.42	84.27	8.02	1.03	5.03	1.65
2003	41.83	83.72	8.59	0.98	4.95	1.76
2004	41.81	83.76	8.98	0.91	4.66	1.69
2005	41.90	83.15	9.35	0.88	4.73	1.90
2006	41.67	83.23	9.26	0.88	4.86	1.78
2007	43.73	82.99	9.27	0.82	4.69	2.22
2008	56.96	83.34	8.73	0.87	4.64	2.42
2009	62.30	84.93	7.70	0.76	4.05	2.56
2010	58.58	83.45	8.46	0.78	4.46	2.85
2011	60.18	83.97	8.37	0.66	4.29	2.70
2012	44.76	94.39	2.97	0.22	1.43	0.99
2013	52.38	85.25	7.65	0.62	3.49	2.99
2014	51.79	85.66	7.25	0.60	3.18	3.31
2015	52.51	86.07	7.13	0.53	2.94	3.33
2016	54.65	87.20	7.10	0.52	1.79	3.40
2017	43.12	88.98	6.26	0.69	1.83	2.24
2018	44.98	89.62	6.62	0.46	0.51	2.77
2019	44.23	88.73	7.19	0.62	1.28	2.17

资料来源：根据《新疆统计年鉴》（1990—2020年）整理所得。

南疆地区畜牧业主要以羊为主，其次是牛和猪，驴和马养殖量较少，且大都呈波动变动态势。羊的养殖量占南疆地区家畜总量的比重为82%~89%，2018年达到最大值，为2 024.81万只；牛的养殖量占南疆地区家畜总量的比重为8%~11%，1992年达到最大值，为178.26万头；猪的养殖量占南疆地区家畜总量的比重为0.5%~3%，2016年达到最大值，为88.81万头；驴的养殖量占南疆地区家畜总量的比重为1%~5%，1990年达到最大值，为89.67万头；马的养殖量占南疆地区家畜总量的比重为0.5%~1%，1990年达到最大值，为25.23万匹。

3.4.3.3 各地州畜牧业发展状况

南疆地区五地州 2019 年的畜牧业总产值为 284.20 亿元,占南疆地区农林牧渔总产值的 20.40%。其中喀什地区畜牧业总产值最高,达 91.58 亿元,占南疆地区畜牧业总产值的 32.22%,巴州、阿克苏地区和和田地区的畜牧业总产值分别为 44.38 亿、79.55 亿元和 46.56 亿元,分别占五地州畜牧业总产值的 15.62%、27.99% 和 16.38%,克州最小,仅占 7.78%(见表 3-10)。

表 3-10 2019 年塔河流域五地州畜牧业产值及占比

地区	巴州	阿克苏地区	克州	喀什地区	和田地区	合计
畜牧业产值/亿元	44.38	79.55	22.12	91.58	46.56	284.20
农林牧渔业产值/亿元	261.82	402.45	43.40	516.31	169.44	1 393.43
占比/%	0.17	0.20	0.51	0.18	0.27	1.33

资料来源:根据《新疆统计年鉴》(1990—2020 年)整理所得。

2019 年,南疆地区主要的家畜牛、马、驴、猪、羊的存栏量共 2 251.42 万头(匹、只),其中喀什地区数量最多,有 707.8 万头(匹、只),其次分别为阿克苏地区、和田地区、巴州,分别有家畜 571.69 万头(匹、只)、420.82 万头(匹、只)、365.65 万头(匹、只),克州数量最少,仅有 185.46 万头(匹、只)(见表 3-11)。

喀什地区是五地州中家畜饲养量最多的,其牛、驴和羊的饲养量均列五地州首位,分别饲养牛、驴和羊 60.96 万头、12.69 万头和 625.63 万只。马和猪的饲养量相对较少,分别有 0.64 万匹和 2.07 万只。

阿克苏地区饲养的家畜主要是羊。2019 年阿克苏地区饲养马 2.48 万匹,饲养羊 509.21 万只;此外,牛和猪数量也较多,饲养牛 41.28 万头,仅少于喀什地区;饲养猪 14.97 万头,仅少于巴州。

和田地区主要家畜的饲养量达 420.82 万头(匹、只),以羊的饲养为主。2019 年和田饲养羊 388.82 万只,驴的数量仅少于喀什地区,达到了 9.55 万头。此外,牛的饲养量也较多,饲养了 19.74 万头;马的饲养量最少,仅有 0.64 万匹。

巴州地区饲养羊的数量最多。2019 年巴州饲养羊 314.71 万只。此外,马和猪的饲养量占南疆地区的比重也相对较大,分别有 6.91 万匹和 23.98 万头,驴的饲养在五地州中最少,仅有 0.93 万头。

克州主要的家畜饲养量均很少。其中,以羊的饲养量最大,为 159.4 万只，但是饲养数量仍然是五地州中最少的；牛、马、驴分别为 20.79 万头、3.1 万匹、1.94 万头；猪的饲养量最少，仅为 0.23 万头。

表 3-11　2019 年南疆地区各地州家畜存栏量

地区	牛/万头	马/万匹	驴/万头	猪/万头	羊/万只	合计
巴州	19.12	6.91	0.93	23.98	314.71	365.65
阿克苏地区	41.28	2.48	3.75	14.97	509.21	571.69
克州	20.79	3.1	1.94	0.23	159.4	185.46
喀什地区	60.96	0.84	12.69	7.68	625.63	707.8
和田地区	19.74	0.64	9.55	2.07	388.82	420.82
合计	161.89	13.97	28.86	48.93	1 997.77	2 251.42

资料来源：根据《新疆统计年鉴》（1990—2020 年）整理而得。

3.5　本章小结

南疆地区从自然环境来看，水系丰富，但河水流量不稳定且分布不均，因耕地灌溉无节制地引水，河水矿化度不断升高，水量逐年减少，下游失去地表径流，地下水位下降明显。随着人口不断增长，受水资源的不合理使用、过度放牧、乱挖滥采、乱砍滥伐等的影响，该地区植被遭到严重破坏，土地盐碱化和沙漠化日益严重，脆弱的生态环境一旦遭到破坏将很难恢复。南疆地区经济发展水平相对落后，由于耕地、水等自然资源的限制，第三产业已成为当地的支柱产业，南疆地区生产总值低于新疆平均水平，三次产业结构表现为第一产业较高；以农业人口为主，且城镇化水平较高，受教育水平偏低；农村居民家庭收入水平较低。南疆地区农业生产更是具有鲜明的特色，是我国新疆棉花、林果、粮食、蔬菜以及众多特色农产品的生产基地。畜禽养殖数量不断增加，养殖规模不断扩大，养殖模式也不断改变，畜牧养殖也从育肥专业户发展到目前大批的养畜专业户和有一定规模的养殖小区，养殖模式、养殖规模由过去的农区、牧区散养转变为集约化、规模化养殖。规模化的养殖模式也造成了南疆地区农牧业严重脱节，这些地方规模化养殖也产生了畜禽粪便的污染，加上农作物生产过程中化肥的广泛运用，改变了原来的畜肥粮的良性循环模式，造成了一些环境污染问题。

4 南疆地区农业绿色发展水平测度

国家大力推进生态文明建设，给农业绿色生产发展带来了新的契机，本章在了解南疆地区农业绿色发展相关影响因素的基础上，对南疆地区整体及各地区农业绿色发展相关的 16 个指标进行了详尽的分析，分析南疆地区农业绿色发展中存在的问题及其根源，并运用熵值法测算了南疆地区各地州农业绿色发展的水平。

4.1 南疆地区农业绿色发展现状分析

4.1.1 南疆地区农业绿色发展的生产基础状况

南疆地区各地州耕地面积有明显的地区差异性，见表 4-1。

从耕地面积来看：喀什地区耕地面积最大，占新疆耕地面积总量的 12% 左右；阿克苏地区耕地面积居南疆地区第二，占新疆耕地面积的 11% 左右；和田地区和巴州耕地面积占新疆耕地面积总量的 4% 以上；克州耕地面积较少，占新疆耕地面积总量的 1% 左右。

从各地州耕地面积总量增长幅度来看：巴州耕地面积增长最快，从 1989 年的 100.42 千公顷增加到 2019 年的 379.12 千公顷，增加了 2.77 倍，年均增长率为 4.52%；其次是阿克苏地区，耕地面积从 313.60 千公顷增加到 659.37 千公顷，增加了 1.10 倍，年均增长率为 2.52%。

表 4-1　南疆地区耕地面积及占比

年份	巴州		阿克苏地区		克州		喀什地区		和田地区	
	面积/千公顷	占比/%	面积/千公顷	占比/%	面积/千公顷	占比/%	面积/千公顷	占比/%	面积/千公顷	占比/%
1989	100.42	3.27	313.60	10.21	40.09	1.30	392.41	12.77	156.99	5.11
1990	102.84	3.33	312.69	10.13	40.12	1.30	392.75	12.72	157.49	5.10
1991	104.73	3.36	313.20	10.05	39.21	1.26	394.48	12.66	158.34	5.08

表4-1(续)

年份	巴州		阿克苏地区		克州		喀什地区		和田地区	
	面积/千公顷	占比/%	面积/千公顷	占比/%	面积/千公顷	占比/%	面积/千公顷	占比/%	面积/千公顷	占比/%
1992	106.11	3.39	314.20	10.03	40.03	1.28	395.64	12.62	158.62	5.06
1993	106.72	3.42	316.60	10.15	40.22	1.29	392.93	12.60	157.33	5.04
1994	105.13	3.37	319.53	10.23	40.09	1.28	392.47	12.56	156.60	5.01
1995	109.64	3.50	326.38	10.43	40.01	1.28	393.52	12.58	157.64	5.04
1996	117.97	3.71	332.83	10.48	40.51	1.28	297.66	9.37	159.61	5.03
1997	125.08	3.87	343.58	10.64	41.64	1.29	401.06	12.42	165.02	5.11
1998	133.41	4.03	347.95	10.51	41.33	1.25	406.28	12.27	174.03	5.26
1999	138.75	4.10	352.64	10.42	41.45	1.22	407.77	12.05	174.71	5.16
2000	139.50	4.08	353.90	10.36	41.07	1.20	407.71	11.93	172.86	5.06
2001	141.41	4.11	354.79	10.32	39.15	1.14	408.42	11.88	172.93	5.03
2002	145.66	4.33	339.60	10.09	34.93	1.04	403.94	12.01	170.41	5.06
2003	148.47	4.48	336.23	10.15	31.30	0.94	401.19	12.11	169.77	5.12
2004	167.06	4.97	336.32	10.00	28.91	0.86	402.08	11.96	171.03	5.09
2005	179.24	5.18	351.18	10.16	30.23	0.87	411.77	11.91	172.09	4.98
2006	187.30	5.14	371.63	10.21	30.76	0.84	493.54	13.56	172.21	4.73
2007	204.68	5.40	379.30	10.02	30.83	0.81	515.71	13.62	174.90	4.62
2008	322.56	7.82	614.94	14.91	52.86	1.28	530.46	12.86	172.62	4.19
2009	322.56	7.82	614.94	14.91	52.86	1.28	530.46	12.86	172.62	4.19
2010	322.56	7.82	614.94	14.91	52.86	1.28	530.46	12.86	172.62	4.19
2011	322.56	7.82	614.94	14.91	52.86	1.28	530.46	12.86	172.62	4.19
2012	322.56	7.82	614.94	14.91	52.86	1.28	530.46	12.86	172.62	4.19
2013	322.56	7.82	614.94	14.91	52.86	1.28	530.46	12.86	172.62	4.19
2014	322.56	7.82	614.94	14.91	52.86	1.28	530.46	12.86	172.62	4.19
2015	322.56	7.82	614.94	14.91	52.86	1.28	530.46	12.86	172.62	4.19
2016	322.56	7.82	614.94	14.91	52.86	1.28	530.46	12.86	172.62	4.19
2017	366.60	7.16	660.65	12.90	55.49	1.08	693.79	13.54	215.82	4.21
2018	379.12	7.23	659.37	12.58	57.06	1.09	709.96	13.54	226.46	4.32
2019	379.12	7.23	659.37	12.58	57.06	1.09	709.96	13.54	226.46	4.32

资料来源：根据《新疆统计年鉴》(1990—2020年)整理所得。

南疆地区各地州农作物播种面积有明显的地区差异性，见表4-2。

从农作物播种面积来看：喀什地区农作物播种面积最大，分别占新疆农作物播种面积总量的16%左右；阿克苏地区农作物播种面积居南疆地区第二，占新疆农作物播种面积的11%左右；巴州和和田耕地面积占新疆农作物播种面积总量的5%以上；克州农作物播种面积较少，占新疆耕地面积总量的1%以上。

从各地州农作物播种面积增长幅度来看：巴州地区农作物播种面积增长最快，从1989年的105.16千公顷增加到2019年的390.34千公顷，增加了2.71倍，年均增长率为4.47%；其次是阿克苏地区，农作物播种面积从326.43千公顷增加到857.37千公顷，增加了1.63倍，年均增长率为3.28%。

表 4-2 南疆地区农作物播种面积及占比

年份	巴州		阿克苏地区		克州		喀什地区		和田地区	
	农作物播种面积/千公顷	占比/%	农作物播种面积/千公顷	占比/%	农作物播种面积/千公顷	占比/%	农作物播种面积/千公顷	占比/%	农作物播种面积/千公顷	占比/%
1989	105.16	3.58	326.43	11.12	42.30	1.44	486.33	16.57	203.79	6.94
1990	106.01	3.56	335.84	11.27	42.33	1.42	486.66	16.33	200.76	6.74
1991	110.77	3.65	344.21	11.34	43.24	1.42	489.40	16.12	200.35	6.60
1992	114.41	3.73	357.99	11.67	44.52	1.45	502.46	16.38	198.76	6.48
1993	113.22	3.78	205.98	6.88	43.56	1.45	495.16	16.53	195.99	6.54
1994	114.79	3.83	333.58	11.14	43.79	1.46	486.32	16.24	191.39	6.39
1995	116.96	3.83	341.48	11.19	44.75	1.47	488.11	16.00	190.89	6.26
1996	122.58	3.98	345.91	11.23	45.16	1.47	491.00	15.94	190.21	6.17
1997	133.76	4.19	360.17	11.29	45.84	1.44	503.14	15.77	195.96	6.14
1998	146.11	4.46	369.26	11.26	46.46	1.42	509.61	15.54	198.82	6.06
1999	151.15	4.47	372.29	11.01	46.17	1.37	520.94	15.41	206.17	6.10
2000	147.67	4.36	366.06	10.80	45.77	1.35	525.38	15.50	205.37	6.06
2001	145.49	4.27	373.67	10.98	45.76	1.34	525.71	15.44	206.89	6.08
2002	151.77	4.36	386.94	11.12	46.06	1.32	540.25	15.53	225.04	6.47
2003	157.34	4.53	390.11	11.24	44.86	1.29	549.70	15.84	218.34	6.29
2004	181.31	5.08	391.20	10.95	43.33	1.21	555.56	15.55	225.09	6.30
2005	202.90	5.44	416.01	11.16	43.73	1.17	582.36	15.62	225.43	6.05
2006	200.65	4.77	407.80	9.70	42.29	1.01	622.27	14.79	216.36	5.14
2007	220.97	5.03	387.17	8.81	41.44	0.94	669.73	15.24	211.34	4.81
2008	259.43	5.72	498.53	10.99	45.97	1.01	766.00	16.88	223.43	4.92
2009	276.55	5.87	577.59	12.26	52.58	1.12	852.14	18.09	228.64	4.85
2010	278.95	5.86	571.01	12.00	52.05	1.09	833.01	17.51	235.09	4.94
2011	298.66	5.99	582.17	11.68	56.90	1.14	853.67	17.13	231.78	4.65
2012	309.69	6.03	597.16	11.63	60.03	1.17	900.98	17.54	236.69	4.61
2013	328.43	6.30	602.49	11.56	62.57	1.20	898.46	17.24	232.15	4.45
2014	458.00	7.64	817.60	13.64	69.35	1.16	1 197.57	19.98	254.89	4.25
2015	417.65	6.82	844.23	13.78	73.41	1.20	1 177.96	19.23	266.39	4.35
2016	419.56	6.75	891.83	14.34	76.70	1.23	1 166.20	18.76	260.76	4.19
2017	416.49	6.87	883.99	14.58	76.14	1.26	1 105.49	18.24	256.40	4.23
2018	367.29	5.87	810.89	12.97	71.04	1.14	1 003.76	16.05	242.13	3.87
2019	390.34	6.33	857.37	13.90	75.65	1.23	1 008.66	16.35	237.63	3.85

资料来源：根据《新疆统计年鉴》（1990—2020 年）整理所得。

南疆地区各地州农业人口呈现出明显的地区差异性，见表 4-3。

从农业人口来看：喀什地区农业人口最多，占新疆农业人口总量的 23% 左右；和田地区和阿克苏地区农业人口均占新疆地区农业人口的 12% 左右；巴州农业人口占新疆农业人口总量的 5% 左右；克州农业人口较少，占新疆农业人口总量的 3% 左右。

从各地州农业人口总量增长幅度来看：喀什地区农业人口增长最快，从 1989 年的 213.87 万人增加到 2019 年的 348.54 万人，增加了 0.63 倍，年均增长率为 1.64%；其次是和田地区，农业人口从 116.36 万人增加到 188.03 万人，增加了 0.62 倍，年均增长率为 1.62%。

表 4-3　南疆地区农业人口及占比

年份	巴州		阿克苏地区		克州		喀什地区		和田地区	
	农业人口/万人	占比/%	农业人口/万人	占比/%	农业人口/万人	占比/%	农业人口/万人	占比/%	农业人口/万人	占比/%
1989	49.43	5.13	123.10	12.78	29.17	3.03	213.87	22.21	116.36	12.08
1990	51.08	5.10	128.02	12.79	30.05	3.00	224.84	22.47	121.96	12.19
1991	52.82	5.19	130.74	12.84	30.54	3.00	229.90	22.57	123.86	12.16
1992	55.02	5.24	133.16	12.68	31.21	2.97	232.49	22.13	125.19	11.92
1993	56.02	5.27	135.10	12.72	31.57	2.97	235.92	22.21	126.11	11.87
1994	56.28	5.24	136.67	12.72	31.88	2.97	241.56	22.49	128.67	11.98
1995	55.76	5.13	138.73	12.76	32.18	2.96	245.72	22.60	130.33	11.99
1996	58.00	5.29	141.49	12.91	32.63	2.98	251.10	22.91	132.51	12.09
1997	59.53	5.35	144.77	13.00	32.97	2.96	256.45	23.03	134.62	12.09
1998	60.53	5.35	147.36	13.03	33.49	2.96	262.66	23.23	137.05	12.12
1999	61.54	5.35	151.27	13.16	33.93	2.95	267.45	23.26	139.83	12.16
2000	62.85	5.41	153.24	13.20	34.32	2.96	269.70	23.24	144.35	12.44
2001	64.19	5.31	155.47	12.85	34.66	2.86	274.30	22.67	146.36	12.10
2002	65.43	5.36	158.16	12.95	34.89	2.86	278.18	22.78	149.30	12.23
2003	67.65	5.52	161.62	13.19	34.88	2.85	268.17	21.89	150.39	12.28
2004	68.71	5.53	162.98	13.11	35.17	2.83	278.12	22.37	151.98	12.22
2005	58.80	4.63	154.35	12.16	34.95	2.75	277.39	21.86	155.99	12.29
2006	59.44	5.12	154.05	13.27	35.28	3.04	282.67	24.35	155.65	13.41
2007	61.70	5.20	152.12	12.81	35.94	3.03	286.87	24.16	157.31	13.25
2008	63.48	5.25	155.37	12.85	36.91	3.05	293.06	24.24	159.13	13.16
2009	66.39	5.88	158.77	14.05	37.93	3.36	300.73	26.62	162.82	14.41
2010	66.39	5.88	158.77	14.05	37.93	3.36	300.73	26.62	162.82	14.41
2011	71.44	4.73	163.98	10.86	38.95	2.58	317.32	21.01	172.57	11.43
2012	71.29	4.67	163.50	10.70	38.91	2.55	320.76	21.00	175.76	11.51
2013	72.78	4.66	167.59	10.73	39.98	2.56	326.57	20.91	178.19	11.41
2014	71.21	4.44	173.41	10.80	41.47	2.58	348.54	21.71	188.03	11.71
2015	71.21	4.44	173.41	10.80	41.47	2.58	348.54	21.71	188.03	11.71
2016	71.21	4.44	173.41	10.80	41.47	2.58	348.54	21.71	188.03	11.71
2017	71.21	4.44	173.41	10.80	41.47	2.58	348.54	21.71	188.03	11.71
2018	71.21	4.44	173.41	10.80	41.47	2.58	348.54	21.71	188.03	11.71
2019	71.21	4.44	173.41	10.80	41.47	2.58	348.54	21.71	188.03	11.71

资料来源：根据《新疆统计年鉴》（1990—2020 年）整理所得。

南疆地区各地州农村用电量呈现出明显的地区差异性，见表 4-4。

从农村用电量来看：巴州农村用电量最大，占新疆农村用电量总量的 5.8% 左右；阿克苏地区农村用电量占新疆农村用电量的 5.4% 左右；喀什地区和和田地区农村用电量占新疆农村用电量的 4.9% 和 3.2% 左右；克州农村用电量较少，占新疆农村用电量总量的 0.6% 左右。

从各地州农村用电量增长幅度来看：和田地区农村用电量增长最快，从 1989 年的 1 077.00 万千瓦时增加到 2019 年的 78 993.00 万千瓦时，增加了 72.35 倍，年均增长率为 15.39%；其次是阿克苏地区，农村用电量从 2 074.00 万千瓦时增加到 132 162.00 万千瓦时，增加了 62.72 倍，年均增长率为 14.85%。

表 4-4 南疆地区农村用电量及占比

年份	巴州		阿克苏地区		克州		喀什地区		和田地区	
	农村用电量/万千瓦时	占比/%	农村用电量/万千瓦时	占比/%	农村用电量/万千瓦时	占比/%	农村用电量/万千瓦时	占比/%	农村用电量/万千瓦时	占比/%
1989	4 191.00	5.01	2 074.00	2.48	350.00	0.42	3 692.00	4.42	1 077.00	1.29
1990	5 283.00	5.04	2 759.00	2.63	3 918.00	3.74	4 192.00	4.00	1 103.00	1.05
1991	5 633.00	4.69	3 044.00	2.53	635.00	0.53	6 105.00	5.08	1 435.00	1.19
1992	5 007.00	3.84	3 996.00	3.06	723.00	0.55	4 251.00	3.26	1 604.00	1.23
1993	4 339.16	3.15	5 513.81	4.00	940.80	0.68	4 511.38	3.28	1 632.83	1.19
1994	5 055.93	3.52	4 499.26	3.13	956.00	0.67	4 594.75	3.20	2 122.83	1.48
1995	6 271.30	3.86	5 474.61	3.37	953.40	0.59	5 102.12	3.14	1 655.26	1.02
1996	6 492.35	3.52	6 475.20	3.51	968.70	0.52	4 658.26	2.52	2 341.06	1.27
1997	6 305.29	3.03	6 620.18	3.18	777.75	0.37	4 933.32	2.37	2 875.41	1.38
1998	7 158.32	3.18	7 636.27	3.40	691.10	0.31	5 362.42	2.38	2 806.46	1.25
1999	9 399.22	4.01	8 285.69	3.53	750.20	0.32	6 685.00	2.85	3 465.20	1.48
2000	9 704.95	3.97	10 445.75	4.27	798.68	0.33	9 738.61	3.98	4 290.71	1.75
2001	9 739.53	2.14	11 494.30	2.53	959.06	0.21	9 840.77	2.16	4 754.56	1.05
2002	11 614.00	4.11	13 870.77	4.91	1 182.32	0.42	12 857.63	4.55	7 415.67	2.62
2003	11 817.41	3.95	17 383.82	5.80	1 165.00	0.39	9 629.94	3.22	7 893.94	2.64
2004	15 599.32	4.78	19 964.42	6.12	1 422.64	0.44	11 393.00	3.49	9 828.84	3.01
2005	19 259.00	5.28	22 359.00	6.13	1 413.00	0.39	10 430.00	2.86	12 563.00	3.44
2006	23 513.00	5.71	24 848.00	6.04	1 490.00	0.36	11 877.00	2.89	13 254.00	3.22
2007	28 742.00	6.27	27 748.00	6.05	1 512.00	0.33	16 800.00	3.66	17 784.00	3.88
2008	38 299.00	7.11	34 447.00	6.39	1 875.00	0.35	24 216.00	4.49	21 246.00	3.94
2009	43 340.00	7.35	35 719.00	6.06	2 839.00	0.48	16 956.00	2.88	22 489.00	3.81
2010	45 398.00	7.06	36 797.00	5.72	4 335.00	0.67	29 360.00	4.57	22 932.00	3.57
2011	50 728.00	7.08	41 396.00	5.78	3 485.00	0.49	36 043.00	5.03	26 649.00	3.72
2012	58 117.00	7.67	48 571.00	6.41	4 120.00	0.54	43 031.00	5.68	31 030.00	4.09
2013	67 933.00	8.09	53 732.00	6.40	5 167.00	0.62	68 323.00	8.14	40 384.00	4.81
2014	96 475.00	10.00	63 326.00	6.56	5 640.00	0.58	89 799.00	9.30	42 274.00	4.38
2015	92 756.00	8.91	63 594.00	6.11	6 582.00	0.63	155 035.00	14.90	78 846.00	7.58
2016	105 806.00	9.78	104 441.00	9.66	8 039.00	0.74	98 085.00	9.07	82 805.00	7.66
2017	105 595.00	9.50	116 091.00	10.45	7 739.00	0.70	89 418.00	8.05	84 111.00	7.57
2018	99 983.00	8.36	121 544.00	10.17	8 702.00	0.73	90 870.00	7.60	86 494.00	7.24
2019	118 115.00	9.45	132 162.00	10.57	9 414.00	0.75	106 754.00	8.54	78 993.00	6.32

资料来源：笔者根据《新疆统计年鉴》（1990—2020 年）整理所得。

4.1.2　南疆地区农业绿色发展的生活质量状况

南疆地区农业绿色发展生活质量状况从农村居民人均收入、居民消费价格指数、农地产出率、农业产值四个方面具体分析。

南疆地区各地州居民人均收入呈现出明显的地区差异性，见表4-5。

从居民人均收入来看：巴州居民人均收入最高，约为新疆人均收入的150%；其次是阿克苏地区，约为新疆人均收入的113%；克州居民人均收入较低，约为新疆人均收入的63%。

从各地州居民人均收入增长幅度来看：除2011年各地州的居民人均收入均较高之外，巴州的居民人均收入增长最快，从2012年的9 936元增长至2019年的17 930元，增加了7 994元，年均增长率为8.8%；其次是阿克苏地区，从2012年的6 891元增长至2019年的13 225元，增加了6 334元，年均增长率为9.8%。

表4-5　南疆地区居民人均收入及占比

年份	巴州		阿克苏地区		克州		喀什地区		和田地区	
	农村居民人均收入/元	与平均收入比/%	农村居民人均收入/元	与平均收入比/%	农村居民人均收入/元	与平均收入比/%	农村居民人均收入/元	与平均收入比/%	农村居民人均收入/元	与平均收入比/%
2011	12 824.44	235.66	12 167.52	223.59	3 375.36	62.02	8 002.66	147.05	6 752.29	124.08
2012	9 936	155.40	6 891	107.77	3 081	48.19	4 708	73.63	4 260	66.62
2013	11 239	154.04	7 875	107.94	3 857	52.86	5 393	73.92	4 951	67.86
2014	13 057	149.67	9 095	104.25	4 852	55.62	6 419	73.58	5 692	65.25
2015	14 154	150.18	9 831	104.31	5 434	57.66	7 201	76.40	6 346	67.33
2016	7 918	77.76	6 883	67.59	11 433	112.28	14 461	142.01	10 162	99.79
2017	16 337	147.91	10 982	99.43	6 524	59.07	8 013	72.55	7 441	67.37
2018	17 075	142.59	11 915	99.50	7 190	60.04	8 565	71.52	8 088	67.54
2019	17 930	136.64	13 225	100.78	8 053	61.37	9 385	71.52	8 897	67.80

资料来源：根据《新疆统计年鉴》（2012—2020年）整理所得。

南疆地区各地州社会消费品零售额呈现出明显的地区差异性，见表4-6。

从各地州社会消费品零售额来看：其中巴州、阿克苏地区和喀什地区的社会消费品零售额均较高，其中阿克苏地区的增长幅度和占比尤为突出，社会消费品零售总额从1989年的50 943万元增加到2019年的1 009 140万元，突破10亿元，约占新疆地区社会消费品零售额的2.79%。克州社会消费品零售额最低，从1989年到2019年社会消费品零售额总额仅为9 737.2万元，不足新疆地区社会消费品零售额的1%。

从各地州社会消费品零售额的增长幅度来看：阿克苏地区的社会消费品零售额增长最快，从1989年的50 943万元增长至2019年的1 009 140万元，增加了958 197元，增长近19倍，年均增长率为10.5%；其次是巴州地区，年均增长率为 9.9%。克州社会消费品零售额波动较大，在 2014 年增长至最高 164 154万元，随后呈下降趋势，2018 年和 2019 年社会消费品零售额甚至不及 1989 年。

表4-6　南疆地区社会消费品零售额及占比

年份	巴州		阿克苏地区		克州		喀什地区		和田地区	
	社会消费品零售额/万元	占比/%	社会消费品零售额/万元	占比/%	社会消费品零售额/万元	占比/%	社会消费品零售额/万元	占比/%	社会消费品零售额/万元	占比/%
1989	53 261	4.93	50 943	4.71	13 763	1.27	89 549	8.29	33 304	3.08
1990	58 856	5.08	67 806	5.85	13 948	1.20	102 599	8.85	34 124	2.94
1991	72 822	5.31	81 260	5.93	14 783	1.08	128 429	9.37	38 009	2.77
1992	84 071	5.33	93 495	5.93	16 587	1.05	139 993	8.88	43 718	2.77
1993	93 655	5.56	86 377	5.13	14 299	0.85	118 251	7.02	29 355	1.74
1994	110 576	5.61	97 957	4.97	18 923	0.96	109 839	5.57	35 226	1.79
1995	165 680	6.48	128 397	5.02	21 350	0.84	143 542	5.61	42 841	1.68
1996	212 157	7.11	137 973	4.62	21 845	0.73	183 780	6.16	48 176	1.61
1997	228 885.1	7.28	148 670.2	4.73	21 732.6	0.69	170 346.4	5.42	49 381.8	1.57
1998	250 126.2	7.52	153 612.1	4.62	23 899	0.72	168 989.1	5.08	49 933.7	1.50
1999	259 641.2	7.34	168 534.5	4.76	24 473.7	0.69	178 329	5.04	49 947.8	1.41
2000	262 450.2	6.86	182 001.3	4.76	23 223.2	0.61	169 984	4.44	49 962.1	1.31
2001	276 480.9	6.65	201 555.5	4.84	24 838.9	0.60	184 311.6	4.43	53 191.4	1.28
2002	289 920.9	6.38	225 090	4.95	26 876	0.59	197 511.4	4.34	55 149.5	1.21
2003	275 523	5.44	248 781	4.91	29 860	0.59	222 946	4.40	56 831	1.12
2004	390 348	6.69	327 749	5.61	37 920	0.65	265 480	4.55	120 851	2.07
2005	325 417	4.89	363 727	5.47	38 147	0.57	310 934	4.67	95 648	1.44
2006	311 540	4.08	369 037	4.83	43 454	0.57	376 592	4.93	121 206	1.59
2007	350 930	3.92	428 691	4.78	50 760	0.57	465 040	5.19	142 199	1.59
2008	413 876	3.79	528 503	4.84	60 789	0.56	577 957	5.30	164 571	1.51
2009	472 978	3.82	615 232	4.96	69 377	0.56	701 073	5.66	184 874	1.49
2010	561 339	3.85	602 922	4.13	83 272	0.57	734 408	5.04	203 444	1.40
2011	674 885	3.85	722 117	4.12	97 924	0.56	894 631	5.11	229 120	1.31
2012	785 634	3.88	856 240	4.23	116 810	0.58	1 104 713	5.46	256 300	1.27
2013	811 872	3.52	980 361	4.25	138 669	0.60	1 312 985	5.69	285 735	1.24
2014	502 501	1.95	653 154	2.53	164 154	0.64	215 222	0.83	116 174	0.45
2015	589 634	2.13	609 873	2.20	15 172	0.05	354 224	1.28	86 692	0.31
2016	730 357	2.43	870 812	2.90	27 076	0.09	402 589	1.34	100 581	0.33
2017	765 198	2.35	821 604	2.53	16 707	0.05	543 748	1.67	109 833	0.34
2018	731 804	2.13	871 086	2.54	8 005	0.02	548 232	1.60	129 540	0.38
2019	851 696.3	2.35	1 009 140	2.79	9 737.2	0.03	634 379.3	1.75	204 455.7	0.57

资料来源：根据《新疆统计年鉴》（1990—2020 年）整理所得。

南疆地区各地州农地产出率呈现出明显的地区差异性，见表4-7。

从农地产出率来看：巴州农地产出率最高，是新疆农地平均产出率的 141%左右；和田地区和阿克苏地区农地产出率是新疆农地平均产出率的99%

左右；喀什地区农地产出率是新疆农地平均产出率的92%左右；克州农地产出率较低，是新疆农地平均产出率的76%左右。

表4-7　南疆地区农地产出率及占比

年份	巴州		阿克苏地区		克州		喀什地区		和田地区	
	农地产出率 元·公顷⁻¹	与均值比 /%	农地产出率 元·公顷⁻¹	与均值比 /%	农地产出率 元·公顷⁻¹	与均值比 /%	农地产出率 元·公顷⁻¹	与均值比 /%	农地产出率 元·公顷⁻¹	与均值比 /%
1989	2 970.82	103.70	2 517.72	87.89	2 826.45	98.66	2 834.26	98.94	2 616.37	91.33
1990	3 450.82	93.07	3 061.79	82.58	3 005.28	81.05	4 077.17	109.96	3 378.79	91.13
1991	4 268.78	104.06	3 731.11	90.96	3 413.15	83.20	4 525.06	110.31	3 886.11	94.73
1992	4 779.47	111.74	3 737.08	87.37	3 496.90	81.76	4 519.48	105.66	4 380.74	102.42
1993	6 173.37	125.94	7 929.87	161.77	4 159.30	84.85	5 247.43	107.05	5 017.81	102.36
1994	10 068.45	128.93	8 706.12	111.49	6 714.49	85.98	8 523.68	109.15	9 233.63	118.24
1995	13 411.93	129.92	12 389.69	120.02	8 605.15	83.36	11 330.75	109.76	10 818.52	104.80
1996	13 979.82	128.94	10 725.23	98.92	8 217.95	75.79	10 812.17	99.72	11 739.84	108.28
1997	15 270.49	130.36	13 200.52	112.69	8 770.52	74.87	12 106.53	103.35	12 576.18	107.36
1998	15 067.32	127.53	14 551.63	123.16	9 102.40	77.04	12 537.68	106.12	13 191.75	111.65
1999	13 936.09	138.16	10 094.37	100.07	8 013.15	79.44	8 551.18	84.77	11 168.52	110.72
2000	15 651.02	147.11	11 668.60	109.67	8 015.66	75.34	9 143.27	85.94	11 618.46	109.20
2001	16 044.29	156.57	12 225.69	119.30	8 182.69	79.85	9 710.96	94.76	11 864.46	115.78
2002	16 191.97	155.26	12 740.39	122.16	8 166.48	78.30	10 331.64	99.06	11 296.47	108.32
2003	20 912.10	150.32	13 443.18	96.64	9 469.24	68.07	10 811.22	77.72	12 185.49	87.59
2004	20 011.58	138.79	14 494.50	100.53	11 785.60	81.74	11 243.59	77.98	13 084.32	90.75
2005	21 971.76	137.47	15 196.39	95.08	12 609.42	78.90	11 983.27	74.98	14 198.02	88.83
2006	25 987.69	171.17	17 048.19	112.29	13 630.65	89.78	13 372.28	88.08	14 982.62	98.69
2007	29 717.84	170.27	20 351.53	116.60	15 168.44	86.91	16 373.88	93.81	16 391.93	93.92
2008	28 668.93	165.86	18 337.79	106.09	15 364.01	88.89	17 453.98	100.98	17 313.16	100.16
2009	32 540.88	170.57	18 637.98	97.69	16 292.51	85.40	17 322.27	90.80	18 156.36	95.17
2010	45 864.24	158.51	21 155.74	73.12	16 913.74	58.46	18 432.78	63.71	19 643.07	67.89
2011	48 312.56	167.44	25 092.09	86.96	17 928.82	62.14	24 315.11	84.27	24 619.47	85.33
2012	55 984.76	171.69	27 976.56	85.80	19 768.12	60.62	27 654.49	84.81	27 802.65	85.26
2013	58 926.41	170.06	32 107.84	92.66	22 938.15	66.20	30 083.01	86.82	31 321.04	90.39
2014	45 674.34	140.04	27 118.75	83.15	23 904.83	73.29	25 908.72	79.44	31 597.63	96.88
2015	50 472.09	154.18	29 048.56	88.74	24 157.06	73.80	28 623.40	87.44	32 240.06	98.49
2016	52 285.44	150.28	25 192.86	72.41	24 256.19	69.72	30 649.43	88.09	33 984.32	97.68
2017	47 159.91	129.59	23 937.90	65.78	24 185.19	66.46	28 795.50	79.13	33 342.12	91.62
2018	50 531.05	124.34	38 325.68	94.31	22 303.07	54.88	37 360.91	91.93	41 373.60	101.81
2019	50 565.23	119.25	33 301.73	78.54	23 285.79	54.91	37 305.15	87.98	46 721.71	110.18

资料来源：根据《新疆统计年鉴》（1990—2020年）整理所得。

　　南疆地区各地州牧业产值呈现出明显的地区差异性，见表4-8。

　　从牧业产值来看：喀什地区牧业产值最高，占新疆牧业产值的14%左右；阿克苏地区和巴州牧业产值均占新疆牧业产值的7%左右；和田地区牧业产值占新疆牧业产值的6%左右；克州牧业产值较少，占新疆牧业产值的2%左右。

　　从各地州牧业产值增长幅度来看：阿克苏地区牧业产值增长最快，从

1989 年的 18 082.81 万元增加到 2019 年的 795 546.00 万元，增加了 42.99 倍，年均增长率为 13.44%；其次是喀什地区，牧业产值从 26 653.32 万元增加到 915 828.00 万元，增加了 33.36 倍，年均增长率为 12.51%。

表 4-8　南疆地区牧业产值及占比

年份	巴州		阿克苏地区		克州		喀什地区		和田地区	
	牧业产值 /万元	占比 /%	牧业产值 /万元	占比 /%	牧业产值 /万元	占比 /%	牧业产值 /万元	占比 /%	牧业产值 /万元	占比 /%
1989	15 365.66	4.59	18 082.81	5.40	7 327.52	2.19	26 653.32	7.96	16 949.78	5.06
1990	16 255.21	5.51	20 720.25	7.02	7 794.24	2.64	34 021.43	11.53	17 441.05	5.91
1991	18 460.46	5.73	21 566.88	6.69	8 287.49	2.57	42 424.38	13.16	20 019.38	6.21
1992	20 301.57	5.67	24 634.93	6.88	9 322.95	2.60	44 414.91	12.40	24 060.31	6.72
1993	25 725.75	5.69	33 092.73	7.33	12 141.71	2.69	56 741.52	12.56	32 520.67	7.20
1994	35 173.04	5.44	48 099.46	7.44	16 684.33	2.58	11 920.39	1.84	49 880.12	7.71
1995	46 318.17	5.63	59 368.17	7.21	18 644.31	2.26	87 024.61	10.57	61 140.00	7.43
1996	53 999.50	6.17	63 442.18	7.25	19 770.85	2.26	94 846.81	10.83	53 261.74	6.08
1997	57 797.82	6.24	67 061.87	7.24	21 089.52	2.28	95 278.79	10.29	60 369.51	6.52
1998	60 911.89	6.04	69 230.68	6.86	22 028.98	2.18	100 525.61	9.97	63 842.24	6.33
1999	60 383.02	5.53	71 235.15	6.52	23 392.29	2.14	109 504.79	10.03	63 130.16	5.78
2000	68 800.47	6.01	80 911.96	7.07	24 397.66	2.13	121 598.77	10.62	62 070.04	5.42
2001	82 305.28	6.14	91 933.66	6.86	26 262.00	1.96	167 821.83	12.52	61 708.14	4.60
2002	91 736.44	6.20	104 547.95	7.00	28 301.56	1.91	196 287.52	13.26	66 181.95	4.47
2003	117 205.00	7.24	114 340.00	7.06	31 067.00	1.92	218 788.00	13.51	73 396.00	4.53
2004	140 886.00	7.52	126 436.00	6.74	33 771.00	1.80	250 233.00	13.35	84 272.00	4.50
2005	147 058.00	8.01	136 201.00	7.42	36 099.00	1.97	281 362.00	15.33	88 101.00	4.80
2006	164 621.00	8.71	146 033.00	7.72	35 463.00	1.88	357 673.00	18.92	95 275.00	5.04
2007	204 652.00	8.84	163 410.00	7.06	41 523.00	1.79	453 068.00	19.57	109 116.00	4.71
2008	197 594.00	6.21	182 442.00	5.73	45 978.00	1.44	580 350.00	18.24	132 918.00	4.18
2009	213 970.00	6.72	208 548.00	6.55	50 302.00	1.58	641 452.00	20.15	152 748.00	4.80
2010	252 865.00	6.73	244 288.00	6.50	57 198.00	1.52	722 990.00	19.24	177 697.00	4.73
2011	315 674.00	7.61	282 147.00	6.80	63 367.00	1.53	846 015.00	20.39	221 713.00	5.34
2012	360 004.00	7.42	334 891.00	6.90	74 173.00	1.53	941 636.00	19.40	279 843.00	5.77
2013	439 455.00	7.27	386 028.00	6.39	86 604.00	1.43	995 923.00	16.48	321 308.00	5.32
2014	528 862.00	8.12	433 931.00	6.66	98 911.00	1.52	1 063 158.00	16.33	345 507.00	5.31
2015	493 411.00	7.60	492 519.00	7.58	106 675.00	1.64	1 201 521.00	18.50	384 767.00	5.92
2016	523 878.00	8.02	511 490.00	7.83	117 291.00	1.80	1 302 520.00	19.94	418 782.00	6.41
2017	382 736.00	5.58	431 316.00	6.29	128 368.00	1.87	1 275 389.00	18.61	320 939.00	4.68
2018	405 431.00	5.09	648 125.00	8.14	227 289.00	2.85	922 547.00	11.58	426 385.00	5.35
2019	443 817.00	4.85	795 546.00	8.69	221 172.00	2.42	915 828.00	10.01	465 633.00	5.09

资料来源：根据《新疆统计年鉴》（1990—2020 年）整理所得。

4.1.3　南疆地区农业绿色发展的生态环境状况

南疆地区各地州化肥施用强度呈现出明显的地区差异性，见表 4-9。

从化肥施用强度来看，喀什地区化肥施用强度最高，是新疆平均化肥施用强度的 127% 左右；巴州地区化肥施用强度是新疆平均化肥施用强度的 111% 左右；阿克苏地区和和田地区化肥施用强度分别是新疆平均化肥施用强度的 101% 和 99% 左右；克州化肥施用强度较小，是新疆平均化肥施用强度的 97% 左右。

表 4-9　南疆地区化肥施用强度及平均占比

年份	巴州		阿克苏地区		克州		喀什地区		和田地区	
	化肥施用强度/公斤·公顷⁻¹	与平均收入比/%	化肥施用强度/公斤·公顷⁻¹	与平均收入比/%	化肥施用强度/公斤·公顷⁻¹	与平均收入比/%	化肥施用强度/公斤·公顷⁻¹	与平均收入比/%	化肥施用强度/公斤·公顷⁻¹	与平均收入比/%
1989	115.07	104.24	88.71	80.37	117.68	106.60	128.36	116.29	118.12	107.01
1990	130.59	102.17	111.26	87.05	147.56	115.44	150.50	117.74	150.66	117.87
1991	143.49	91.63	128.45	82.02	203.87	130.18	265.49	169.54	190.58	121.70
1992	159.53	95.35	157.32	94.03	206.92	123.68	257.20	153.73	216.12	129.18
1993	175.82	108.39	159.42	98.28	183.79	113.30	227.38	140.18	207.07	127.66
1994	192.26	104.82	201.48	109.85	244.35	133.22	288.52	157.31	244.03	133.05
1995	248.05	114.52	253.92	117.23	260.08	120.07	352.07	162.54	247.44	114.24
1996	282.80	116.20	315.38	129.59	220.61	90.65	450.81	185.24	295.34	121.35
1997	297.45	114.64	13.06	5.03	248.13	95.63	371.52	143.19	307.40	118.48
1998	307.08	118.78	302.13	116.87	236.03	91.30	368.91	142.70	307.04	118.77
1999	345.43	149.23	256.05	110.61	272.26	117.61	275.07	118.83	289.14	124.91
2000	309.08	133.42	245.51	105.98	257.10	110.98	269.94	116.53	307.01	132.53
2001	332.15	137.15	294.10	121.43	218.70	90.30	287.12	118.55	308.92	127.56
2002	326.36	130.26	295.90	118.10	241.00	96.19	294.18	117.42	243.15	97.05
2003	390.58	142.65	350.16	127.88	288.08	105.21	296.32	108.22	261.94	95.66
2004	375.53	127.32	373.47	126.62	337.08	114.28	332.14	112.61	269.44	91.35
2005	412.60	132.38	374.77	120.25	325.07	104.30	391.33	125.56	284.80	91.38
2006	441.58	136.20	392.95	121.20	367.69	113.41	375.35	115.78	285.44	88.04
2007	464.96	133.88	402.49	115.90	418.98	120.64	405.77	116.84	285.91	82.33
2008	325.71	90.23	299.17	82.87	264.64	73.31	453.22	125.55	307.39	85.15
2009	338.44	89.32	329.52	86.97	289.12	76.31	460.61	121.57	335.94	88.66
2010	356.96	87.86	349.35	85.99	307.87	75.78	484.13	119.17	367.75	90.52
2011	403.77	90.62	404.17	90.70	341.49	76.64	568.00	127.47	378.49	84.94
2012	420.89	90.09	413.80	88.57	363.59	77.82	599.75	128.37	397.15	85.01
2013	450.48	91.43	426.18	86.50	380.25	77.18	609.65	123.73	404.65	82.13
2014	659.38	114.76	532.14	92.62	414.63	72.16	597.33	103.96	436.94	76.05
2015	617.66	102.69	541.85	90.08	412.49	68.58	636.75	105.86	442.68	73.60
2016	623.83	102.84	567.55	93.56	434.83	71.68	685.62	113.02	436.19	71.90
2017	537.17	109.75	576.42	117.77	408.73	83.51	478.60	97.87	333.29	68.10
2018	451.79	92.88	554.05	113.91	386.90	79.54	611.04	125.62	262.72	54.01
2019	456.10	92.76	550.12	111.88	389.04	79.12	593.94	120.79	293.90	59.77

资料来源：根据《新疆统计年鉴》（1990—2020 年）整理所得。

南疆地区各地州单元素化肥施用情况呈现出明显的地区差异性，见表 4-10。

从单元素化肥施用率来看：克州单元素化肥施用率最高，是新疆地区平均单元素化肥施用率的127%左右；巴州和和田地区单元素化肥施用率分别是新疆平均单元素化肥施用率的108%左右；喀什地区单元素化肥施用率是新疆平均单元素化肥施用率的107%左右；阿克苏地区单元素化肥施用率较低，是新疆单元素化肥施用率的105%左右。

表4-10 南疆地区单元素化肥施用率及占比

年份	巴州		阿克苏地区		克州		喀什地区		和田地区	
	单元素化肥施用率/%	与平均收入比/%	单元素化肥施用率/%	与平均收入比/%	单元素化肥施用率/%	与平均收入比/%	单元素化肥施用率/%	与平均收入比/%	单元素化肥施用率/%	与平均收入比/%
1989	86.91	113.74	79.73	104.34	98.81	129.31	86.37	113.02	74.98	98.12
1990	82.26	105.89	77.60	99.89	95.47	122.89	81.73	105.20	68.79	88.55
1991	80.60	113.38	72.61	102.14	80.42	113.13	54.21	76.26	80.07	112.64
1992	78.52	103.18	68.56	90.10	86.12	113.17	80.69	106.04	82.58	108.52
1993	86.45	109.44	75.47	95.54	84.78	107.32	80.65	102.09	91.02	115.22
1994	89.74	113.41	77.06	97.39	87.49	110.57	82.28	103.98	85.30	107.79
1995	77.52	97.17	74.44	93.32	100.00	125.36	85.67	107.39	84.43	105.84
1996	82.50	99.11	80.95	97.26	100.00	120.14	84.20	101.16	88.25	106.03
1997	81.33	99.25	87.05	106.24	99.81	121.80	85.17	103.93	86.50	105.56
1998	77.36	94.19	78.76	95.89	99.73	121.43	91.07	110.88	88.19	107.38
1999	81.08	100.51	80.17	99.39	89.10	110.46	107.25	132.95	82.47	102.24
2000	84.77	106.72	80.40	101.21	99.16	124.83	89.49	112.66	83.13	104.65
2001	86.50	108.63	89.48	112.38	93.14	116.98	85.11	106.89	86.69	108.88
2002	85.88	109.54	87.95	112.18	100.00	127.55	89.05	113.58	87.24	111.27
2003	91.51	118.21	87.49	113.02	100.00	129.18	88.76	114.67	86.94	112.32
2004	90.91	118.46	85.04	110.81	99.76	129.99	91.36	119.05	86.59	112.82
2005	80.98	109.30	83.26	112.39	98.69	133.20	40.65	54.87	28.46	38.41
2006	88.05	111.28	86.94	109.87	100.00	126.37	93.73	118.45	93.27	117.87
2007	87.07	110.13	85.79	108.52	100.00	126.49	92.38	116.85	92.18	116.60
2008	87.39	110.85	87.17	110.56	100.00	126.84	89.11	113.03	92.15	116.88
2009	86.86	110.85	86.67	110.60	91.68	116.99	87.35	111.47	92.24	117.70
2010	86.79	110.86	87.43	111.68	92.28	117.87	86.49	110.48	91.51	116.89
2011	86.98	111.35	85.81	109.85	92.57	118.50	83.76	107.23	90.55	115.92
2012	85.99	109.76	84.28	107.58	92.53	118.12	85.73	109.43	90.01	114.89
2013	85.42	110.26	82.39	106.35	92.58	119.49	85.38	110.21	89.89	116.03
2014	85.05	107.91	83.35	105.75	92.55	117.43	92.35	117.17	88.49	112.28
2015	84.47	106.61	83.37	105.23	91.40	115.35	91.81	115.88	88.38	111.55
2016	84.07	104.70	88.46	110.18	91.49	113.95	91.89	114.45	87.90	109.47
2017	83.72	105.35	85.65	107.79	91.33	114.93	88.98	111.98	87.35	109.92
2018	83.44	108.62	84.88	110.49	89.14	116.04	70.76	92.12	85.10	110.79
2019	82.50	108.11	81.32	106.57	89.29	117.02	69.46	91.04	82.76	108.46

资料来源：根据《新疆统计年鉴》（1990—2020年）整理所得。

南疆地区各地州牲畜年底头数呈现出明显的地区差异性，见表4-11。

从牲畜养殖数量上看：喀什地区牲畜年底头数最多，占新疆牲畜年底头数的 16% 左右；阿克苏地区和和田地区牲畜年底头数相差不多，分别占比 11% 和 10% 左右；巴州牲畜年底头数占比 7% 左右；克州牲畜年底头数最少，占比 4% 左右。

从各地区牲畜年底头数增长幅度来看：阿克苏地区牲畜年底头数增长最快，从 1989 年的 359.11 万头增加到 2019 年的 572.58 万头，增加了 0.59 倍，年增长率为 1.56%；其次是巴州，从 1989 年的 235.91 万头增加到 2019 年的 366.65 万头，增加了 0.55 倍，年增长率为 1.47%。

表 4-11　南疆地区牲畜年底存栏量及占比

年份	巴州		阿克苏地区		克州		喀什地区		和田地区	
	牲畜年底头数/万头	占比/%	牲畜年底头数/万头	占比/%	牲畜年底头数/万头	占比/%	牲畜年底头数/万头	占比/%	牲畜年底头数/万头	占比/%
1989	235.91	6.84	359.11	10.42	132.73	3.85	486.04	14.10	319.25	9.26
1990	238.48	6.82	368.54	10.54	133.57	3.82	505.78	14.47	328.23	9.39
1991	239.67	6.86	374.86	10.73	125.21	3.58	526.76	15.08	332.96	9.53
1992	239.65	6.86	378.82	10.84	325.76	9.26	534.24	15.28	336.74	9.63
1993	236.06	6.72	382.32	10.88	127.51	3.63	523.45	14.89	349.02	9.93
1994	238.02	6.61	389.9	10.83	128.43	3.57	537.02	14.92	360.63	10.02
1995	246.94	6.63	402.87	10.82	130.06	3.49	555.27	14.91	375.87	10.09
1996	252.68	6.54	414.19	10.72	133.2	3.45	575.56	14.90	390.34	10.10
1997	264.19	6.59	426.07	10.63	137.8	3.44	598.54	14.93	406.24	10.14
1998	274.41	6.50	439.45	10.40	142.32	3.37	616.49	14.59	418.35	9.90
1999	283.26	6.44	456.74	10.39	142.22	3.23	841.79	19.15	390.84	8.89
2000	289.34	0.64	474.18	1.05	143.45	0.32	652.4	1.45	380.45	0.84
2001	292.5	6.35	486.05	10.56	144.54	3.14	674.03	14.64	381.47	8.29
2002	299.38	6.26	501.42	10.49	148.33	3.10	690	14.43	392.81	8.21
2003	333.18	6.63	511.55	10.18	153.59	3.06	709.3	14.11	409.69	8.15
2004	350.92	6.74	514.45	9.88	158.66	3.05	730.85	14.04	426.31	8.19
2005	369.3	6.92	524.04	9.83	155.99	2.92	750	14.06	440.02	8.25
2006	328.86	6.16	530.14	9.93	163.9	3.07	758.08	14.20	448.83	8.41
2007	309.03	6.15	514.58	10.24	163.83	3.26	766.25	15.25	447.53	8.91
2008	300.18	8.01	442.12	11.80	159.15	4.25	779.72	20.81	456.2	12.18
2009	300.44	7.81	425.83	11.08	159.87	4.16	799.65	20.80	471.43	12.26
2010	298.69	8.02	428.67	11.52	161.37	4.34	809.62	21.75	485.45	13.04
2011	303.22	8.20	441.03	11.93	162.64	4.40	821.04	22.20	500.95	13.55
2012	309.54	7.14	467.14	10.78	164.67	3.80	831.71	19.19	503.45	11.62
2013	344.01	7.64	508.75	11.30	165.72	3.68	840.16	18.66	503.71	11.19
2014	381.83	8.02	547.53	11.49	168.61	3.54	859.06	18.03	513.94	10.79
2015	405.69	8.32	585.09	12.00	170.4	3.50	881.33	18.08	521.2	10.69
2016	433.01	9.05	608.14	12.71	175.95	3.68	869.6	18.18	531.64	11.11
2017	355.99	7.20	537.56	10.87	176.95	3.58	668.9	13.52	398	8.05
2018	373.77	7.44	575.41	11.46	186.37	3.71	705.49	14.05	421.22	8.39
2019	366.65	7.20	572.58	11.25	186.4	3.66	708.24	13.91	422.9	8.31

资料来源：根据《新疆统计年鉴》（1990—2020 年）整理所得。

南疆地区各地州农村用电量呈现出明显的地区差异性，见表4-12。

从农村用电量来看：巴州农村用电量最大，占新疆农村用电量总量的5.8%左右；阿克苏地区农村用电量占新疆农村用电量总量的5.4%左右；喀什和和田地区农村用电量分别占新疆农村用电量总量的4.9%和3.2%左右；克州农村用电量较少，占新疆地区农村用电量总量的0.6%左右。

从各地州农村用电量增长幅度来看：和田地区农村用电量增长最快，从1989年的1 077.00万千瓦时增加到2019年的78 993.00万千瓦时，增加了72.35倍，年均增长率为15.39%；其次是阿克苏地区，农村用电量从2 074.00万千瓦时增加到2019年的132 162.00万千瓦时，增加了62.72倍，年均增长率为14.85%。

表 4-12　南疆地区农村用电量及占比

年份	巴州		阿克苏地区		克州		喀什地区		和田地区	
	农村用电量/万千瓦时	占比/%	农村用电量/万千瓦时	占比/%	农村用电量/万千瓦时	占比/%	农村用电量/万千瓦时	占比/%	农村用电量/万千瓦时	占比/%
1989	4 191.00	5.01	2 074.00	2.48	350.00	0.42	3 692.00	4.42	1 077.00	1.29
1990	5 283.00	5.04	2 759.00	2.63	3 918.00	3.74	4 192.00	4.00	1 103.00	1.05
1991	5 633.00	4.69	3 044.00	2.53	635.00	0.53	6 105.00	5.08	1 435.00	1.19
1992	5 007.00	3.84	3 996.00	3.06	723.00	0.55	4 251.00	3.26	1 604.00	1.23
1993	4 339.16	3.15	5 513.81	4.00	940.00	0.68	4 511.38	3.28	1 632.83	1.19
1994	5 055.93	3.52	4 499.26	3.13	956.00	0.67	4 594.75	3.20	2 122.83	1.48
1995	6 271.30	3.86	5 474.61	3.37	953.40	0.59	5 102.12	3.14	1 655.26	1.02
1996	6 492.35	3.52	6 475.20	3.51	968.70	0.52	4 658.26	2.52	2 341.06	1.27
1997	6 305.29	3.03	6 620.18	3.18	777.75	0.37	4 933.32	2.37	2 875.41	1.38
1998	7 158.32	3.18	7 636.27	3.40	691.10	0.31	5 362.42	2.38	2 806.46	1.25
1999	9 399.22	4.01	8 285.69	3.53	750.20	0.32	6 685.00	2.85	3 465.20	1.48
2000	9 704.95	3.97	10 445.75	4.27	798.68	0.33	9 738.61	3.98	4 290.71	1.75
2001	9 739.53	2.14	11 494.30	2.53	959.06	0.21	9 840.77	2.16	4 754.56	1.05
2002	11 614.00	4.11	13 870.77	4.91	1 182.32	0.42	12 857.63	4.55	7 415.67	2.62
2003	11 817.41	3.95	17 383.82	5.80	1 165.00	0.39	9 629.94	3.22	7 893.94	2.64
2004	15 599.32	4.78	19 964.42	6.12	1 422.64	0.44	11 393.00	3.49	9 828.84	3.01
2005	19 259.00	5.28	22 359.00	6.13	1 413.00	0.39	10 430.00	2.86	12 563.00	3.44
2006	23 513.00	5.71	24 848.00	6.04	1 490.00	0.36	11 877.00	2.89	13 254.00	3.22
2007	28 742.00	6.27	27 748.00	6.05	1 512.00	0.33	16 800.00	3.66	17 784.00	3.88
2008	38 299.00	7.11	34 447.00	6.39	1 875.00	0.35	24 216.00	4.49	21 246.00	3.94
2009	43 340.00	7.35	35 719.00	6.06	2 839.00	0.48	16 956.00	2.88	22 489.00	3.81
2010	45 398.00	7.06	36 797.00	5.72	4 335.00	0.67	29 360.00	4.57	22 932.00	3.57

表4-12(续)

年份	巴州		阿克苏地区		克州		喀什地区		和田地区	
	农村用电量/万千瓦时	占比/%	农村用电量/万千瓦时	占比/%	农村用电量/万千瓦时	占比/%	农村用电量/万千瓦时	占比/%	农村用电量/万千瓦时	占比/%
2011	50 728.00	7.08	41 396.00	5.78	3 485.00	0.49	36 043.00	5.03	26 649.00	3.72
2012	58 117.00	7.67	48 571.00	6.41	4 120.00	0.54	43 031.00	5.68	31 030.00	4.09
2013	67 933.00	8.09	53 732.00	6.40	5 167.00	0.62	68 323.00	8.14	40 384.00	4.81
2014	96 475.00	10.00	63 326.00	6.56	5 640.00	0.58	89 799.00	9.30	42 274.00	4.38
2015	92 756.00	8.91	63 594.00	6.11	6 582.00	0.63	155 035.00	14.90	78 846.00	7.58
2016	105 806.00	9.78	104 441.00	9.66	8 039.00	0.74	98 085.00	9.07	82 805.00	7.66
2017	105 595.00	9.50	116 091.00	10.45	7 739.00	0.70	89 418.00	8.05	84 111.00	7.57
2018	99 983.00	8.36	121 544.00	10.17	8 702.00	0.73	90 870.00	7.60	86 494.00	7.24
2019	118 115.00	9.45	132 162.00	10.57	9 414.00	0.75	106 754.00	8.54	78 993.00	6.32

资料来源：根据《新疆统计年鉴》（1990—2020 年）整理所得。

4.1.4 南疆地区农业绿色发展的技术支撑状况

南疆地区各地州节水灌溉面积呈现出明显的地区差异性，见表4-13。

从节水灌溉面积来看：阿克苏地区和巴州节水灌溉面积最大，占新疆牧业产值的12%左右；喀什地区节水灌溉面积占新疆节水灌溉面积的9%左右；和田地区节水灌溉面积占新疆节水灌溉面积的6%左右；克州节水灌溉面积较小，占新疆节水灌溉面积的1%以下。

从各地州节水灌溉面积增长幅度来看：和田地区节水灌溉面积增长最快，从2012 年的115.80 千公顷增加到2019 年的186.57 千公顷，增加了0.61 倍，年均增加7.04%；其次是巴州，节水灌溉面积从272.19 千公顷增加到303.40千公顷，增加了0.11 倍，年均增加1.50%。

表 4-13　南疆地区节水灌溉面积及占比

年份	巴州		阿克苏地区		克州		喀什地区		和田地区	
	节水灌溉面积/千公顷	占比/%	节水灌溉面积/千公顷	占比/%	节水灌溉面积/千公顷	占比/%	节水灌溉面积/千公顷	占比/%	节水灌溉面积/千公顷	占比/%
2012	272.19	10.72	418.51	16.48	38.69	1.52	344.65	13.57	115.80	4.56
2013	283.82	13.79	210.62	10.23	6.64	0.32	141.29	6.86	122.79	5.96
2014	304.93	13.41	241.24	10.61	14.01	0.62	163.27	7.18	129.93	5.71
2015	315.27	13.03	263.29	10.88	15.92	0.66	161.49	6.68	135.61	5.61
2016	327.38	12.57	282.91	10.86	20.12	0.77	201.45	7.73	156.14	5.99
2017	299.47	11.07	314.45	11.63	24.12	0.89	225.48	8.34	174.17	6.44
2018	308.89	11.04	361.96	12.94	24.12	0.86	225.48	8.06	186.17	6.66
2019	303.40	10.40	409.21	14.03	24.12	0.83	293.73	10.07	186.57	6.40

资料来源：根据《新疆统计年鉴》（2013—2020 年）整理所得。

南疆地区各地州水土流失治理面积呈现出明显的地区差异性，见表4-14。

从水土流失治理面积来看：巴州水土流失治理面积最大，占新疆水土流失治理面积的13%左右；阿克苏地区水土流失治理面积占新疆水土流失治理面积的10%左右；和田地区和喀什地区水土流失治理面积均占新疆水土流失治理面积的9%左右；克州水土流失治理面积较小，占新疆水土流失治理面积的2%左右。

从各地州水土流失治理面积增长幅度来看：克州水土流失治理面积增长最快，从2011年的1.63千公顷增加到2019年的58.72千公顷，增加了35.02倍，年均增长率为56.52%；其次是喀什地区，水土流失治理面积从13.27千公顷增加到160.47千公顷，增加了11.09倍，年均增长率为36.55%。

表4-14　南疆地区水土流失治理面积及占比

年份	巴州		阿克苏地区		克州		喀什地区		和田地区	
	水土流失治理面积/千公顷	占比/%	水土流失治理面积/千公顷	占比/%	水土流失治理面积/千公顷	占比/%	水土流失治理面积/千公顷	占比/%	水土流失治理面积/千公顷	占比/%
2011	79.42	20.69	33.77	8.80	1.63	0.42	13.27	3.46	40.20	10.47
2012	150.37	32.31	33.85	7.27	1.63	0.35	15.27	3.28	59.47	12.78
2013	64.53	7.94	69.16	8.51	21.92	2.70	89.84	11.06	69.59	8.57
2014	83.14	9.87	70.79	8.41	22.25	2.64	91.63	10.88	72.34	8.59
2015	98.32	10.62	83.56	9.02	22.49	2.43	97.84	10.56	73.55	7.94
2016	106.32	10.34	85.39	8.31	29.65	2.88	104.03	10.12	79.96	7.78
2017	117.11	10.04	93.54	8.02	33.65	2.88	112.26	9.62	86.97	7.46
2018	103.66	9.08	179.51	15.72	49.30	4.32	126.60	11.09	95.73	8.38
2019	119.71	6.99	230.06	13.44	58.72	3.43	160.47	9.37	138.38	8.08

资料来源：根据《新疆统计年鉴》（2012—2020 年）整理所得。

南疆地区各地州农业机械总动力呈现出明显的地区差异性，见表4-15。

从农业机械总动力的总量来看：喀什地区农业机械总动力最高，占新疆农业机械总动力的11%左右；巴州和阿克苏地区的农业机械总动力相差不多，分别占比9%和10%；和田地区和克州的农业机械总动力相对较少，分别占比4%和1.5%左右。

从农业机械总动力的增长幅度来看：喀什地区的农业机械总动力增长幅度最快，从1989年41.39万千瓦增加到2019年477.37万千瓦，增加了约10.5倍，年增长率为8.5%左右；其次是巴州，从1989年的24.61万千瓦增加到2019年的264.06万千瓦，增加了约9.7倍，年增长率为8.2%左右。

表 4-15　南疆地区农业机械总动力及占比

年份	巴州		阿克苏地区		克州		喀什地区		和田地区	
	农业机械总动力/万千瓦	占比/%	农业机械总动力/万千瓦	占比/%	农业机械总动力/万千瓦	占比/%	农业机械总动力/万千瓦	占比/%	农业机械总动力/万千瓦	占比/%
1989	24.61	5.00	32.34	6.56	7.01	1.42	41.39	8.40	22.23	4.51
1990	25.91	4.95	35.62	6.81	7.31	1.40	40.40	7.72	23.82	4.55
1991	29.72	5.30	42.01	7.49	7.45	1.33	43.28	7.72	25.82	4.60
1992	32.05	5.40	44.36	7.47	7.59	1.28	48.27	8.13	27.08	4.56
1993	34.27	5.63	46.33	7.62	8.08	1.33	49.28	8.10	27.55	4.53
1994	36.12	5.78	50.08	8.01	8.15	1.30	52.23	8.35	27.62	4.42
1995	36.59	5.60	59.33	9.08	8.16	1.25	54.46	8.34	27.60	4.22
1996	39.77	5.69	66.02	9.45	9.21	1.32	62.52	8.95	28.05	4.01
1997	43.85	6.01	71.12	9.76	9.35	1.28	66.16	9.07	29.53	4.05
1998	47.14	6.64	72.43	10.20	9.72	1.37	69.21	9.74	32.32	4.55
1999	52.12	6.40	76.74	9.42	9.95	1.25	75.33	9.25	33.05	4.06
2000	51.93	6.10	79.70	9.36	10.69	1.26	76.75	9.02	33.36	3.92
2001	57.31	6.51	85.40	9.70	11.11	1.26	77.49	8.80	34.20	3.88
2002	61.41	6.68	85.62	9.31	11.56	1.26	81.73	8.89	36.41	3.96
2003	653.19	67.15	89.71	9.22	13.14	1.35	86.11	8.85	38.20	3.93
2004	70.66	6.75	101.74	9.72	14.38	1.37	99.43	9.50	38.59	3.69
2005	75.52	6.77	115.65	10.36	15.18	1.36	115.59	10.36	38.82	3.48
2006	81.44	6.84	123.16	10.35	16.73	1.41	128.67	10.81	40.21	3.38
2007	90.23	7.08	134.04	10.51	17.21	1.35	139.85	10.97	40.87	3.21
2008	98.51	7.17	150.50	10.95	19.99	1.45	155.49	11.31	44.88	3.27
2009	114.66	7.63	174.07	11.58	23.89	1.59	176.68	11.75	49.56	3.30
2010	126.46	7.70	188.77	11.49	25.96	1.58	198.04	12.05	53.28	3.24
2011	144.26	8.03	205.64	11.45	29.31	1.63	228.24	12.71	59.13	3.29
2012	162.66	8.26	230.03	11.69	33.13	1.68	265.85	13.51	67.64	3.44
2013	182.98	8.45	250.55	11.57	39.34	1.82	324.11	14.96	76.41	3.53
2014	202.39	8.66	265.32	11.35	41.89	1.79	379.98	16.25	81.16	3.47
2015	223.30	8.99	275.38	11.09	43.95	1.77	417.33	16.80	91.45	3.68
2016	229.07	8.87	285.91	11.07	44.95	1.74	431.36	16.71	98.87	3.83
2017	248.48	9.28	298.62	11.16	48.40	1.81	452.99	16.92	105.00	3.92
2018	252.47	9.34	315.69	11.68	47.97	1.77	461.21	17.06	109.76	4.06
2019	264.06	9.25	330.28	11.57	50.84	1.78	477.37	16.72	114.52	4.01

资料来源：根据《新疆统计年鉴》（1990—2020 年）整理所得。

　　南疆地区各地州农业固定资产投资呈现出明显的地区差异性，见表 4-16。

　　从农业固定资产投资来看：喀什地区农业固定资产投资最高，占新疆农业固定资产投资的 12%左右；巴州农业固定资产投资占新疆农业固定资产投资的 10%左右；阿克苏地区农业固定资产投资占新疆农业固定资产投资的 9%左右；和田地区农业固定资产投资占新疆农业固定资产投资的 6%左右；克州农业固定资产投资较小，占新疆农业固定资产投资的 1%左右。

　　从各地农业固定资产投资增长幅度来看：喀什地区农业固定资产投资增长

最快，从 2005 年的 53 365.00 万元增加到 2019 年的 433 017.00 万元，增加了 7.11 倍，年均增加 16.13%；其次是和田地区，农业固定资产投资从 2005 年的 25 910.00 万元增加到 2019 年的 194 457.00 万元，增加了 6.50 倍，年均增加 15.48%。

表 4-16 南疆地区农业固定资产投资及占比

年份	巴州		阿克苏地区		克州		喀什地区		和田地区	
	农业固定资产投资/万元	占比/%	农业固定资产投资/万元	占比/%	农业固定资产投资/万元	占比/%	农业固定资产投资/万元	占比/%	农业固定资产投资/万元	占比/%
2005	78 788	11.65%	84 341	12.47%	6 500	0.96%	53 365.00	7.89%	25 910.00	3.83%
2006	103 670	13.63%	155 577	20.45%	2 340	0.31%	92 405.00	12.15%	26 187.00	3.44%
2007	102 246	12.08%	153 207	18.11%	1 853	0.22%	46 468.00	5.49%	37 524.00	4.43%
2008	79 605	12.70%	75 336	12.02%	4 077	0.65%	76 065.00	12.14%	23 234.00	3.71%
2009	91 392	12.39%	53 292	7.23%	11 334	1.54%	69 432.00	9.42%	54 913.00	7.45%
2010	111 464	11.23%	79 028	7.96%	28 422	2.86%	106 457.00	10.72%	58 657.00	5.91%
2011	76 909	7.55%	54 692	5.37%	8 411	0.83%	167 981.00	16.50%	88 332.00	8.68%
2012	78 386	7.09%	54 813	4.96%	10 083	0.91%	185 705.00	16.80%	95 046.00	8.60%
2013	207 284	13.53%	81 374	5.31%	37 106	2.42%	235 416.00	15.37%	120 149.00	7.84%
2014	216 022	12.66%	103 053	6.04%	52 603	3.08%	241 446.00	14.15%	164 835.00	9.66%
2015	280 796	7.67%	233 002	6.36%	73 331	2.00%	451 022.00	12.31%	359 078.00	9.80%
2016	371 951	7.47%	322 524	6.48%	79 360	1.59%	752 343.00	15.11%	362 637.00	7.28%
2017	427 410	7.74%	379 699	6.87%	79 146	1.43%	670 114.00	12.13%	241 988.00	4.38%
2018	297 905	9.32%	339 451	10.61%	39 652	1.24%	412 790.00	12.91%	171 328.00	5.36%
2019	318 162	9.73%	389 011	11.90%	46 829	1.43%	433 017.00	13.25%	194 457.00	5.95%

资料来源：根据《新疆统计年鉴》（2006—2020 年）整理所得。

4.2 南疆地区农业农村存在的环境问题及根源

南疆地区出现农业环境问题的"病因"正在逐步被发现，其中非常重要的因素就是经济因素和制度因素，这些"病因"，对"治疗"南疆地区农业农村环境污染问题，推动农业绿色发展有重要的作用。

4.2.1 农业农村存在的环境问题

4.2.1.1 农业水土资源趋紧问题

南疆地区戈壁沙漠面积占比较大，后备耕地的大量开发也导致新疆草原面积减少、地下水位降低，也导致大量耕地质量较差，从而阻碍农业绿色，因此，南疆地区后期对于耕地后备资源的开发更加科学谨慎。淡水资源和耕地资源是农业发展的基础，中国人均耕地面积和淡水资源分别只有世界平均水平的

1/3 和 1/4，国民节水意识较高。但是随着南疆地区工业化、城镇化进程加快，在水资源匮乏的条件下，耕地数量和质量下降，加上水资源总量不足，各地区分布不均，耕地侵占面积越来越多，农用地面积有所增加，但增加幅度较小，而建设面积，即交通用地面积、居民点和工矿用地面积大量增加。农业耕地环境恶化，优质牧草变少，草场产草量减少，毒草越来越多。由于追求产量，大量施肥等导致新疆耕地质量趋于下降，工业废水、废气排放，以及周边国家的化学污染，也导致耕地环境污染愈加严重。建设高标准农田、开展耕地质量保护整治行动、发展节水农业对农业绿色发展具有极大的作用。

4.2.1.2　农业面源污染问题

南疆地区农业发展取得了惊人的成效、化肥、农药污染加剧问题，化肥、农药绿色生产的实施为农业可持续发展做出了巨大贡献，化肥边际效益明显提升。有效灌溉面积稳步增加，为农业绿色发展提供了较大的可能，这也是节水灌溉对资源环境高效利用的重要体现。针对化肥使用量连年增加的问题，自从2015 年以后，南疆地区注重生态和环境保护，增加有效灌溉面积的同时，对农药化肥使用进行严格限制，保持了较为稳定的使用量。单一地注重经济效益而忽视农业面源污染问题，会导致白色污染加剧，有些农民每公顷化肥用量超过合理水平，过量使用化肥不仅会降低产量效益，还会造成耕地退化。高化肥、高残留、高污染、低有机质加剧了耕地退化。施用的化肥、农药有三分之一被农田吸收，大部分残留在土壤中，渗入地下水，加剧了农田污染，阻碍了农业的可持续发展。因此，要坚持减少投资、绿色替代、种养循环、综合治理的原则，力争化肥、农药利用率不断提高，为农业绿色发展提供较好的环境和耕地基础。

4.2.1.3　生态系统退化问题

生态系统退化，是对绿色发展最大的挑战，农业生态系统是整个大的生态系统的重要组成部分，草原面积缩减，草场质量下降，渔业过度开发，农药化肥过度使用，都会造成较大的环境破坏。南疆地区沙漠边缘绿洲农业，生态环境脆弱，春季春播时的沙尘天气，对生产生活带来较多的不便。南疆地区胡杨林面积逐年减少，防风固沙保护林栽培的面积和速度不足以对抗沙尘天气。戈壁面积和沙漠面积较大，可利用耕地面积较少，加上近年来，设施农业的发展，改变了原有的大田农业在生态系统中的功能。

4.2.1.4　农业种植结构相对单一

农业作为弱质产业，效益周期较长，对市场的适应具有时效差异，受自然灾害的影响较大，成本收益率较低。南疆地区农业发展呈现出多元化特点，但是较其他农业现代化发展水平较高的省份还存在较大的差异，农业多元化经营模式的稳定性较差，未达到理想水平，发展绿色农业的潜力与市场较大。但是与之相应的缺口为农户对农业绿色发展的认知较低，缺乏系统性的技术培训，绿色发展的效益认知较低。农业产业结构单一，需要加大经营模式，尤其是注重新型农业经营主体的培养。此外，南疆地区农田标准化建设存在差距，农田标准化建设的框架与产业发展结合得不够紧密，水平参差不齐，科学性也有待提升。农业绿色技术研发局限性较大，推广实施更加受限，技术推广经费不足，需要进一步加强农业绿色科技尤其是节本增效等方面的研究，使农业绿色科技成果更多服务于产量提升目标。

4.2.1.5 绿色发展法规政策不健全

针对南疆地区对绿色农业技术的认识不足、从众保守、从事绿色生产将降低农田经济效益，农户积极性不高，大量技术培训效果不佳，农技推广效率滞后，地方农户缺乏技术培训，学习效果与具体使用存在差异，总体上对农田林果绿色生产理念缺乏认知等问题，自 1949 年以来我国颁布了 20 部涉及农业和农村经济方面的法律。与一些发达国家比较，我国农业立法存在差距与不足，难以适应农业农村经济社会发展的新形势，管理体制不尽完善。我国需要加大农业政策和法规建设，提高农业执法的水平，加强监督，为发展绿色高质量农业提供全面保障。

4.2.2 农业农村环境问题的根源

4.2.2.1 农业的粗放发展模式

南疆地区农业环境问题的产生是地区农业经济发展速度、城镇化进程、农业经济增长方式、种植结构、自然生态条件等因素综合作用的结果。改革开放四十多年来，南疆地区农业经济发展主要采取农业经营主体投入过量化学物质、利用不可再生资源、过量碳排放等模式，这种压缩型赶超模式必然会使农业环境恶化，南疆地区出现了其他工业化国家经过百年发展才会出现的环境问题，农业生态环境出现边产出边破坏的现象，农业产出速度明显赶不上农业生态环境破坏速度。粗放式的农业发展模式是以牺牲农村资源环境为代价的，我国的农业综合资源利用率与国外相距将近 10 个百分点，农业灌溉水利用系数约是发达国家的一半，不可再生资源利用率低于发达国家 20 个百分点，资源产出率相当于美国的 28.6%、欧盟的 16.8%、日本的 10.3%。我国仍在工业化的进程中，特别是南疆地区经济欠发达，仍要以劳动密集型产业提高农业产出率，而这种劳动密集型产业一般都会对环境造成污染，在农业发展的过程中南疆地区必须要探索一条农业绿色发展之路。

4.2.2.2 短期经济利益的追求

南疆地区因经济欠发达、生态环境脆弱、农业经营主体受短期利益思想影响严重，很多农业经营主体对绿色发展只停留在表面，还有一部分原因是农业发展的滞后性，农业经营主体在年初投入农资产品，到年底才能收获农作物。信息传递的层级过多，也导致很多农业经营主体在行为决策的时候仅仅考虑年终的农作物收益，并不会考虑农资产品的投入是否会给周围的生态环境造成损害。在农业利润最大化的驱使下，农业经营主体只会考虑经济效益而持续投入过量的农资产品。在政府绩效考核的时候，应该提高生态环境部分的权重。近年来，为了实现地区经济的快速增长，很多地区都围绕农业企业的引进、项目的落地等核心，从干部的考核机制入手，虽然近年来干部考核机制在做不断地调整，但在生态环境这块的考核比重仍需进一步加大，特别是要将绿色 GDP、绿色发展指数、GPI 系统等引入考核机制中。

4.2.2.3 生态逆差的趋势

南疆地区并不是孤立存在于整个生态系统中的，随着经济全球化的进一步推进，全球环境问题也日益恶化，农业农村环境问题也是资本无序扩张、资本主义生产方式造成的环境污染在全球蔓延的结果。世界银行的调查数据显示，高排放的炼油、钢铁、食品、造纸、有色金属、工业化学、水泥7大行业给全球的水资源、大气资源带来了90%的污染，这种污染从1960年到1990年这30年一直保持持续增长的态势。中国作为发展中国家，在全球产业链中处于弱势地位，在贸易顺差的同时，必然要承担"生态逆差"，这是无法改变的事实，而作为后发展的国家，在承担"生态逆差"之后，中国还要继续追赶工业化的进程，但后发展的这30年的工业化带来的环境问题不言而喻。人均自然资源占有率逐渐下降、灾害性气候频发等问题逐步凸显，南疆地区的工业化进程在全国仍然落后，在招商引资的过程中依旧存在"先让资源、承受污染、拱送税费"的非理性工业化发展格局，可预期未来一段时间，环境问题仍然伴随着南疆地区的经济发展，而农业农村环境遭到的破坏，不仅给当地农村居民身体健康造成直接伤害，甚至其危害可能会影响到几代人，甚至几十代人。

4.2.2.4 农业农村资源产权不明晰

伴随着现代社会的高速发展，制度已经成为社会发展的重要管控工具，制度在一定程度上能约束人的行为，一项好的制度能成功地引导和激励人类行为，能够将人类的优秀行为传导出去，扩大行为的效用；不好的制度则相反。农业农村环境恶化的根本原因是市场失灵或政府失灵，市场失灵说明需要国家干预环境管理市场，而政府失灵说明政府制定的环保政策有缺陷或不足。

在市场经济条件下，只有完全竞争市场才能杜绝市场失灵，众所周知，完全竞争市场不存在，而对于农业农村环境来讲，社会的需求无法通过价格来决定，就会存在市场失灵，市场失灵就会产生外部性，如大气、水体、土壤、固体废弃物的污染等问题，使这些外部性问题合理内在化才是要解决的核心问题。

就南疆地区的农业生态环境问题而言，市场失灵的核心在于环境资源的产权制度和价格市场的扭曲。环境资源的产权是确定市场交易预期的基础，在市场交易的条件下来塑造人类行为，产权必须是完整的且有效的。南疆地区的环境资源就产权而言，其实是残缺或者缺失的，无法有效地约束农业经营主体的行为，致使农业资源环境在利益和人类无止境的欲望的驱使下，不断遭到破坏，却无人支付其交易成本，不断酿成"公地悲剧"。价格在资源配置中起到了重要的作用，当资源配置达到最优时，价格就能有效地反映资源的使用情况。很多排污收费制度的初衷并不是为了让更多的人承认资源是有价值的，而是为了补偿环境破坏带来的损失，在此基础上，环境资源的价格远低于价值，无法使外部成本内在化。南疆地区环境资源的成本核算体系还未全面建立，而农业经营主体会为了短期利益迅速把资源转变为农产品产量的增加，加速以农业农村生态环境的破坏为基础的农业资源开发利用，这就造成了农业资源市场中环境产权模糊和价格扭曲，农业生态环境市场很难培育。

4.2.2.5 环境政策体系不健全

政府失灵是针对环境的外部性而言的，政府作为公正的第三方，不用参与市场操作，只是当市场出现偏差的时候及时纠正，政府纠正市场的操作无非就是政策的颁布，但在现实社会发展中，会存在政府的政策不能纠正外部性且会造成市场扭曲的现象，就农业农村环境而言，主要表现在以下三个方面。

一是农业农村环境的治理机制不健全，总是治标不治本。在农业农村环境中，很多中度污染企业如造纸厂等会加强管理，但会忽视生态环境保护的宣传；对工业点源污染的重视程度会高于农业面源污染；重视农业农村环境破坏的结果，轻视对农业环境全过程的控制，这些突出的问题说明农业农村环保理念的落后，"头痛治头、脚痛医脚"这种片面的重视方式，不能从根本上消除农业农村环境问题。

二是政府对政策的执行力度不够。"有法不依"表现在很多的排污大户，其实是当地的纳税大户，也是地区生产总值的主要来源。对排污企业收取的罚款或排污费，远远低于环境治理的成本，排污企业宁愿缴纳罚款或排污费。领导干部绩效考核体系中生态环境的权重又较小，使得很多领导干部对环境问题听之任之。"无法可依"表现在很多的环境法律法规虽已建立，但没有实施细则，虽然近年来政府加大了对环保问题的追责治理力度，但环境污染案件屡见不鲜，实质性的定罪量刑很难操作，大部分的案件仍以罚款或停产等手段来处理。

三是部分职能交叉。我国在进行了大部制改革，但仍然存在职责交叉、责任不清的情况。2018 年我国虽然提出了"五个打通"，但在下级政府执行的过程中还存在部分问题，如城市和农村之间的沟通问题，城乡差距依旧存在，由于经济发展差距等诸多问题，政府对城市环境问题的关注度较高，但在环境监测方面还不能做到多部门打通。对于跨区域的水资源污染问题，政府则需要解决水资源污染量测度问题。

4.3　南疆地区农业绿色发展指数测度

近年来南疆地区经济社会快速发展，但也伴随着是农业农村生态环境支撑经济增长的能力变弱、地下水位越来越低、塔里木河流域水污染越来越严重等生态问题。党的十八届五中全会提出"五大发展理念"，其中绿色发展尤为重要，并被应用到三次产业中。农业绿色发展这一概念被提出以后，受到了社会各界的广泛关注，《农业部关于实施农业绿色发展五大行动的通知》（农办发〔2017〕6 号）中明确指出我国必须加快农业的转型升级，实现农业的绿色发展。农业的绿色发展不仅包括农业投入和产出的绿色，还要贯穿到农业的产前、产中、产后的绿色，在农业经济效益和生态效益双重保障目标下，强调全过程的管理，从传统粗放型农业快速转型到现代绿色农业，实现经济、社会、生态效益的统一，应尽快引导农业经营主体行为，转变农业生产方式，提供更多的绿色产品，树立绿色消费观。

4.3.1　指标体系的构建

4.3.1.1　构建原则

一是科学性原则。南疆地区绿色发展的水平测算，必须要遵循自然资源的发展规律，又要能够客观地反映南疆地区的真实状况。

二是可行性原则。绿色发展指标体系所需的数据均来自《新疆统计年鉴》，这一年鉴为指标的可获得性提供了进行模型分析的基础。

三是综合性。绿色发展指标体系既要能够真实反映南疆地区农业绿色转型的现状，又要能客观反映绿色发展的趋势。

四是针对性原则。绿色发展指标体系要能客观地反映南疆地区农业环境生态系统有机整体的基本特征。

4.3.1.2 构建依据

习近平总书记提出的"两山"（绿水青山就是金山银山）理论为农业绿色发展提供了依据，为南疆地区农业绿色发展指明了方向，也为南疆地区农业绿色发展指标体系提供了理论依据，也是新时代推进农业绿色发展重要的理论基础。党的十九大又进一步指出必须践行"两山"理论，坚持节约资源和保护环境并行，推动绿色发展的生产和生活方式，农业绿色发展应该把节约资源、降低化肥施用强度、地膜使用强度与农地产出的数量和质量相结合，提高农民收入。党的二十大提出，大自然是人类赖以生存发展的基本条件。尊重自然、顺应自然、保护自然是全面建设社会主义现代化国家的内在要求。必须牢固树立和践行绿水青山就是金山银山的理念，站在人与自然和谐共生的高度谋划发展。

4.3.1.3 指标体系的确定

南疆地区实现农业的绿色发展，对新疆粮食主产区的粮食安全，提高绿色农产品供给，满足人们日益增长的美好生活的需求具有重要意义。南疆地区参照《2019 年农业农村绿色发展工作要点》提出的绿色发展的重点，树立农民增收、绿色供给、粮食安全的理念，考察的对象是种植业和绿色发展水平之间的关系。本书的研究通过农资品的投入，获得农作物的产出和效益，全面考量南疆五地州的农业绿色发展真实水平，农业绿色发展指标体系的构建主要考虑到"绿色"和"发展"两个方面，综合考虑南疆地区农业绿色发展的现状，农业绿色发展水平指标体系从 4 个方面来构建，包括生产基础、生活质量、生态环境、技术支撑。这 4 个一级指标用来反映南疆地区绿色发展水平，再细分到二级指标体系中的 16 个因素。为了保证模型结果的有效性和数据的连续统一可获得性，有很多因素如农药投入强度、绿色技术的应用率、农业技术研发投入等不同的统计年鉴中虽然都有相关的数据，但统计口径和统计年份不一，该模型中的数据仅选取了这 16 个指标作为模型指标，见表 4-17。

表 4-17 指标变量选择及说明

目标层	一级指标	二级指标	计量单位	指标含义	指标类型
南疆地区绿色发展水平测度	生产基础	耕地面积	千公顷		正向
		农作物播种面积	千公顷		正向
		农业人口	万人		正向
		农村用电量	万千瓦时		负向
	生活质量	农村居民人均收入	元		正向
		社会消费品零售额	万元		负向
		农地产出率	元/公顷	农业产值/农作物播种面积	正向
		牧业产值	万元		正向
	生态环境	化肥施用强度	公斤/公顷	化肥施用量/耕地面积	负向
		单元素化肥占比	%	氮磷钾肥/化肥	负向
		牲畜年底头数	万头/只		负向
		农村用电量	万千瓦时		正向
	技术支撑	节水灌溉面积	千公顷		正向
		水土流失治理面积	千公顷		正向
		农业机械总动力	千瓦		负向
		农业固定资产投资	亿元		正向

一是生产基础指标。农作物的产出是以耕地、水、大气、劳动力等资源的利用为基础来实现农作物的种植和产出,本书的研究选取了耕地面积、农作物播种面积、农业人口、农村用电量4个指标。

二是生活质量。生活质量是农业绿色发展的间接目标,强调兼顾数量和质量,依靠农业绿色发展的模式,实现土地产出率的提高,农作物产量增加,农村居民收入增长。本书的研究选取了农村居民人均收入、社会消费品零售额、农地产出率、牧业产值4个指标。

三是生态环境。农业绿色发展的目标是农业产出和环境保护相结合,在生态环境保护的基础上实现绿色农产品数量和质量的提高,必须要降低刚性农资的投入,确保农产品质量安全。本书的研究选取了化肥施用强度、地膜使用强度、牲畜年底头数、农村用电量4个指标。

四是技术支撑。农业绿色发展必不可少的就是绿色技术的支撑，而这些绿色技术包括节能减排、水资源的有效治理、机械捡膜、财政投入农田水利基础设施等。本书的研究选取了节水灌溉面积、水土流失治理面积、农业机械总动力、农业固定资产投资4个指标。

4.3.2 数据来源和研究方法

4.3.2.1 数据来源

本书的研究采用《新疆统计年鉴》中的数据对南疆地区农业绿色发展水平进行测度。

4.3.2.2 研究方法

熵值法是一种以客观赋值权重为基础的多层次多指标综合评价体系方法，根据各个指标之间的联系程度或提供的信息量来决定指标的权重，优势在于可以客观地反映调查对象。为了能够比较不同年份南疆五地州农业绿色发展的水平，本书的研究在熵值法中加入了时间序列变量，使模型模拟结果更加合理科学。

假设有 m 个待评价方案，n 个评价指标，原始指标体系可确定为 $X = (x_{ij})_{m \times n}$，对于矩阵中的某个指标 x_j 而言，指标值 X_{ij} 存在的差距越大，该项指标在综合指标体系中的作用越大，如果某项指标的指标值全部相等，则认为该项指标在综合指标体系中不起作用。计算过程如下：

第一步：确定数据矩阵

$$A = \begin{pmatrix} X_{11} & \cdots & X_{1m} \\ \vdots & \vdots & \vdots \\ X_{n1} & \cdots & X_{nm} \end{pmatrix}_{n \times m}$$

其中，X_{ij} 为第 i 个方案第 j 个指标的数值。

第二步：数据的非负数化处理

因为熵值法计算的结果表示各个方案中的某一指标占总值的比重，所以不存在无量纲化和标准化，如果指标数据中有负数，需要对数据进行非负化处理，还需要对数据进行平移，避免熵值对数的无意义。

对于越大越好的指标：

$$X_{ij}^{'} = \frac{X_{ij} - \min(X_{1j}, X_{2j}, \cdots, X_{nj})}{\max(X_{1j}, X_{2j}, \cdots, X_{nj}) - \min(X_{1j}, X_{2j}, \cdots, X_{nj})} + 1$$
$$i = 1, 2, \cdots, n; j = 1, 2, \cdots, m$$

对于越小越好的指标：

$$X_{ij}^{'} = \frac{\max(X_{1j}, X_{2j}, \cdots, X_{nj}) - X_{ij}}{\max(X_{1j}, X_{2j}, \cdots, X_{nj}) - \min(X_{1j}, X_{2j}, \cdots, X_{nj})} + 1$$

$i = 1, 2, \cdots, n$；$j = 1, 2, \cdots, m$

以下非负化处理后的数据均为 X_{ij}。

第三步：计算第 j 项指标下第 i 个方案占该指标的比重

$$P_{ij} = \frac{X_{ij}}{\sum_{i=1}^{n} X_{ij}}, j = 1, 2, \cdots, m$$

第四步：计算第 j 项指标的熵值

$$e_j = -k * \sum_{i=1}^{n} P_{ij}\log(P_{ij})$$，其中 $k > 0$，ln 为自然对数，$e_j \geqslant 0$。式中常数 k 与

样本数 m 有关，一般令 $k = \frac{1}{\ln m}$，则 $0 \leqslant e \leqslant 1$。

第五步：计算第 j 项指标的差异系数

对于第 j 项指标，指标值 X_{ij} 的差异越大，对方案评价的作用越大，熵值就越小，$g_j = 1 - e_j$，则 g_j 越大指标越重要。

第六步：求权数

$$W_j = \frac{g_j}{\sum_{j=1}^{m} g_j}, j = 1, 2, \cdots, m$$

第七步：计算各方案的综合得分

$$S_i = \sum_{j=1}^{m} W_j * P_{ij}, i = 1, 2, \cdots, n$$

4.3.2.3　南疆地区农业绿色发展水平测算

本书的研究根据熵值法的原理，对南疆地区 1989—2019 年 30 年的南疆地区 4 个一级指标、16 个二级指标的原始数据进行了处理，评价了南疆地区农业绿色发展水平，评价结果如下：

根据熵值法的原理进行编程，将指标数据输入 matlab2010b 软件，得到南疆地区农业绿色发展指标的赋权结果（见表 4-18）。

根据指标权重求得综合得分及其排名（见表 4-18）。总体而言，1989—2019 年，南疆地区农业绿色发展水平总体上呈现逐年上升的趋势，并且生产基础、生活质量、生态环境和技术支撑四个方面的指标对其均有影响。从空间维度上看，巴州的农业绿色水平最高，均高于其他四地州；从时间维度上看，巴州在生产基础方面得分最高；生活质量方面，巴州和阿克苏地区平分秋色；

生态环境方面，南疆地区各地州各有优势；技术支撑方面，喀什地区评分最高。可能的原因是巴州和阿克苏地区的水资源、土地等级等方面的自然资源条件略优于其他地州，且巴州和阿克苏地区在乡村振兴、城镇化等方面推进得比较快。喀什地区近年来加大了对农业绿色技术的引入，且喀什地区是南疆地区最大的农业地州，在农业的标准化、规模化等方面有一定的代表性。

表4-18 南疆地区农业绿色发展水平指标权重

一级指标	二级指标	编号	新疆	巴州	阿克苏地区	克州	喀什地区	和田地区
生产基础	耕地面积	X_{11}	0.081	0.092	0.122	0.042	0.034	0.067
	农作物播种面积	X_{12}	0.091	0.086	0.049	0.096	0.111	0.054
	农业人口	X_{13}	0.058	0.033	0.034	0.039	0.042	0.044
	农村用电量	X_{14}	0.035	0.034	0.026	0.026	0.017	0.033
生活质量	农村居民人均收入	X_{21}	0.095	0.093	0.095	0.079	0.088	0.101
	社会消费品零售额	X_{22}	0.033	0.041	0.041	0.016	0.018	0.023
	农地产出率	X_{23}	0.063	0.063	0.048	0.056	0.056	0.051
	牧业产值	X_{24}	0.086	0.089	0.086	0.079	0.090	0.084
生态环境	化肥施用强度	X_{31}	0.037	0.029	0.047	0.043	0.036	0.034
	单元素化肥占比	X_{32}	0.024	0.032	0.052	0.079	0.023	0.057
	牲畜年底头数	X_{33}	0.008	0.026	0.036	0.008	0.052	0.037
	农村用电量	X_{34}	0.076	0.112	0.101	0.111	0.111	0.113
技术支撑	节水灌溉面积	X_{41}	0.066	0.055	0.021	0.050	0.034	0.067
	水土流失治理面积	X_{42}	0.106	0.109	0.099	0.134	0.138	0.097
	农业机械总动力	X_{43}	0.038	0.010	0.039	0.037	0.038	0.029
	农业固定资产投资	X_{44}	0.104	0.095	0.105	0.129	0.113	0.110

从表4-18不难看出，喀什地区是南疆地区农业绿色发展最全面的地区。南疆五地州农业绿色发展也有短板，巴州的短板是技术支撑，需要引入农业绿色发展的技术，如循环产业、高精尖产业、绿色农业发展技术；阿克苏地区的短板在生产技术，这说明随着市场改革的逐步推进，很多农业的基础条件逐渐

变差，需要从农田水利基础设施、高标准农田建设等方面发展；克州地区的短板包括生产基础、生活质量、技术支撑三个方面，处于南疆五地州最末位，需要从农业生产、农村生活、农业技术等方面齐抓共管，和田地区的短板在生活质量和生态环境，因和田地区特殊的地理区位，风沙天气较多，给生产生活带来了一定的影响，故其生态环境和生活质量方面比较落后。

南疆地区绿色发展水平测算结果（见表4-19）表明，南疆地区绿色发展总体水平明显提升，新疆从1989年的0.264增加到2019年0.908，提升了3.44倍。南疆五地州绿色发展水平均有不同程度的提升，巴州从0.250增加到0.874，提升了3.5倍，高于新疆平均水平，居南疆地区首位；阿克苏地区从0.337增加到0.874，增加了2.59倍；克州从0.303增加到0.832，增加了2.75倍；喀什地区从0.311增加到0.779，增加了2.5倍；和田地区从0.281增加到0.846，增加了3.01倍。南疆五地州农业绿色发展水平增速排名顺序为巴州、和田地区、克州、阿克苏地区、喀什地区。南疆地区拥有丰富的农业资源和生态资源，随着生态保护工程的逐步开展，南疆地区农业绿色发展有比较大的潜力。

表4-19 南疆地区农业绿色发展水平测定结果

年份	新疆	巴州	阿克苏地区	克州	喀什地区	和田地区
1989	0.264	0.250	0.337	0.303	0.311	0.281
1990	0.270	0.265	0.344	0.336	0.314	0.284
1991	0.287	0.277	0.357	0.369	0.317	0.272
1992	0.283	0.286	0.367	0.343	0.308	0.269
1993	0.280	0.273	0.350	0.361	0.313	0.264
1994	0.288	0.275	0.357	0.349	0.310	0.270
1995	0.297	0.304	0.367	0.303	0.313	0.275
1996	0.294	0.301	0.348	0.309	0.296	0.267
1997	0.308	0.313	0.367	0.310	0.313	0.281
1998	0.319	0.332	0.371	0.314	0.312	0.292
1999	0.328	0.328	0.365	0.349	0.280	0.310
2000	0.336	0.327	0.378	0.313	0.321	0.317
2001	0.358	0.330	0.356	0.343	0.326	0.319

表4-19(续)

年份	新疆	巴州	阿克苏地区	克州	喀什地区	和田地区
2002	0.352	0.343	0.358	0.307	0.325	0.336
2003	0.367	0.342	0.369	0.297	0.324	0.338
2004	0.382	0.376	0.376	0.291	0.325	0.349
2005	0.405	0.411	0.386	0.303	0.345	0.411
2006	0.414	0.435	0.409	0.285	0.359	0.353
2007	0.442	0.474	0.420	0.283	0.375	0.376
2008	0.470	0.537	0.506	0.360	0.407	0.388
2009	0.482	0.573	0.508	0.431	0.426	0.417
2010	0.515	0.601	0.525	0.463	0.431	0.421
2011	0.571	0.649	0.576	0.439	0.490	0.492
2012	0.602	0.705	0.542	0.451	0.488	0.502
2013	0.642	0.707	0.560	0.557	0.563	0.540
2014	0.680	0.791	0.596	0.617	0.645	0.603
2015	0.734	0.809	0.650	0.696	0.727	0.721
2016	0.778	0.815	0.650	0.782	0.797	0.779
2017	0.852	0.867	0.733	0.765	0.783	0.778
2018	0.850	0.834	0.804	0.779	0.730	0.808
2019	0.908	0.874	0.874	0.832	0.779	0.846

具体来看，南疆地区农业绿色发展过程大致上可分为两个阶段：第一阶段在1989—2005年，南疆地区农业绿色发展水平呈现出缓慢上升态势，说明该阶段南疆地区农业绿色发展动力不足，推进过程还比较缓慢；第二阶段在2006—2019年，南疆地区农业绿色发展水平呈现快速上升态势。主要原因是2005年以后，中央一号文件等都越来越关注农业农村生态环境保护，特别是党的十七大报告首次提出生态文明建设，且南疆地区作为欠发达生态脆弱区，地方政府更加关注三农领域，特别是环塔里木盆地大面积种植林果业、深入推进测土配方肥技术、打造乡村旅游示范区、高新技术产业示范区等，发展绿色产业、培育绿色品牌、促进绿色发展，探索南疆地区现代农业可持续发展之路。

4.4 本章小结

本章从南疆地区农业绿色发展现状出发，分析了 1989—2019 年的《新疆统计年鉴》中的四个方面 16 个指标。农业绿色发展生产基础方面，耕地面积呈明显的地区差异性，喀什地区耕地面积最大，农作物播种面积也最大，巴州农作物播种面积增长最快；喀什地区的农业人口最多且增长速度最快；巴州的农村人口最多，和田地区的增长速度最快。农业绿色发展生活质量方面，居民人均收入巴州最高且增长最快；巴州、阿克苏地区和喀什地区的社会消费品零售额均比较高，阿克苏地区的社会消费品零售额增长最快；巴州农地产出率最高；喀什牧业产值最高，阿克苏地区牧业产值增长最快。农业绿色发展生态环境方面，喀什地区化肥施用强度最高，克州单元素化肥施用率最高；喀什地区牲畜年底头数最多，阿克苏地区牲畜年底头数增长最快；巴州农村用电量最大，和田地区农村用电量增长最快。从农业绿色发展技术支撑方面，阿克苏地区和巴州节水灌溉面积最大，和田地区节水灌溉面积增长最快；巴州水土流失治理面积最大，克州水土流失治理面积增长最快，喀什地区农业机械总动力最高且增长最快；喀什农业固定资产投资最高且增长最快。本章运用熵值法对南疆地区绿色发展的四个方面 16 个指标进行了绿色发展水平测算，结果表明，1989—2019 年的南疆地区绿色发展水平总体上呈现逐年上升的趋势。空间维度上，巴州的农业绿色发展水平最高。时间维度上，巴州在生产基础方面得分最高。生活质量方面，巴州和阿克苏地区平分秋色，生态环境方面南疆五地州各有优势，技术支撑方面喀什地区评分最高。南疆地区农业绿色发展总体水平明显提升，增速排名顺序为巴州、和田地区、克州、阿克苏地区、喀什地区，1989—2005 年呈现缓慢上升态势，2006—2019 年呈现快速上升态势。

5 农业经营主体绿色发展行为的理论分析基础

一方面，农业经营主体作为农业绿色发展行为决策的微观主体和农业经济活动的基本单元，农业经营主体行为的理论是通过从自然人到经济人，再到有限理性经济人分析的发展过程来揭示农户的深层次内涵；另一方面，农业经营主体作为有限理性经济人，由于农业经营主体所追求的绿色发展行为决策目标不同，存在不同的特征和决策模式。

5.1 农业经营主体行为的相关定义

5.1.1 农户的定义

农户是一个历史范畴，是人类进入农业发展社会最基本的经济组织，要理解农户的内涵，就必须弄清楚个体农户与家庭农场的关系。农户是以家庭为基本单元的，《经济百科辞典》中关于农户的定义是以血缘与婚姻关系为基础组成的农村家庭，国内一些研究用家庭代替农户。此外，农户是指务农的人家，毛泽东在《关于农业合作化问题》一书中提出："要将大约一亿一千万农户由个体经营改变为集体经营，并且进而完成农业的技术改革。"① 个体农户和家庭农产存在相同之处，也有部分差异，但在一些研究中将"个体农户"与"家庭农场"混用，在亚洲国家一般使用"个体农户"一词，而欧美一些发达国家习惯用"家庭农场"一词。"个体农户"和"家庭农场"的潜在含义有所不同，"家庭农场"是社会化大生产发展到一定程度的组织形式，而"个体农户"是指一些小生产者，具有种植规模小、产业化程度不高、市场和社会化

---

① 毛泽东. 关于农业合作化问题 [M]. 北京：人民出版社，1975.

程度低、农业生产经营较为封闭、农产品自给自足程度较高等特点。对于个体农户和家庭农场的理解目前存在如下几个观点：一是1949年10月的农户称为小农家庭农场；二是农户包括个体农户和家庭农场；三是家庭农场就是种植大户；四是美国早期的家庭农场经营规模比个体农户稍大些，类似于个体农户，但个体农户种植规模的大小会随时间和农业生产的发展而改变。

农户内涵就以上论述来看，大都比较关注农户或家庭农场，但家庭农场与农户在一定程度上既有区别又有联系。一是农户与家庭是否完全一致，学者们虽然从不同角度对家庭下了明确的定义，但基本上认为家庭是一个生物学基本单元，是有血缘关系的直系亲属所构成的三角社会关系。而农户的概念范围要比家庭广泛，除血缘关系外，还包含了一些非直系亲属，农户强调的是共同居住的特征，参与共同经济活动，有着共同预算的社会组织。就我国的农村户籍制度而言，农户是拥有土地承包经营权的，是依据户籍制度而不是依据居住权而界定的。因为农户又有是所有权主体，才拥有土地的经营资格，所以在我国农村，农户与家庭往往相同，可以用农户经营代替家庭承包经营。二是农户和农民略有不同。《中共中央关于农业和农村工作若干重大问题的决定》指出："稳定完善农村经济体制最重要的是完善土地承包关系。而土地是农业最基本的生产要素，是农民最基本的生活保障。"一般而言，这说明农民就是从事农业生产的农户，但在农村经济体制改革中的最大成就是让农户成为农业生产经营主体，在现有市场经济条件下，农民已经不再是单纯从事农业生产的小生产者，而是从事农业生产经营的经济组织。三是雇佣劳动力正在逐步改变家庭契约的性质。在家庭生产发展的不同阶段，由于家庭自身劳动力不足，通过互助或换工方式借用非家庭劳动力或雇佣非家庭劳动力成为普遍现象，当农户家庭雇佣劳动力达到一定数量时，就会改变农户经济组织的性质。四是从产权上看，农户不仅简单地拥有资产所有权和经营权，而且必须拥有剩余控制权和索取权。

自从实行家庭联产承包经营体制后，农户已经成为农村经济生活中一个独立的经营层次。农户从经济意义上拥有三层含义，即职位、区位和身份。职业农户是以农业生产为主的农村家庭，是农村住户的主体，随着经济的发展，较高水平的郊区农村和中心镇出现，农村生活城镇化的区位农户的发展，使得农户拥有一定的政治地位和身份。在我国土地改革初期，按照拥有土地的数量和获取收入的方式，农户可分为地主、富农、中农、贫农、雇农等阶级；按照土地经营方式，农户可分为自耕农、半自耕农、佃农等；按照农业生产经营目标的不同，农户可分为自给性农户和经营性农户；而随着农村工业化的不断发展，农户中出现了非农化的关系，根据农业收入在家庭总收入中的比重，农户可分为纯农户、兼业农户和非农户三种类型。

从上述关于农户内涵的分析可以发现，农户不仅是农业生产的基本经营单位，也是生活交往单位，是构成我国农村社会关系的基本单元，也是认识和分析施肥行为的基本出发点和基础。研究认为，农户就是长期居住在农村，时间超过一年以上，拥有土地，主要依靠家庭劳动力从事农业生产，并拥有剩余控制权，农户家庭关系相当紧密的基本社会经济组织单位，其本质是以家庭契约关系为基础，家庭生产活动与农业生产活动相互作用，特指从事农业生产，拥有一定农业经营能力农村住户，不包括举家外出打工的农村住户。

5.1.2 行为决策的定义

行为决策是针对理性决策理论难以解决问题和弊端，另辟蹊径发展起来的，而其发展历程始终贯穿着决策行为的实证研究，其中值得注意的是前景理论（见图5-1）。研究发现许多人类行为决策会偏离传统最优行为决策，如后悔理论、不确定性效应、反射效应、过分自信等，行为决策模型大胆突破了传统经济学基本原理，运用心理学的原理修正了传统经济学的基本假设，充分展示了人类决策行为的复杂性和不确定性，开创了行为经济学研究的新领域。而行为决策研究的主要研究方法包括观察法、调查法（包括问卷调查法和访谈调查法）和实验法（包括心理学实验和经济学实验）。

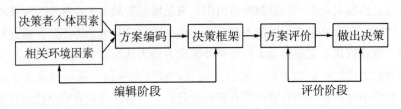

图5-1 前景理论决策框架

人类的行为决策是在概括行为特征的基础上，提炼出行为决策的主要变量，并将其归纳到理性决策的分析框架中，不仅要考虑到客观环境和行为决策备选技术，还要考虑到行为决策者的认知局限、心理因素、环境因素以及环境因素对心理因素的作用。人类行为决策包括如下的特点：人类的决策行为是问题的出发点，过程中较为关注决策者的认知和心理因素，推出决策行为的心理解释，而不是对行为决策是否正确进行评价，从认知心理学的角度出发，决策者行为选择在信息处理过程中受到内外因素的共同作用，并在此基础上提炼出理性决策没有考虑的行为变量，修正和完善理性决策模型。"行为决策"认为人的理性介于完全理性和非理性之间，在识别发现问题中容易受到知觉上的偏差影响，行为决策受到决策时间和可利用资源的限制，并存在潜在的风险。

上述对行为决策的研究发展、特点和内容的分析，对推进农业经营主体绿色发展行为研究具有重要的指导意义。本书的研究将"行为决策"界定为农业经营主体绿色发展的微观主体——农户，为了满足自身需求所确定的特定的行为目标，以及为实现目标而采取的一系列行为活动的总称。

5.1.3　农业经营主体行为决策的定义

行为决策指的是行为主体为了满足自身特定的需求所确定的目标以及为了实现目标而采取活动的过程。推动人类行为发生的三个动力包括需要、动机和目标。行为者的需要是推动人类行为发生的动力和源泉。

马斯洛的需求层次理论把人类的需求分为生理、安全、友爱和归属、尊重和自我实现五个层次。农户作为绿色发展行为决策的主体和决策者，首先是"自然人"，追求的目标是个人价值的实现，实际上是个体对马斯洛需求层次理论中的前三种需求的满足过程，行为特征表现为人的本能行为，反映的是个体"自然人"的角色。"自然人"是人已是的既成状态，指的是人的自然属性或处于人生来所处自然境界的人，是一种天生具有的自然状态，是人类存在的物质基础。人的存在可以不是社会人，但不能不是"自然人"，严格来说，"自然人"不具有真正意义上的生存特性，也不代表人生的全部内容，只提供人类生存的物质基础，如果没有这个基础，人就无法存在，而完全停留在这个基础，只能是一种生物状态，而不是人的生存状态。而马克思认为，行为者的需求既包括自我需求，也包括行为者的社会公共需求。这一实现过程是对马斯洛需求层次理论后两种需求的满足，即尊重和自我实现需求，个体行为决策得到社会认同的程度反映的是个体社会人的角色。"社会人"是人在社会化过程中不断生成的变动状态，人源于自然界，具有自然界其他存在物同样的自然属性，但人作为自然界进化最高的存在物，不满足"自然人"的生存状态，通过特定的社会实践活动形成属于自己的本质。人是自然属性和社会属性的统一，"社会人"的主要特性是人类活动的目的性和自觉性，人的社会活动不同于自然界自发的、无目的的行为方式，而是具有意识、经过思考、追求预期目的的行为过程，生产劳动是人最基本的实践活动形式，是人有目的地和自然界进行物质交换的行为。综上所述，农户个体行为首先是"自然人"，需满足生存的需求，同时也是"社会人"，作为社会的成员，其行为需要对社会负责，并想要得到社会的认同。

从经济学角度来讲,农户绿色发展行为决策所追求的目标是利润最大化。农户又扮演着"理性经济人"的角色。"经济人"假定人类的思考和行为都是有目标理性的,唯一的目的就是获得物质性补偿的最大化,是历史上最悠久、最基本的假说,常用于经济学和一些心理学分析。最先引入"经济人"理论的是亚当·斯密在《国富论》中提出的"人每天所需要的物质并不是别人的恩惠,而是他们自利的打算,他们从不说自己需要,而说对他们有好处"。古典经济学中的"经济人"假设,认为人具有完全的理性,可以做出让自己利益最大化的选择,确立了个人经济利益最大化的公理,并在此基础上提出了"经济人"的假设,"经济人"以完全追求物质利益为目标进行一切的经济活动,希望以最少的付出实现最大限度的自身收益,并为此不择手段。当一个人在经济活动中面临不同选择时,他们总会倾向于选择自己能获得最大经济利益的那种机会,即总会追求利益最大化,而在此基础上,实现个人和社会利益相统一的就是"帕累托最优"。此外,延伸到农户行为的分析中,"理性"农户并不认同农户的贫穷源于他们没有经济头脑和管理知识,不能充分利用现有资源,只能在专家的指导下,采用先进的生产技术把农户组织起来,重新配置现有资源,不仅生产效率可以大幅度提高,而且产量也会随之增加的观点。在传统农业中,生产要素效率配置低下的可能性比较低,农户仍然有一定的能力依靠现有的耕种技术、役畜、简单设备等生产要素配置使农业生产达到最佳状态,很好地考虑到边际收益和成本。在这种能够最大限度利用生产机会和资源的情况下,一个农业专家就算精于农业经营,也很难找到这种状态下农户生产要素之间配置的低效率之处,而农户是"贫穷而有效率"的理性经济人,企业试图通过重新配置现有生产要素改变传统农业的想法只是一厢情愿。"理性"农户是在权衡长远利益和风险后,为了追求最大生产利益而做出合理选择的人。这一经济理论在20世纪80年代以来中国农村经济体制改革中具有一定的影响,有很多经济学家认为一些农村政策是按照这一逻辑制定的,但实际上是按照现代经济学的理论框架来研究农户的经济行为。

　　"经济人"假设曾在20世纪30年代的一些欧美国家得到运用,这种理论改变了当时企业管理放任自流的状态。但与此同时,这一假设也有一定程度的局限性:"经济人"的假设是以享乐主义为基础的,强调提高企业效率,把人看成机器,这与"人的本质是社会关系的总和"的论点相对立。此外,"经济人"假设否定了人的自觉性、主动性、责任心、创造性等,认为必须使用强迫、惩罚等措施来达到组织目标,把管理者和被管理者相对立,否认了被管理者在生产中的作用。我们一般把"经济人"理解为"消费者均衡",即"消费者追求效用最大化"。随着人类社会文化环境和现实生活的丰富发展,"经济人"假设的局限性越来越明显,随之产生了"有限理性"的假设。在现实世界里,人会受到自身认识、信息不完全、时间有限、复杂环境条件的限制,会在力所能及的范围之内进行选择,人所能追求到的是实现"满意状态"而不是"最大化"。这一论断的发展,使得经济学中关于人类行为的假设越来越接近于现实。"有限理性"的假设认为人类的行动,是"有意识的理性,但这种理性又是有限的"。具体包含如下内容:人所处的客观环境是复杂多变的,在众多的交换形式中,人将面临一个复杂、不确定的世界,且交易次数越多,不确定性越大,信息越不完全。因为人的计算能力和认知能力有限,人的计算速度不足以应对瞬息万变的环境,所以不可能无所不知,而人在很大程度上依赖于"第一系统"加工处理信息,理性根本无法发挥作用。由于人获得的资讯有限,只能在众多的技术中选择效用最大化的技术。在研究行为假设前提中,必须考虑人的生理限制所引起的认知、动机限制及其相互影响的限制。人类行为的价值取向不可能始终如一,且预期目标经常相互抵触,使得行为决策无法做出统一的选择。而"有限理性"这一假设是对传统经济学理论"完全理性"前提的修正,将不完全信息、处理信息所需的费用和一些非传统的决策目标函数引入经济分析,并指出传统经济理论所提出的"经济人"必须具备有条理且稳定的偏好体系、强大的计算能力、相当丰富和透彻的知识体系、能依靠计算出的所有备选方案达到经济效益的最高点,认为人类在决策过程中并非是选择"最大"或"最优"的目标,而是选择"满意"的标准,这种有限理性和满意的准则纠正了传统理性选择的偏激,拉近了行为假设条件与现实生活的距离。"有限理性"农业经营主体认为完全理性经济人有两个缺陷:一是人不可能完全理性,很难准确判定每个措施所能产生的结果并作出正确预测,而人们往往在缺乏信息认知的情况下,主观臆断地进行决策;二是决策过程中人们不可能将每个方案都列出来,因为人的能力和决策成本有限,人们所做的决策只是寻找一个可满足要求的方案。而传统经济研究中简单追求利润最大化分析,主张用系统的决策理论进行研究有其局限性。

上述对于农业经营主体绿色发展行为上的分歧主要集中在如何看待农业经营主体行为动机,如果农业经营主体追求利润最大化,农业经营主体的理性等同于其是否追求利润最大化。而从现代经济学的观点来看,实际上农业经营主体的行为是一种有限条件的理性,由于受生产成本、农民生计、追求风险最小化、市场环境等诸多因素的限制,农业经营主体行为早就已经不是一种理性行为,这就是有限理性和完全理性的区别,而"有限理性"农户则是对"理性"

农户的进一步深化。

综上所述，农业经营主体是"有限理性经济人"，农业经营主体绿色行为决策是在追求农业生产成本和风险约束双重条件下的农作物收益最大化。由于受到农业生产条件、信息不对称、农村生态环境、农户自身能力和特征以及农户风险规避等诸多因素的影响和限制，农业经营主体的绿色决策行为的理性只能是有限的。与此同时，农业经营主体也是社会人，农业经营主体绿色决策行为是一个复杂多变的决策系统，农业经营主体绿色决策行为的选择除了在一定程度上要考虑农户家庭的农作物收益、生产成本和预期风险之外，还将受到政府政策制度、农村公共环境、农户自身文化理念以及其他农业经营主体绿色行为决策等一系列因素的影响。不同个体特征的农户之间由于受到内外部影响因素的共同作用，施肥决策行为的目的、偏好、意愿、动机、施肥效果等方面存在差异，并且农业经营主体绿色行为的认知、态度和行为策略亦有所不同。农业经营主体的绿色需求决定动机，动机决定行为；认知决定偏好，偏好决定行为，行为决定结果。其中，农业经营主休绿色行为所受的各影响因素的影响程度和影响方向有所不同，影响程度有主次之分，影响方向有正负之分。如果想采取特定的措施消除或弱化这些制约因素的影响，就必须发挥或加强激励因素的作用，如施肥新技术、有机肥、农家肥、测土配方肥或控缓释肥的应用有助于农户提高施肥技术水平。农业经营主体绿色行为有稳定的偏好，但农户会把握改善绿色行为的机会，使行为趋于最优的状态，而单个农户的改变并不能使整体农业经营主体绿色行为达到整体水平的最优。

5.2　农业经营主体绿色行为的特征

农业经营主体作为农业绿色行为的主要决策者，农户绿色发展行为会根据市场条件、政策因素、生态环境等诸多因素，选择不同的农业绿色发展行为，不同的行为决策会给生态环境带来不同的（正负）外部性。而从本质上来讲，农业经营主体的绿色发展行为是在利益驱动下，根据农作物生产环境、周围经济社会条件的变化进行绿色发展和技术采纳的活动，农业经营主体以"短期利益最大化"为目标，选择最佳的农资产品投入组合，来达到农作物的最优产出。

5.2.1　农业经营主体追求短期利益最大化

根据交易费用理论，农业经营主体作为有限理性经济人，在生产过程中追求农业生产成本最低且短期利益最大化。一是由于农业经营主体的土地多为承包地,对长期效益的预期很少,农业经营主体在行为决策的过程中首先考虑的是绿色发展的成本最小化和效益最大化。从理论上来说,随着农业生产治理手段的提高和丰富,化肥、农药、地膜等农资的刚性投入应该会逐渐减少,但从农业发展的现实情况来看,投入农资产品仍然是农作物增产增收的重要手段,其中行为决策还各有不同,化肥的投入成本能占到物质资料投入总成本的30%以上,有机肥、农家肥、测土配方肥等仍不受重视。二是农业经营主体会以不同的农作物收益来决定采用不同形式的绿色发展行为,如果对绿色行为给予的补贴较高,就能弥补绿色行为的风险成本,农业经营主体会采用绿色行为决策,但农业绿色政策的补贴、信贷、税收等政策支持不足,导致绿色行为决策的成本较高,因此农业经营主体很难形成对未来优质农产品的准确预期,加之农产品市场体系的不健全和信息不对称,就算过量投入农资产品,也不能获得较低的市场价格。同时,农业经营主体作为有限理性经济人,一般以农业收入为主的家庭会追求收入稳定和风险最小,农业经营主体会选择"稳定"的生产经营方式,而农业相对于其他行业而言,是比较利益较低的行业,这使得农业经营主体接受新技术的积极性不高,通常只是通过盲目提高农资产品的投入来实现农作物增产,这样会进一步增加农业经营主体的非绿色行为。

此外,消费和购买农资存在逆向选择行为,逆向选择行为是农业经营主体追求短期利益最大化的结果。过量投入农资产品对土壤质量和生态环境的负面影响具有一定的滞后性,再加上农业经营主体追求短期利益的行为,造成过量农资投入行为的普遍性。农业经营主体绿色行为决策存在逆向选择行为,不仅存在于农资产品的购买阶段,还存在于消费者购买农产品的阶段。由于农产品是"经验品",只有通过消费或者检验才知道是否安全,并不能从外观上看出来,消费者在购买农产品时,只能凭借自身经验来选择,农业经营主体和农产品消费者之间产生了信息不对称,加之政府监管体系的不健全,以及农业经营主体的自律性差,受到经济效益的趋使,滥用化肥等农资投入品的可能性提高,使得一些价格稍高的优质农产品可能会直接退出市场。而农业经营主体的农资购买行为亦存在逆向选择,由于农业经营主体自身受文化程度、耕作技术等因素的限制,农业经营主体在购买农资时,由于信息不对称,农资销售商知道真实质量信息,农业经营主体却不知道,这样销售商的推荐就很容易以次充好,但农业经营主体却只知道该种类农资产品的平均使用效果,所以会以平均产出来估计农资产品的价格,一些高于中等价位的农资产品就可能退出市场,这种现象就是"劣币驱逐良币"的市场失灵。

5.2.2　农业经营主体行为的集体行动

搭便车理论首先由美国经济学家曼柯·奥尔逊于 1965 年发表的《集体行动的逻辑：公共利益和团体理论》一书中提出，其主要的含义是不付出成本而坐享他人之利，使得特定事情产生了正负外部性。由于公共物品消费的非排他性和非竞争性，公共物品的消费存在搭便车的问题，农业经营主体过量投入农资产品会给农村共有生态环境带来最深层的危害，而农村共有的生态环境从本质上来说具有公共物品的性质，因此在农业经营主体的过量农资产品投入行为过程中容易出现搭便车的现象。在农资投入过程中产生的大量外部成本并不能反映到农业经营主体的私人成本中，从而造成农资投入的过量和无效率。图5-2 反映了农业经营主体的农资投入情况，其中 X 轴代表因农资投入而减少的农产品损失，它与农资投入量有直接关系，直线 OA 表示农资投入所带来的农业经营主体的收益，曲线 OB 代表农业经营主体农资投入的私人成本，曲线斜率的增加是由于过量农资投入所带来的土壤质量下降等不良后果，使得农业经营主体认为需要更多量的化肥等农资产品的投入来挽救农产品的损失，有效的农资投入量为利润最大化时的 U_a。但如果考虑农资投入所带来的外部成本，则曲线 OC 表示农资投入的私人成本和外部成本之和，这时农资产品有效投入量应该为 U_b，所以，在没有考虑到农资产品投入所带来的巨大外部成本的情况下，农资产品被过量使用了。

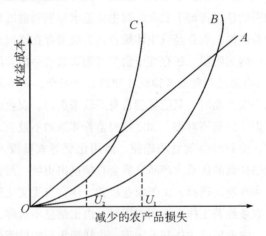

图 5-2　农业经营主体绿色行为的成本—收益分析

此外，就农业经营主体收入来源而言，农业经营主体分为四种，即纯农业经营主体、以农业为主的兼业户、以农业为次的兼业户和外出务工经商已不再兼业的农业经营主体。在推广对环境污染较小的绿色技术过程中，由于这种绿色技术相对于其他技术而言，价格较高且需要一定的学习过程，这使得一些不再以农业收入为主的农业经营主体参与其中的意愿较低，其不愿意改变原有传统的农资投入习惯，而农村生态环境是农业经营主体群体共有的，就算大部分农业经营主体参与其中，仍有少部分农业经营主体存在搭便车的行为。

5.2.3 农业经营主体行为的路径依赖

"路径依赖"源于制度经济学，是指在制度变迁中，农业经营主体行为存在报酬递增和自我强化的机制，一旦走上特定路径，就会自我强化，且很难改变。农业经营主体绿色行为存在一定的路径依赖，农业经营主体过去对于农资投入量和种类的选择，决定了农业经营主体现在可能的选择，即持续加大农资投入量，对农作物产出效果更强，要改变这种农资投入的行为方式，需要付出巨大的成本。如图 5-3 所示，由于农产品是典型的完全竞争市场，AB 表示某农业经营主体生产农产品的边际收益，即该农产品的需求曲线和价格，MC_1 代表生产该农产品的边际成本，B 点代表农业经营主体追求利益最大时的选择，此时产量是 Q_1，生产者剩余为 AE_1B，如果农业经营主体希望改变先前过度依赖农资投入而增加农作物产出来减少农资投入量的话，农业经营主体将面临农作物产量损失的风险，毕竟增加化肥等农资产品的投入至今仍然是农作物增产的主要手段。因此，为了减少农资投入所带来的农作物减产，必须寻找生物替代品，例如：控缓释肥、测土配方肥、生物农药、可降解地膜等。但采用以上任何一种方法，都将会增加生产成本，使得边际成本曲线 MC_1 向 MC_2 的方向移动，此时 D 点代表农业经营主体利益最大化时的选择，产量是 Q_2，产量有所降低，生产者剩余减少为 CE_2D，因此，为了减少农资投入，该农业经营主体必须为减量付出相应的成本。而实际的农业生产比图 5-3 所示的情况更为复杂，因为农业经营主体之前过量的农资投入已经对生态环境造成了一定程度的破坏，比如土壤盐渍化、土地沙漠化、大气污染、水质污染等，这些都会提高替代种类农资的使用成本。

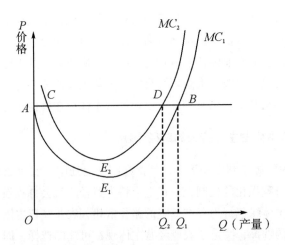

图 5-3　农产品生产的边际成本、边际收益分析

　　根据边际报酬递减规律，农作物的边际产量随着农资投入量的增加而增加，只有投入量达到一定点的时候，边际产量才会减少，而边际产量与投入量呈正比例关系时，农业经营主体已经认为"多投入就一定能带来农作物的增产"，如果要改变这种想法，需要付出巨大的成本。假定农业经营主体对未来农产品产量的预期是既定的，如果想要改变先前对于化肥、农药、地膜等农资的过分依赖，减少农资投入，农业经营主体将面临农作物产量的下降，若要维持既定的农产品产量，就必须寻找其他投入替代品，这必将会增加生产成本，除非农业经营主体能因为减少农资投入而得到相等或高于减产部分的补偿，否则农业经营主体无法承受减少农资投入所带来的损失。农作物的生长受到土壤质量、水资源状况等诸多自然条件的限制，如果所有农业经营主体都能在同一时期减少农资投入，农产品供给量也会减少，造成生产者或消费者剩余的损失，同时也会使得农产品价格上升，在一定程度上弥补农业经营主体因减少农资投入所带来的损失。由于一般农业经营主体更愿意规避风险，不愿意承担因减少投入所带来的风险，农业经营主体仍会加大化肥、农药、地膜等农资的使用量来实现农作物的增产，这样过量农资投入会导致生态环境的进一步恶化。

5.3 农业经营主体绿色发展行为决策模式及目标

5.3.1 农业经营主体绿色发展行为决策模式

随着我国农业经营体制的不断完善和市场化程度的逐步深入，社会生产力水平有了明显提高，同时农业经营主体作为绿色发展行为决策的主体，自身的个体特征千差万别，而在市场经济条件下农业经营主体绿色发展行为决策的心理也各有不同，农业经营主体的绿色发展决策模式出现了多元化的局面。在相关决策理论的指导下，本书的研究将农业经营主体绿色发展行为决策模式分为：自主理性决策模式，即农业经营主体能依据自身内部情况、市场经济条件和政策环境，积极主动参与绿色发展行为决策；从众模仿决策模式，即农业经营主体并不能确定自己是否将会改变绿色发展决策行为，比较缺乏主见，只是在看见其他农业经营主体改变绿色发展决策行为后，获得了更高的农作物收益，才做出依据别人的决策行为而从众模仿的绿色发展行为决策；被动接受决策模式，即农业经营主体参与绿色发展行为的决策并不是自愿主动做出的决策行为，而是上级政府部门越权决策或他人代为决策，而应该亲自决策的农业经营主体只能被动接受（详见表5-1）。

表5-1　农业经营主体绿色发展行为决策模式的比较

决策模式	自主理性决策模式	从众模仿决策模式	被动接受决策模式
决策目标	自身效益最大化，投入成本、风险最小化	风险最小化、自身收益最大化	在越权决策方利益满足下的自身利益最大化
决策特点	理性、主动性	从众、模仿、趋同性	被动、决策权虚化性
决策关键因素	外部环境、内部资源	其他农业经营主体示范效应	越权决策方意志
决策结果	风险大、收益高	风险小、收益低	风险小、收益高
农业经营主体类型	智慧、创新、风险型	保守、稳妥、传统习惯型	干部、大户、特定型
农业经营主体所占比例	少数	多数	少数

一是采用自主理性决策模式的农业经营主体，多数较为理性，他们在绿色

发展决策前，首先会通过各种渠道获取信息来了解相关化肥等农业政策的具体内容，在开展一系列的调查工作的基础上，分析农业经营主体自身所处的外部政策环境，评估自身行为决策选择的优势资源条件下，充分了解改变绿色发展行为决策的挑战、威胁、优势和劣势，在外部政策环境与内部资源双重约束的条件下，分析肥料的成本和收益，以及绿色发展后存在的潜在风险，形成较为合理的绿色发展行为决策技术。首先决定是否采纳特定绿色发展行为，确定采纳后，则进一步确定具体绿色发展技术，例如：绿色发展采用意愿、绿色发展选择行为、绿色发展方式等如何合理安排，形成最优的绿色发展技术，农业经营主体将进一步理性参与到绿色发展行为决策的过程中，最终实现绿色发展决策行为选择的最优收益目标。采用此类决策模式的农业经营主体多为现有市场经济条件下，农村中"智慧型"的农业经营主体，且这类农业经营主体拥有较高的素质能力、资源优势、收入水平等。

二是采取从众模仿决策模式的农业经营主体，他们在改变绿色发展行为决策之前，会采取观望和等待的行为策略，且在其他农业经营主体已改变绿色发展行为决策的过程中，不断了解绿色发展政策，并对已改变绿色发展行为决策的农业经营主体的利弊加以分析，如果绿色发展行为的改变的结果是弊大于利，农业经营主体将会选择继续观望和不改变绿色发展行为决策的行为；如果农业经营主体继续观望发现仍旧是弊大于利，最终会采取不改变绿色发展技术的行为决策，而如果农业经营主体继续观望发现利大于弊，那么在政府大力号召、周围其他农业经营主体游说下，农业经营主体会从众选择改变绿色发展行为决策，在现有的农业生产过程中，采取这种决策模式的农业经营主体最为广泛。由于农村大多数农业经营主体受到素质能力、信息获取能力、风险承担能力等诸多因素的制约，他们是有限理性经济人，通过不断学习和模仿他人绿色发展行为而进步，从而会做出趋同大众的行为决策。例如，我国在测土配方肥的推广工作初期，许多农业经营主体都会持观望的态度，虽然县政府、村干部、农技人员都会到农村做大量的宣传和动员活动，但农业经营主体只有亲眼看到前一年测土配方肥的示范作用，才会积极主动参与到学习绿色发展技术的活动中来。

三是采用被动接受决策模式的农业经营主体，他们的绿色发展行为决策是由上级代为决策的，具体存在两种情况：一是上级政府对该地区进行统一规划；二是上级决策者做出统一的决策。尽管上级决策后，农业经营主体仍会进行一定的理性决策分析，如果上级政府的决策违背了农业经营主体自身经济效益的最大化，农业经营主体将不会接受决策，然而也有可能由于承受不了政府压力或政府补偿了经济效益，只能被动接受上级决策，而如果上级政府决策刚好与自身的经济利益相符，农业经营主体会主动接受决策并认真执行。从一定程度上来说，该类农业经营主体是否改变绿色发展决策取决于上级的决策意志，如果农业经营主体的耕地被纳入了绿色发展示范区的统一规划范围，那么农业经营主体就必须参与。在具体的实践中，此类农业经营主体模式确实时有发生，有不少农业经营主体对绿色发展效果潜在预期不明确，村政府只能通过指定村干部或大户进行示范，引导农业经营主体积极主动参与其中。

5.3.2　农业经营主体绿色发展行为决策目标

农业经营主体绿色发展行为决策目标是农业经营主体进行绿色发展等生产经营活动的出发点和归宿，也是理解和分析现阶段我国农业经营主体绿色发展行为的关键。我国农业经营主体绿色发展行为目标和需求的内容，随着社会生产力的发展和体制的转换也经历过了几个不同的阶段，从 1978 年前的满足温饱的基本物质需求，到 20 世纪 80 年代的住房、生活品等消费的日益增加所带来的非农产品需求的快速上升，已由温饱的阶段逐步跨入了货币需求的阶段，之后的家庭联产承包经营责任制的推行，以及农产品市场的逐步放开，农业经营主体农业生产经营的商品化程度不断提高，不同地区、不同决策模式的农业经营主体的目标略有不同，自主理性决策模式的农业经营主体侧重于农产品价值增值或利润最大化，被动接受决策模式的农业经营主体侧重满足基本生活需求，而从众模仿决策模式的农业经营主体介于两者之间。

一是自主理性决策模式的农业经营主体主要是指处于成熟市场经济条件下且商品经济较为发达地区的农户，这里的市场、销售渠道、中介服务组织、信息交换、农产品运输等条件都很发达，农业经营主体的自有资金比较雄厚，可以把全部的资源都利用起来从事专业化的商品生产，获得高额利润，比从事自给农业生产的机会成本要低很多，这类型的农业经营主体绿色发展行为动机亦是价值增值或利润的获取，这种类型的农业经营主体分布在东部经济发达地区。二是从众模仿决策模式的农业经营主体处在市场经济尚不成熟的经济环境中，农产品的生产及流通得到了一定程度的发展，但渠道不畅通，销售风险很大，农业经营主体经济实力逐渐增强，已经有一定的剩余产品，他们所掌握的资金和技术允许进行小规模商品生产，但必须保证在自给自足的前提下，获得一定的利润，这种类型的农业经营主体是处于从自然经济或小商品经济条件向完全市场经济过渡过程中的农业经营主体，大多在经济欠发达地区，与此次调查的农业经营主体情况大体相符。三是被动接受决策模式的农业经营主体处于交通不便、信息不灵的地区，农业经营主体经济实力薄弱，剩余产品较少，只能简单维持再生产，主要利用自己所拥有的有限资源生产出自己或家庭成员所需的生活必需品，这种类型的农业经营主体生活在自然经济或小商品经济条件下，主要分布在西部地区，并以贫困地区农业经营主体为代表。

综上所述，本书的研究认为农业经营主体绿色发展行为目标的确定，既要考虑到农业经营主体是农村经济活动的主体，又要考虑到农业经营主体还是农村社会活动的主体。农业经营主体的多重主体性表现出不同主体之间的相互联系和影响，而农业经营主体的社会特性在很大程度上是其经济行为的延伸。此外，不同类型的农业经营主体的绿色发展行为略有差异。

5.4 本章小结

本章首先基于国内外研究综述和农业经营主体绿色发展行为相关理论分析了农业经营主体、行为决策、农业经营主体绿色发展行为的相关内涵，总结出农业经营主体绿色发展行为的主要特征，并在此基础上分析了不同农业经营主体的决策模式和目标。本章得出如下主要结论：①农业经营主体首先是在满足基本物质需求的自然人的基础上发展起来的，由于受到农业生产条件、信息不对称、农村生态环境、农业经营主体自身能力和特征，以及农业经营主体风险规避等诸多因素的影响和限制，农业经营主体的绿色发展决策行为的理性只能是有限的。与此同时，农业经营主体也是社会人，农业经营主体绿色发展决策行为是一个复杂多变的决策系统，由于受到内外部多重影响因素的共同作用，绿色发展决策行为在目的、偏好、意愿、动机、绿色发展效果等方面存在差异，农业经营主体绿色发展行为的认知、意愿和行为策略亦有所不同。②农业经营主体绿色发展行为是在利益驱动下，根据农作物生产环境、周围经济社会条件进行农资产品投入和技术采纳的活动，农业经营主体以"短期效益最大化"为目标，选择最佳农资产品投入组合来达到农作物的最优产出，农业经营主体绿色发展行为具有追求利益最大化的目标。然而在绿色发展决策过程中，农村环境具有公共物品的性质，容易存在搭便车的现象，过量农资产品投入所产生的大量外部成本并不能反映到农业经营主体的私人成本中，从而造成农资产品投入的过量和无效率。而农业经营主体过去对于施用量和施用种类的选择决定了农业经营主体现在可能的选择，即持续投入农资产品会有较高的农作物产出，但要改变这种绿色发展行为方式，需要付出巨大的成本。③农业经营主体个体特征千差万别，在市场经济条件下农业经营主体绿色发展决策心理也各有差异，本书的研究大致将农业经营主体绿色发展决策的模式分为三种：自主理性决策模式，即农业经营主体在对自身内部情况、市场经济、社会条件、政策环境有一定了解的基础上，积极主动参与绿色发展行为决策；从众模仿决策模式，即农业经营主体自身不能确定是否改变绿色发展决策，缺乏主见，看见其他农业经营主体改变绿色发展决策后有更高的收益，才做出模仿性的决策，从众参与绿色发展行为决策；被动接受决策模式，即农业经营主体参与绿色发展行为决策并不是自己主动做出的，而是上级政府部门越权决策或他人代为决策，而农业经营主体只能被动接受。各类型农业经营主体的绿色发展决策目标略有不同。

6 农业经营主体绿色发展行为影响因素的理论框架

　　我国农业绿色发展过程中的行为主体涉及农户、农民合作社、农业企业、农业产业集团、大农场主等，而在这其中，农户是我国农业生产经营主体的核心，农民是农资产品投入行为最终实施的主体，农户决策行为是诱发绿色发展行为改变的微观基础，农户绿色发展行为的积极性和主动性将会直接影响农业生产和农作物生长过程中农资产品投入的数量和质量。农户作为农业生产和绿色发展行为的决策者，农户行为决策必然会左右农业中农资产品投入的变动，转变农资产品投入的速度和方向，提高农户绿色发展技术效率。因此，分析农户绿色发展决策行为的主要影响因素，对了解我国农业生产中绿色发展的微观决策单元、认识农业经营主体绿色发展行为的一般决策途径，从而推进农业经营主体实现绿色发展具有重要的现实意义。

　　农业经营主体绿色发展行为是农户个人、经济、社会、心理等共同作用的结果，绿色发展决策是一个复杂的行为过程，受到诸多因素的影响，对此国内外经济学家进行了一系列探索。西方经济学家普遍认为，农业经营主体在进行农作物生产行为决策时，只有在满足自身消费需求的条件下，才能满足市场需求，而在市场经济条件和消费决策下，农业经营主体的绿色发展行为是理性的，但由于农业经营主体参与市场的不完全性和信息不对称，农业经营主体只能追求有条件的利润最大化。而影响农业经营主体决策的因素就是影响资本主义企业行为的因素，农业经营主体在生产经营活动中力求投入和产出达到最大化。不同类型农业经营主体的行为由内部和外部因素共同作用的结果。其中，内部因素提供了决策的可能性，并构成决策的制约因素，主要包括自然因素（如土地、蓄力、肥料等）、经济因素（如资本、货币等）、社会因素（如劳动力）；外部要素对农业经营主体决策有着激励和制约的作用，包括非农产业的发展，并有可能改变内部因素，在内部因素既定的情况下直接改变农户决策方向，特别是制度因素。内外部因素共同作用使得农户绿色发展行为迥然不同，本质上是农户绿色发展的需求、动机、目标和其他影响因素共同作用的结果（详见图6-1）。

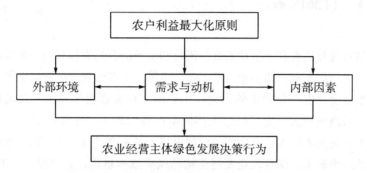

图 6-1　农业经营主体绿色发展行为的过程

从总体上来说，农业经营主体绿色发展行为决策不仅受到农户资源禀赋、个体特征、心理因素的影响，还受到市场环境和政策制度的影响。而从农业经营主体绿色发展决策行为整体来看，为了全面考察农业经营主体绿色行为决策的影响因素的理论框架，本书的研究将各种可能的因素纳入理论框架（详见图6-2）。

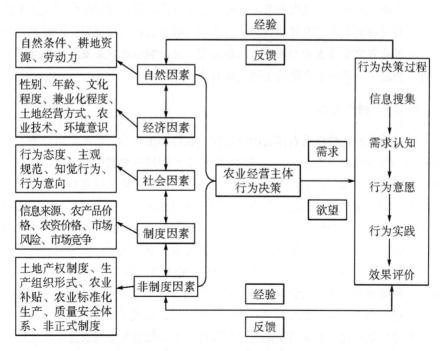

图 6-2　农业经营主体绿色行为决策影响因素理论框架

6.1 自然因素

自然资源是指有利于生计的资源流量和服务的自然资源存量，是农业生产活动正常进行的基础，如耕地、水、光、热等。众多研究表明耕地面积或者生产经营规模会对农业经营主体行为产生影响。在新疆南疆地区，耕地资源丰富，人均耕地面积大，生产经营主体的生产规模较大，在绿色农业发展过程中，由于耕地面积越大或者生产经营规模越大的生产经营主体面临产业绿色转型升级的压力越大，绿色农业发展面临的风险成本越高，如果绿色转型失败，将对其收入产生重大的不利影响，因此其可能不愿意参与绿色农业发展；但耕地面积越大或者生产经营规模越大的生产经营主体抵御市场风险的能力越强，其为了提高在市场上的竞争能力，有可能率先使用新技术，积极推动绿色农业发展。众所周知，南疆地区干旱少雨，水资源严重短缺在一定程度上促进了当地节水灌溉技术的创新使用，但是先进的节水灌溉设施设备成本较高，没有一定经济基础的生产经营主体难以承担。此外，南疆地区光热资源丰富，开发清洁的光能资源有利于推动农业节能降耗，但是目前来看，规模性生产经营主体都还没有足够实力去开发光能资源，普及到一般性农户还需要较长的时间。此外，地形地貌决定着农业发展的布局和类型，是影响绿色农业发展的外部自然条件，会进一步影响生产经营主体决策行为。

6.1.1 耕地资源

耕地质量包括耕地与农作物的适宜性、农作物生产力、耕地产出经济效益和耕地环境等方面的内容。一是耕地是农业生产中最重要的生产要素，对于种植农业经营主体而言，也是重要的生产对象。因此，耕地数量和质量将在很大程度上影响农业经营主体的绿色发展行为。目前我国通过耕地质量等级调查和评定，将耕地划分为优等地、高等地、中等地和低等地，如果耕地总体质量偏低且化肥等农用物质投入量持续增加，并非能带来农作物单产的持续提高，这说明只有提高耕地基础地力，才是未来提高农作物产量和经济效益的必然选择。二是耕地的分布状况会对农业经营主体的绿色行为产生十分重要的影响。就一般情况而言，我国现有的福利化土地分配方式造成了农业经营主体所拥有的耕地过分细碎化，如果耕地的集中程度高，就比较容易形成农业生产规模化经营，就有可能以机械耕作方式来替代家庭劳动力，通过大型农业机械的使用来提高农业生产耕作的技术效率和经营规模，从事农业生产的农业经营主体收入将会高于从事非农业生产的农业经营主体，农业经营主体的经济行为近似于发达国家的农场主，提高了土地生产率和化肥的利用率，土地、资金和技术的集约度高，一定程度上促进了农产品的充分供给，也是促进农业市场化、社会化进程的重要因素。此外，一家一户分散经营的耕地经营模式会大大增加农业生产采用新技术、新标准的成本和政府监管的成本，在农产品质量检测方面，耕地细碎化农业经营主体所需的检测费用相对于集约经营的农业经营主体所需的成本较高。农业适度规模经营对克服农业经营主体家庭个体经营分散性、粗放型经营，提高单位面积上农业绿色发展技术效率具有重要的意义。而农业经营主体作为绿色发展选择行为的决策者，只有充分认识到农作物种植耕地的质量，综合考虑土壤质地、土壤养分构成与含量、土层厚度、地质地貌条件等，有所依据地制定合理的农作物绿色发展技术，达到合理绿色发展、提高土壤肥效的目的。

6.1.2 劳动力

劳动力作为农业生产的主体，劳动力的数量和质量在一定程度上制约着农业经营主体绿色发展行为，主要包含如下两个方面：一是劳动力数量对农业经营主体绿色行为的直接影响，主要包括劳动力的绝对数量和相对数量，劳动力的绝对数量指的是符合我国劳动力条件规定的家庭中劳动力的数量，从一定程度上来说，劳动力和化肥等物质投入生产要素之间存在相互替代的关系，在农业经营主体的劳动力比较充裕的情况下，就有可能采取劳动密集型农业生产技术体系来实现预期的农业生产目标；反之，则可以通过高投入（化肥等物质投入）来弥补劳动力的不足。劳动力的相对数量是指劳动力在农业人口中所占的比重，在城市化进程逐渐加快、农业经营主体家庭逐渐变少的趋势下，劳动效率越低，家庭中主要劳动力的经济负担越大，农业经营主体的绿色行为主要围绕着满足家庭消费的基本需求，将会以增加农资投入来提高农作物产量，从而满足农业经营主体家庭的温饱需求，而越是贫困地区，农业经营主体非绿色行为的这一特征就越明显。二是劳动力质量对农业经营主体行为的影响。随着经济、社会的不断发展，农业科学技术在农作物生产过程中所起到的作用越来越大，与此同时，对劳动力质量的要求也越来越高。农业经营主体家庭劳动力素质将会直接影响农业经营主体对绿色新技术采纳的程度和速度以及农业生产经营管理水平和绿色发展决策的能力，从而影响农业经营主体以更快、更好的农业生产方式来实现其经营目标。此外，劳动力的质量（文化程度）代表某个地区人口的素质，标志着一个地区的文化教育及发展程度。而劳动力受教育程度的高低，将直接影响农业经营主体绿色行为的选择。劳动力的受教育程度越高，越容易接受绿色新技术、新知识，对过量农资投入所引起的环境问题的认知程度越深，可能会更愿意接受测土配方肥、有机肥、控缓释肥等。三是劳动力的健康状况，农业经营主体家庭劳动力的健康状况关系到农业经营主体的收支水平，如果家庭成员的健康情况较差，则劳动力的质量通常较差，医药费支出相对较多，家庭负担和农业生产经营的成本相对较高，劳动力创收和转移的可能性降低，会对农业经营主体的绿色行为决策产生影响。如果农业经营主体家庭劳动力只能被束缚在家照顾非健康家庭成员，那么接触绿色新技术的可能性就会降低，产生不合理绿色行为决策的可能性就会提高。

6.2　经济因素

6.2.1　经济发展水平

经济发展水平对生产经营主体参与绿色农业发展有消极和积极两个方面的影响，环境库兹涅茨曲线假说证明了这一结论。一方面，经济发展是农业环境破坏的根本原因，经济的快速发展促进了人口规模的扩张，同时也促进了居民收入水平的提高，居民农产品消费规模逐渐上升，要生产出更多的商品，就意味着生产经营主体要扩大生产规模，提高生产强度，进而导致生产资料（化肥、农药、地膜、能源）投入的持续增加，制约着绿色农业的发展；另一方面，经济发展水平的提升为生产经营主体参与绿色农业发展提供了资金保障，随着经济的进一步发展，居民收入水平进一步提高，居民会更加关注食品安全和环境问题，居民对绿色农产品的需求和改善环境质量的愿望越来越迫切，居民愿意投入部分资金用来改善环境质量，所以当经济规模累积到一定阶段后，可为生产经营主体利用绿色技术（如免耕技术、废弃物综合利用技术）和绿色生产资料（如测土配方肥、生物农药等）提供保障。

资金是农业经营主体经济活动正常进行的物质基础，随着我国农村市场经济体制的不断完善和发展，资金投入对农业经营主体行为的影响程度越来越深入。在现有开放的农业经营主体农业生产经营系统中，农业经营主体投入化肥等物质资料的生产活动的资金来源包括自有资金和信贷资金。一般来说，农业经营主体的农业生产经营扣除当年消耗的必要费用之后，余下的部分就是下一年农业生产资金的来源。如果农业经营主体的资金匮乏，就会影响农业经营主体对先进绿色技术以及相对价格较高的有机肥、测土配方肥、控缓释肥的施用，农业经营主体没有一定的资金能力来进行较大风险的化肥等物质资料投入行为，且在行为上表现为选择风险最小化的行为偏好；反之，如果资金雄厚的农业经营主体会选择风险大些的偏好行为，倾向于利用农产品产出的价值增值，选择边际收益高的新技术，容易使农业生产进入良性循环，并具有充裕的资金加快农村市场化进程。此外，如果农业经营主体的信贷资金获取渠道不畅，无法自救或很难找到其他自救的途径，会使得农业经营主体陷入农业资金严重短缺的泥潭。从现实的发展情况来看，由于农业经营主体获取绿色信贷资金的渠道并不多，因此农业经营主体家庭的自有资金会对绿色行为决策的影响更为严重。

6.2.2 金融发展水平

市场经济深化的过程刺激着金融市场的发育，金融发展对生产经营主体决策行为的影响越来越大。金融发展通过资金支持、要素配置影响生产经营主体的决策行为。一般而言，金融发展对生产经营主体决策行为的影响程度由两个方面共同作用，而且与绿色金融发展水平和经济发展水平息息相关。在绿色农业发展的初期，相关绿色生产技术的研发和绿色农业生产资料的生产都需要大量的资金，而且对于生产经营主体而言，发展绿色农业的成本是昂贵的，金融发展可以为绿色农业发展提供大量的资金支持，而且在绿色金融指导下，金融系统必然会越来越倾向于为节能环保产业提供融资服务，这就为绿色农业发展带来了机遇，生产经营主体可以通过贷款购买绿色生产设备和绿色生产资料，进而推动绿色农业的发展，但我国农村金融发展较为薄弱，尤其在南疆地区表现得更为明显，南疆地区面积大，但人口数量少，农民自身素质差，在生产过程中金融市场配置资源的功能可能得不到有效发挥。

6.2.3 生产要素价格

生产要素价格决定了生产经营主体的生产成本，直接影响生产经营主体的收益，是生产经营主体进行农业生产活动首要考虑的因素。由于我国提倡发展绿色农业的时间较短，大量的绿色农业技术处于研发阶段，还未被广大农民所认知和接受，而且相关农业生产设备、生产资料的成本较高，未能实现全面推广应用，尤其在南疆等偏远地区，人们的文化水平不高，示范推广难度更大。生产经营主体使用这些设备、技术和生产资料就会导致其生产成本上升，进而导致农产品价格上升，在消费市场还未完全接受绿色农产品的情况下，生产经营主体的利润空间将大幅度缩小，甚至可能出现亏损的现象。生产经营主体作为理性"经济人"，在"高投入、低收入"的情况下，一般不会参与到绿色农业发展过程中去。

6.2.3.1 农产品价格

农产品生产具有两个重要的特征，即农户数量基数较大，每个农户出售的农产品只占有农产品总供给的极小部分；不同农户生产的同种农产品不存在质的差别。这两个特征决定了农户的农业生产不具有形成垄断的可能，任何农户都只能是农产品价格的接受者，不可能控制或操纵农产品价格，而在完全竞争的条件下，农户往往具有独自扩张生产的本能和倾向。由于家庭人口的增加，经济压力变大，农户会更加倾向于农产品预期价格，对于品质的关注度越来越低，因此农户绿色行为受到农产品价格机制的调节，农户是农产品的生产者和供给者，且以追求利润最大化为目标，从本质上说绿色发展以收益最大化为导向，农户会选择最佳投入组合来实现产出的最大化。此外，农产品与一般商品不同，当期农资投入量与前期农产品价格有一定的关系，因为农作物种植和农业生产是一种长期的经济活动，从开始播种到农作物结果需要一定的时间，而在此过程中农业生产规模是无法改变的，因此，在农业生产中上期的农产品价格影响本期的农作物产量。在其他市场条件不变的情况下，如果市场中某种农产品价格上升，农户就越倾向于种植某种农作物，而减少其他农作物的种植。一般来说，在需求市场出现利好的情况下，农户会倾向于按照价格机制调价方向选择绿色行为。

6.2.3.2 化肥价格

根据经典供需理论，需求是指在一定时期内，在其他条件不变的情况下，在每一价格水平上买主愿意而且能够购买的商品数量，需求曲线是一条向右下方倾斜的曲线。而化肥的市场价格对农户绿色发展行为有较大的影响，我国作为世界上第一大化肥消费国，随着市场经济的逐步推进，化肥市场改变了原有的统购包销、单一渠道的经营方式，当某一化肥产生价格变化，会使农户选择其他品种的化肥作为替代品。例如：当氮肥的价格上涨时，农户就有可能选择有机肥或农家肥作为替代，这就有可能降低农业面源污染。近年来受石油、煤炭、天然气等原材料价格上涨的影响，化肥等农业生产资料价格呈上涨态势，加之农业劳动力就业机会增多，农业人工费用不断增加，推动农作物生产成本逐年提高，未来农资价格上行、生产用工成本上升等，会使得农户种植结构从粮食作物转向比较利益较高的经济作物，而经济作物的绿色发展质量明显高于粮食作物，会使得农户绿色发展质量有所提升。

6.2.4 对外开放程度

一个地区对外开放的方式主要包括贸易、投资等，对外开放程度通过两个方面间接影响生产经营主体的行为。一方面是技术和知识溢出，技术引进和外商投资过程中，生产经营主体可以学习和利用国外的绿色农业生产技术和管理理念，如农业废弃物综合利用技术、灌溉技术、免耕技术、育种技术等，还可以通过进口国外含有绿色农业生产技术的产品，将其运用到生产中，如生物绿色和生物农药等；另一方面是国际市场竞争，经济全球化促进了发达国家的绿色农产品进入我国，必定对我国农产品的生产和销售带来较大的影响，为了稳定国内农产品在市场上的地位，迫使生产经营主体改变生产行为，扩大绿色农产品的生产规模，进而推动农业绿色转型。

6.2.4.1 市场环境

市场经济因素与农户绿色发展行为有着密切的关系，农户科学农资投入是由市场供需双方来决定的，具有多变性，而农产品市场对农户绿色行为的指导作用在很大程度上取决于信息对称程度，在市场发育不健全、信息不流畅的情况下，农户就没有足够的内部激励和外部约束来保证科学投入，生产质量安全的农产品，在市场需求高的情况下，农户会频繁出现过量投入，农产品质量下降的现象。农户选择有机肥、农家肥等，主要依靠缓释效果，前期的产量可能会下降，加之信息不对称，缺乏对农产品市场的有效管理，农户的农产品收益会降低，导致农户绿色发展逆向选择行为。

6.2.4.2 信息来源

信息是制约农业经营主体绿色行为决策的直接外部因素，农户信息获取情况可以通过农户的社会接触频率来反映。一般情况而言，农户对社会的接触频率越高，生产和生活系统越开放，信息获取和社会资源分享越丰富，农户视野越开阔，对绿色技术的认知程度就越高。而农户的信息获取渠道是否单一，是由农户在农村的居住方式和受教育程度决定的。由于传统农户对耕地资源的过分依赖，一般农户居住比较分散，会造成农户间人际交往不便。农户获取信息的渠道较为有限，除了政府政策宣传引导外，主要是依靠周围亲邻朋友在农作物种植过程中的示范和交流。虽然国家大力推进农业技术在农村的广泛传播，但很少有农户在采用农业绿色技术时，能根据自身条件、周围的环境以及耕地质量来加以改进。随着农业信息技术的传播范围不断扩大，传播过程中丢失的信息要素也越来越多。而大多数农户所处的农村环境属于半封闭的状态，信息获取不畅将会是制约农户合理农资投入的主要原因之一。农户绿色信息不畅主要包括农户所需的绿色技术信息传入不畅和农户要销售的农产品信息传出不畅。信息不畅不但会影响农户绿色发展水平的提高，而且会影响先进绿色技术的引入。

6.2.4.3 市场风险

任何农业生产经营活动在获得目标利润的同时，也会存在一定的风险。就一般情况而言，农业产出利润越高，风险就越大，利润和风险呈正比。因此，农户在农业生产经营过程中追求利润最大化的同时，也会预期风险，如果农户经历了长期的农业自主经营，其风险意识和承担风险的能力会有所提高。由于农户农业生产中的信息不对称和小农意识的长期存在，虽然会在短期利益的驱动下，追求农业生产的利润最大化，但很难做到依据边际收益与边际成本之间的比较来安排农业生产经营活动，农户往往为了求稳，选择规避风险或风险最小化的农业生产经营原则。风险规避其实是农户应对农业风险的一种方法，通过改变生产计划来消除或降低风险发生的可能性，以让生产经营目标免受农业风险的影响。一种是降低损失发生的概率，另一种是降低损失的程度。农户绿色行为的过程中有规避风险的动机，为了保证农作物的持续增产和维持稳定收入，农户在一些绿色新技术推广应用的过程中，需要经过较长的时间或同等的应用成本，来降低绿色新技术应用后低产所造成的损失，才能接受绿色新技术的尝试。在这一过程中，多数农户在绿色技术应用中会盲目求稳，行为选择具有很大的保守性，从本能上排斥绿色新技术的应用，缺乏主动引进的精神，这种风险规避思想的长期存在会导致农户在绿色行为方面的盲目性，会进一步影响现代农业的发展，难以有效实现经济、社会和生态效益的和谐发展。

6.2.4.4 市场竞争

市场竞争是市场经济的基本特征之一，在市场经济条件下，企业从各自的利益出发，为了取得更好的产销条件，获得更多的市场资源而竞争，这也是实现生产要素优化配置的一种形式。对农户绿色发展行为产生一定影响的是农产品和农业绿色企业的市场竞争，农产品市场是完全竞争市场。长期以来，小农经济思想的渗透，加之信息渠道单一使得农户经济行为具有一定的趋同性的特点，使得特定区域内种植农产品种类都比较相似，农户的绿色技术还是比较单一的。多数农业绿色企业进入这一市场，绿色技术的价格和品质的竞争在所难免，这会推动农户引起优质高效低价技术。不过也会存在部分绿色企业为了获得更高的利润，生产假冒伪劣产品，导致农户的生产效率低下，甚至对生态环境造成一定的破坏。如果想缓和以上这些市场竞争，就必须提高农户农业生产经营中的创新能力，而创新能力又不是在短时间内就能实现的，在未来的一段时间内，这种激烈的竞争局面，无疑都会对农户的绿色行为产生重要影响。

6.3 社会因素

6.3.1 场域-惯习

场域是指社会环境，而惯习是指主体在场域内形成的长期的、很难受到外在因素干扰的行为和观念。党的十八大提出绿色发展理念，党的十九大把环境文明建设摆在了前所未有的高度，绿色发展理念和生态文明建设得到社会的广泛关注。农业作为我国国民经济基础，绿色农业发展也得到高度重视，但是新疆南疆地区农民素质不高、思想相对保守，不愿意冒风险去接受新事物，甘于贫困和碌碌无为的精神贫困现象较为普遍，缺乏改革创新的意识，目前绿色发展理念并未深入南疆地区农民心中，绿色农业发展可能面临较多的障碍。

6.3.1.1 土地经营方式

农业是一种平面式的生产方式，土地的规模就决定了农户农业生产的经营规模，因此，在农业生产中土地的使用方式必然对农户绿色行为产生很大的引导作用。一是农户所使用的土地是自有的还是短期租佃，是分成租约还是定额租约。从土地的使用性质来看，由于租赁土地经营农业的农户受到投资收益期限和必要制度租金的制约，农业生产的空间相对有限，因此，与自由农户相比，租佃农户对农资价格的敏感性更低，供给弹性较小。二是从土地租期的长短看，由于长期租佃土地有利于投资者充分获取投资收益，长期租佃农户的农资投入行为更接近于自有农户，即与短期租佃农户相比，长期租佃农户比较看重长期投资效益，会倾向于施用有机肥或控缓释肥，来达到长效增产的目的。三是定额农户与分成农户对农资价格的反应程度有所不同，即当农资价格上升时，定额农户对价格的反应程度必然大于分成农户。此外，土地过分细碎化，不能产生规模效应，也会制约农户对化肥等农资品的投资行为。农户土地规模越小，收益外溢性越强，农户越不愿意加大利于土壤或环境保护的投入。

6.3.1.2 计划行为因素

计划行为理论是由 Icek Ajzen 提出的（见图 6-3），经研究发现，人的行为并不是完全出于自愿，而处在受控之下，他将理性行为理论（TRA）进行了扩充，增加了自我控制认知的概念，从而发展成为新的行为理论，能够帮助我们理解人是如何改变自己的行为模式的，其行为是深思熟虑的结果，主要包括行为态度、主观规范、知觉行为控制、行为意向和行为五要素。本书的研究将计划行为理论引入理论模型，分析影响农户绿色发展行为的心理因素。计划行为理论将运用于第八章农业经营主体绿色发展行为的模型构建。

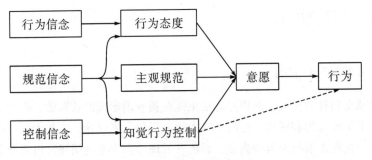

图6-3　计划行为理论结构模型

6.3.1.2.1　行为态度

计划行为理论中一个重要的要素就是行为态度，行为态度（attitude toward the behavior）是一个人对特定的行为所反映的预设立场，也可以说是个人对于特定行为的正负评价，即由个人对特定行为概念化所形成的态度，其组成成分包括个人对行为结果的显著信念函数。行为态度包含行为的信念和特定结果评价，行为的信念是指在特定行为下所产生结果的判断，特定结果评价是对结果重要程度的评价，而行为态度越明确，越能促进个人行为决策。Icek Ajzen 指出个人对行为的态度越是正向，态度越积极，则个人行为的意向越强；反之则越弱。

农户的绿色发展行为态度主要是指农户对购买和施用农资的正面或负面的评价，而这些评价将直接影响到农户购买和施用农资行为。第一，农户要对特定农资种类做出评价，首先应在购买前对特定农资作相应的了解，农户对农资质量、效果、厂家等信息的了解程度，直接关系到购买评价的准确性和客观性，而农户的了解程度就涉及农户通过哪些渠道了解到农资信息的相关内容。因此我们需要掌握农户购买前对农资的了解程度以及所知道的农资购买渠道。第二，农户作为"有限理性经济人"，追求农资的施用效果预期收益最大化，即农户在购买农资时注重成本效益原则。因此，对农资的评价包括农资的价格、施用效果、农作物收益等，只有对这些内容进行综合评价后，才能更好地判断哪种农资的效用更优，最终决定购买农资的种类。第三，农资的施用会对土壤质量、水质、生态环境等产生一定的影响。因此，需要调查农户在绿色发展后对农资负面影响的评价，尤其是农资利用率低已严重影响到农资施用的效果，需要重点了解农户对农资利用率的认知程度。

综上所述，本书的研究需要从农户购买前对农资的了解程度、农户对农资价格的评价、农户对农资施用效果的评价、农户对绿色发展负面影响的评价、农户对化肥利用率的认知程度等指标来测度农户对绿色发展行为的态度。

6.3.1.2.2 主观规范

计划行为理论里的主观规范（subjective norm）是个人对是否采取某项特定行为所感受到的社会压力，即在预测行为时，一些对个人决策行为具有影响力的个人或团体对个人某种特定行为所发挥的影响力的程度。其主要包括规范信念和顺从动机，规范信念是指预期有影响力的其他个人或团体对特定行为的期望；顺从动机是指个人顺从有影响力的其他个人或团体的程度。主观规范越强，表示个人在行为决策时受到有影响力的其他个人或团体的压力越大，顺从动机就越强，产生的行为意图越高；反之亦然。

农户的绿色行为的主观规范主要指农户在做购买农资决策时，感受到的来自有影响力的其他个人或团体的压力和顺从意向，这些压力的主要来源是亲邻朋友、农技推广人员、祖辈、销售商、植保技术人员等。第一，农户在购买农资时有受群体影响较大、相信"口碑信息"行为的特点，即大多数人说好就觉得好。大多数农户喜欢通过听取其他人的意见来降低自身评估方面的不确定性，特别是农业生产存在较大的风险，农户在缺乏绿色发展方面的专业技术知识时，这种意向更为明显，因此农资的口碑效应较明显，农户的祖辈或亲邻朋友会根据自身施用农资经验，对其他农户的农资购买行为进行一定的指导。因此，研究需要调查农资相关信息的获取渠道，这会对农户购买和施用农资产生重要的影响，因为农资信息的专业性强，一般农户对农资内部信息了解甚少，需要借鉴别人的农资施用经验，加强对自身施用农资效果等的了解，从而降低绿色发展带来的风险。第二，植保技术人员和农技人员是具有一定专业知识的农技指导人员，在农户面前具有权威性和发言权，是农户购买农资的重要社会压力来源。因此，研究需要考虑被调查农户对于农技人员和植保技术人员的推荐种类的执行意愿。第三，随着经济社会的发展，信息的传播方式逐渐深化，内容逐渐丰富，电视广告宣传已经逐渐成为农户了解资讯的重要渠道，是农户绿色发展行为社会压力的重要来源，会对农户的绿色发展意愿和行为产生影响。

综上所述，农户绿色发展信息的获取渠道主要包括祖辈、亲邻朋友、植保技术人员、销售人员、电视广告宣传等，本部分的研究主要从这些方面对农户购买农资的主观行为进行分析。

6.3.1.2.3 知觉行为控制

知觉行为控制（perceived behavioral control）是指反映个人过去经验和未

来预期的阻碍，即个人预期执行特定行为时所掌握信息的程度或感知执行特定行为的困难度。当个人掌握的信息资源和拥有的机会越多，所预期的阻碍越少，个人知觉行为控制就越强。根据期望-价值理论，知觉行为控制主要包括行为意向具有动机上的含量和直接预测能力。行为意向动机含量是指个人感知可能影响某种特定行为的促进或阻碍因素，以及个人行为对所需的资源、信息、能力或机会的控制。直接预测能力是指个人感知这些因素对行为的影响程度及执行行为所需的资源、信息、能力或机会对行为的重要程度。

农户绿色行为的知觉行为控制是指农户对农资决策行为所需的能力、信息、资源或机会的感知及重要程度的认知，即农户认为能促进或阻碍农资行为的因素。第一，农户购买特定种类农资的便利性会对绿色行为产生一定的影响。农户认为越容易购买到所需的农资，越有可能考虑使用化肥而非测土配方肥。因此，研究有必要对农户购买农资的渠道进行调查，了解当前农户购买农资的便利程度。第二，农户选择购买地点的主要原因，在一定程度上体现了农户对购买农资的控制能力，即农户在做是否购买特定种类农资的决策时，受到了农资施用效果和特性的直接影响，而这些特性是农户自身无法控制的，但会对农户绿色决策产生促进或阻碍作用。第三，有机肥、农家肥或测土配方肥的效果直接影响农户对特定农资的信任程度，其他种类肥料成为农资施用的重要外部力量，会对农户绿色行为决策产生影响。

综上所述，本部分的研究要从农资的购买渠道，选择购买渠道的原因以及有机肥、农家肥、测土配方肥的好处等方面探讨农户知觉行为控制。

6.3.1.2.4 行为意向

行为意向（behavior intention）是指个人对所采取的某项特定行为的主观概率的判定，反映个人对于某一项特定行为的采取意愿。农户绿色行为中，一是对农资说明书上农资用量的合适程度的认知，如果农户认为农资说明书上量偏少，就会暗示自己应在一定程度上增加农资施用量来提高农作物产量；二是农户认为不绿色发展导致农作物产量降低的比例，可以反映农户对绿色发展所采取的意愿。

行为态度、主观规范、知觉行为控制和行为意向等心理因素会影响农户绿色发展行为，主要包括绿色发展种类、绿色发展次数、绿色发展量、绿色发展方式等。

6.3.2 人力资本

人力资本是劳动者具有的能够影响社会生产力发展的综合能力的体现。大量研究表明，生产经营主体的文化水平、年龄、健康状况及家庭人口数量对农业生产行为有重要影响，尤其是生产经营主体的受教育程度会直接影响其对绿色农业发展的认知、绿色生产技术的采纳和绿色生产资料的运用。生产经营主体文化水平越高，对绿色农业发展的认知程度越高，学习和接受相关生产技术和知识的能力越强，参与绿色农业发展的可能性就越大。此外，居民受教育程度越高，对生活环境的需求可能越高，环境保护的意识会越强，可能会超前地使用绿色生产技术和绿色生产资料，也会主动引导其他生产经营主体的行为，也有利于国家关于绿色农业发展相关法规的执行，进而达成生产经营主体行为的一致性集体行动。

6.3.2.1　性别与年龄

在我国，大多数农户家庭户主为男性，除非女性单独生活（单口家庭）或农户家庭中没有成年的男子，否则一般不会把女性列为户主。在农村，男性接受教育的程度和与外界接触的机会比女性更多，且男性承担风险的能力、信息接受能力和农资决策能力比女性强，所以户主的性别对农户家庭的绿色发展行为在表现上可能存在一定的差异性。此外，从理论上来说，农户的年龄对绿色发展行为的影响的指向性并不太明确，一是农户年龄越大，绿色信息接受能力可能较差，思想更可能趋于保守，采纳绿色新技术的可能性较低，改变原来农作物种植行为的意愿就较低。二是农户的年龄越大，绿色技术经验积累越丰富，判断能力更强，其引进绿色新技术的意愿可能越高，而农户年龄大到一定程度时，农户受到自身能力和经验的限制，会选择劳动强度小的农作物，优化种植结构，从而改变农户绿色行为。

6.3.2.2　文化程度

文化程度能够体现一个国家或民族人口的基本素质，标志着一个国家文化教育的普及和发展程度。文化程度可划分为文盲与半文盲、小学、初中、高中、技工学校、中专和中技、大专、本科等，而农户的文化程度与绿色行为决策、家庭收入、农业生产经营方式等密切相关。通常情况下，文化程度越高的农户，接受新事物和新知识的速度越快，农业生产视野越开阔，绿色发展决策模式越民主（表现为男女共商的比重增加），信息的搜集能力越强，机会把握、创新创收能力就越高。规范农户非绿色行为是一项任重道远的新工作。文化程度高的农户对绿色行为转变、测土配方肥、控缓释肥的接受能力强，更为关注过量农资投入对环境的负面影响，其绿色发展行为决策更为理性。

6.3.2.3　兼业化程度

兼业是指农户从事农业生产的同时，还从事非农业就业或经营，以弥补单纯的农业经营收入不足或期望获得更高家庭收入的行为。兼业的存在，意味着农户收入可以分解为农业收入和非农业收入两部分，因此，农户的绿色行为不仅受农作物价格的影响，而且受到农业收入重要程度的影响。即农户的兼业化程度越低，对农业收入的依赖性越强，则农户对农资价格变动的反应越强烈，供给弹性越大，且农户农耕活动的惯性越强，对土地的依赖心理越强，农户改变非绿色行为的可能性越低；相反，农户的兼业化程度越高，农业收入越不能作为其主要的收入来源，农户对农资价格变化的反应就越敏感，供给弹性越小。此外，农户家庭的兼业化程度越高，非农业收入成为农户主要收入来源，农户仅将土地作为一种最低的生活保障，对其增加收入的功能并不看重，也就不会注重土地长期生产力的保持，更不倾向于使用有机肥、农家肥、控缓释肥、低毒农药、可降解地膜等。

6.3.3 社会资本

社会资本是人们在共同的物质和精神活动过程中所结成的相互关系的总称。它体现在人们的相互关系上，只有在被行为者利用和调动时才能影响主体的行为决策。一般情况下，社会资本包含了社会信任、社会参与、社会地位等方面。社会信任是基于网络过程所形成的行为规范和人与人之间的信赖，它们能产生好的社会和经济结果，生产经营主体对社会群体（邻居、政府、媒体等）越信任，越容易产生依赖行为，进而影响其农业绿色生产决策行为。社会参与是指生产经营主体对社会生活各方面的关心、了解与投入，具有鲜明的组织性和目的性，而生产经营主体多通过参与合作社、参与农业培训等获得信息和技术，进而影响其农业绿色生产决策行为。社会地位反映了个体与社会整体的关系及其在与社会整体互动关系中的社会身份，由于社会地位是一种荣誉、名声、权力等的象征，具有更为明显的先发优势，如村干部、共产党员、新型职业农民、农村带头人等，这些具有一定影响力和号召力的群体，比一般村民更有远见和决策力，掌握的各种社会资源也越多，到外面学习的机会也越多，在绿色农业发展过程中可以起到带头、示范、引领的作用。

6.4 制度因素

6.4.1 环境规制

环境规制是以环境保护为目的，以个体或组织为对象，以有形制度或无形意识为存在形式的一种约束性力量。环境规制大体上可以分为政府型、市场型、自愿型三种类型。环境规制的目的就是要解决环境污染问题，主要通过技术创新、产业结构调整、区位选择影响生产经营主体行为，进而影响环境质量。为防治农业环境污染，国家相关部门相继出台《秸秆禁烧和综合利用管理办法》《农药管理条例》《肥料管理条例》《畜禽规模养殖污染防治条例》《加快推进畜禽养殖废弃物资源化利用的意见》《绿色农业发展技术导则（2018—2030 年）》等文件，这些环境规制文件在一定程度上可以规范生产经营主体的行为，为绿色农业发展提供制度保障。

6.4.1.1　农业技术

农业技术是农户进行农业生产经营活动的关键。如果说农户没有或缺少自有资金，还可以依靠借贷的方式来弥补自有资金的不足，但农业技术缺乏却是较难解决的问题。随着城镇化进程的加快，农村劳动力的转移，大多数年轻、有文化的劳动力外出发展，留在农村的劳动力多数年龄较大、文化程度较低，这些农户没有接受过专业的农业技术培训。由于受农业技术水平的限制，许多绿色新技术无法推广，农业技术也是影响农户绿色决策行为的重要因素。农业绿色技术主要包括学习农资的科学施用技术、劣质农资的识别、测土配方肥的施用、机械捡膜技术等。为保障农产品质量安全，为农业经济的发展提供保障，依据现有劳动力转移情况，只有加强农业绿色发展技术培训，才能从源头上抑制农业农村环境污染。

6.4.1.2　环保意识

随着农村经济社会的快速发展，农户的生活环境发生了急剧变化，在满足温饱之后，农户对农业收入过高的预期，致使部分农户的环保意识较差，在绿色发展过程中只考虑到农作物增产而没有考虑过量农资投入会对生态环境造成一定的影响；有些农户虽然意识到周围土壤、大气、水体等因为农资过量使用对绿色发展产生了一定的负面影响，但并不会改变其绿色决策行为，并且现有的政策条件并不需要农户对过量农资投入的行为负责，会导致农户持续过量农资投入的行为决策，并对生态环境产生一定的影响。而在现实的农业生产经营过程中，农户才是绿色发展行为的决策者，应从引导农户理解绿色发展入手，改变生态环境恶化的影响。

6.4.2　相关政策

农业补贴政策对生产经营主体行为有积极的影响。绿色农业发展初期，绿色生产技术的运用和绿色生产资料的购买均会增加生产经营主体的成本，中央政府会出台相关补贴政策以降低生产经营主体的成本，如退耕还林政策、退耕还草政策、测土配方肥补贴政策等，得到补贴的生产经营主体就有可能改变其生产经营行为，积极主动地参与到绿色农业发展的过程中。南疆地区农民近年来享受的补贴政策有特色林果良种补贴、退耕还林补贴、荒滩荒地造林补贴等，但是，在不同的地区也可能存在政府公共支出在使用过程中出现寻租行为、无效利用的现象，这些补贴多为隐蔽性的"暗补"，不直接以财政拨款的方式，而是间接地给予补贴，虽带有补助性质，但对生产者的补贴和激励力度不大，导致补贴政策的作用不能够充分发挥出来，不能激励生产经营主体的绿色生产经营行为。

按照新制度经济学的观点，经济制度就是用来约束人类经济行为的一系列规则的总称。农业生产经营中的农户绿色行为决策受到土地产权制度、农业补贴政策、农业生产组织形式、农户的意识形态、价值理念等诸多制度因素的影响。

6.4.2.1 土地产权制度

在农业生产中，土地作为最重要的生产手段，土地产权制度位于各种产权制度的核心地位，土地产权是指关于土地财产的一切权利的综合，是一个"权利束"。产权经济学中的"产权"可理解为人类和稀缺资源之间的一组权利关系集合，行之有效的产权制度能达到节约交易费用的目的，而无效的产权制度会浪费交易成本，甚至会导致一些交易无法顺利完成。具体来说，一种有效的产权制度使得农户的生产经营活动合理化，农户对资源和绿色行为具有稳定的预期，而化肥等农资产品的有效配置和合理施用可以降低使用资源的交易成本，克服农资投入行为所产生的外部性的影响。此外，明确的土地产权制度，会使农户全面考虑绿色发展行为对土壤所产生的影响，把绿色发展的长效性作为第一影响因素，多使用一些对土壤污染小的农资种类，从而在一定程度上规范农户的绿色行为。

6.4.2.2 农业生产组织形式

从制度经济学的观点来看，私人经营和集体经营是两种不同的制度安排，影响制度安排选择的唯一原因是制度的运行成本。而在农业生产中，这种运行成本主要包括农户非自愿执行上级政府命令所带来的强制执行成本、农业生产的组织成本和监管成本、农户搭便车所造成的浪费等。从顺利达成和执行交易的角度来说，市场制度下的自愿交易会比政府交易成本更低，且效率更高，正是由于这种高效率才促进我国的农村家庭承包责任制的发展和完善。但市场交易又不可能不产生摩擦而顺利运行，并且其同样具有运行成本，某些特定的存在外部性的决策行为（农户绿色行为），就市场谈判而言，不可能达到最有效的交易状态，需要政府行为替代市场行为来达到配置的高效率。而农业合作经济组织（农业合作社）就是在此基础上应运而生的，它是指农户，尤其是以家庭经营为主的农业小生产经营者为了维护和改善各自的生产和生活条件，在资源互助和平等互利的基础上，遵守合作社的相关法律和规章制度，联合从事特定经济活动所组成的企业组织形式。

6.4.2.3 农业补贴政策

农业补贴是政府为了支持和保护本国农业的政策体系最重要、最常用的政策工具。其主要包括一般农业服务，如农业科研、病虫害控制、培训、绿色推广和咨询服务、农业基础设施建设、粮食安全储备、自然灾害、农业环境保护补贴等。而农资综合补贴是政府对农民购买农业生产资料（包括农资、种子、农机等）实行的一种直接补贴制度。政府需要综合考虑影响农户种植成本收益等变化因素，通过农资综合补贴及各种补贴，来保证农民种植收益的相对稳定，保障国家粮食安全。农户认为政府政策对农业生产及收益有较大的影响，近年来政府对农户的补贴力度日益增大，大部分农户了解农业补贴政策的途径越来越多，并享受过政府的各种补贴，如种粮直补、农资综合补贴等，这些补贴在一定程度上增强了农户提高生产技术水平的积极性。但如果政府政策不到位，不符合农户实际生产的要求，非但不能积极引导农户提高绿色发展技术，反而会使农户在绿色发展行为上产生一些偏差。这些农户认为，如果能得到农资补贴，将提高农资施用量，片面地认为政府给予的农资补贴，只是为了让农户增加农资投入量，而并未考虑补贴其实是为了科学引导农业绿色发展，改变单一元素农资投入，从而降低农业面源污染。

6.4.2.4 农业标准化生产

农业标准化生产就是在农作物种植的过程中实施产前、产中、产后全过程的标准化、规范化管理，也就是根据土壤质量和农作物生长状况制定详细的农作物种植标准和农资施用方案，按照标准绿色发展和种植。即运用"统一、简化、协调、选优"原则，通过把科学合理的绿色发展技术和成熟的农业生产经验规范成统一的农业生产标准，推广和应用到农业生产经营活动过程中，将农业科技成果转换成具体农业生产力，使经济、社会和生态效益达到最佳的组合状态，实现农作物优质、高产、高效的目的，这是"科技兴农"的基础，也是实现现代农业发展的必由之路。目前，农业生产标准化程度偏低，众多农户主体很难统一起来，多数种植农户家庭承包地不超过 10 亩，需通过种植大户、农民专业合作组织等的带动，实现农业科学绿色发展，建立农作物绿色标准化生产基地。

6.4.2.5　农产品质量安全体系

农产品质量安全依托健全的保障、管理和服务体系的建立，包括建立完善的法律法规体系，如农产品质量检测标准、农产品认证体系、农产品示范推广体系、质量监督体系等。严格的质量检测标准、规范农产品市场流通是保证农产品质量安全的重要环节，需要运用不定期和定期检测相结合的技术。但是在实际上，很多地方对农产品市场的监管力度不大，执法体系不健全，并没有实现源头检测，从而影响农产品的质量，甚至影响出口贸易的发展。

6.4.3　非正式制度

除了以上介绍的政策制度外，还应该提到的是一种非正式制度，即农户的文化理念、价值观念、意识形态、传统习惯等，这些都会对农户的绿色行为产生一定程度的影响。在农户行为问题上，重视非正式制度可以在一定程度上提高正式制度的适应性，以弥补正式制度的不足。然而，非正式制度在一定程度上也可能阻碍正式制度的发展，使现有的制度难以实施，制度方向发生一定的偏差，降低制度的运行效率，且农户的有限理性行为和务实主义作风使他们过多看重过去的农业生产经验，一些绿色新技术常常要伴随强制性的措施才能实施。以文化理念为例，农业方面的文化理念是经过历史的积淀而在农户个体中形成发展的特定的农业生产经验等，农户的种植经验越丰富，对周边发生或亲身经历的过量农资投入所引发的环境问题认识越深刻，越容易接受农业绿色发展的理念。如果农户在生产经营过程中承袭了传统的粗放经营方式，如过分依赖增加农资施用量来提高农作物产量，造成土壤质量下降，而对传统的农耕文化继承得很少。如果农户将传统农耕文化和农业技术相结合，在注重经济效益的同时，也注重生态效益，将有助于建立农业发展的长效机制，改善农户行为，实现绿色经营。此外，农户的农耕传统习惯对农户行为决策仍有重要的作用，对于传统的农户家庭而言，农村特定环境下的道德规范、价值观念、习俗利益等，对农户的行为决策有很深的影响。一般地，农村农耕传统习惯越持久，农户耕作观念越浓厚，对土地的依赖性越强，对绿色新技术的应用期望越低。

6.5　本章小结

本章较为全面地构建了一个农业经营主体绿色发展行为影响因素理论分析

框架，来解释农业经营主体绿色发展行为决策的影响机理。通过以上的理论分析，笔者发现，农业经营主体绿色发展行为是个人、经济、社会、心理等共同作用的结果，绿色发展行为决策是一个复杂的行为过程，受到诸多因素的影响，这些因素主要包括资源禀赋、个体特征、心理因素、市场环境和政策制度。其中内部因素提供了决策的可能性，并构成决策的制约因素，主要包括劳动力、农具、土地、肥料、蓄力、资金、性别、年龄、文化程度、货币流通等诸多因素；外部因素对农业经营主体绿色发展决策有着激励和制约的作用，包括市场环境和政策制度等非农产业的发展，并有可能改变内部因素，并在内部因素既定的情况下直接改变农业经营主体绿色发展决策方向，且是由农资产品需求认知、相关农资产品使用信息收集、绿色农业技术评估、绿色发展决策行为、绿色行为效果评价所组成的绿色行为过程。农户只有在满足自身消费需求的条件下，才能满足市场需求，而在市场经济条件和消费决策下，农业经营主体绿色发展的行为是理性的，但由于农业经营主体绿色发展参与市场的不完全性和信息不对称，农业经营主体绿色发展只能追求有条件的利润最大化。而影响农业经营主体绿色发展决策的因素就是影响企业行为的因素，农业经营主体绿色发展在生产经营活动中力求达到投入最小化和产出最大化。

综合所有影响因素，农业经营主体绿色发展考虑的最主要因素在于如何优化配置资源，以最低的农业生产经营风险获得最高的农作物经济收益，这对开展绿色新技术推广具有如下的启示：①农业经营主体绿色发展在现有市场经济条件下，绿色行为决策变得越来越理性，而他们转变农资产品投入行为决策核心在于最大化地获取经济利益，因此，如果绿色新技术的推行仅仅为了保护生态环境，而没有兼顾到农业经营主体绿色发展经济利益方面的诉求的话，那么农业经营主体绿色发展很难积极采纳绿色新技术。②在绿色新技术推广的过程中，只有持续地保障农业经营主体绿色发展的经济收益，才能使得农业经营主体绿色发展保持行为上的可持续发展。③政府要减少施肥新技术带来的各种风险因素，而从另一个角度来说，应尽可能提高农业经营主体绿色发展承担风险的能力。因此，政府应从长远的角度来考虑农业经营主体绿色发展的行为，使之与经济效益相协调，保障农业经营主体在改变行为决策后的收益能够持续增加。总之，农业经营主体绿色发展行为决策受多种因素的影响，但最核心的还是利益因素，农业经营主体绿色发展行为和农村、农业经营主体绿色发展的经济发展紧密相连，只有保障农业经营主体绿色发展的经济收益，才能使农业经营主体绿色行为具有持续性和有效性。

7 农业经营主体绿色发展行为博弈分析

　　绿色农业发展是解决农业环境污染"公地悲剧"的重要路径，涉及多方利益主体，需要多个利益主体一起参与，形成多中心治理体系。从农业环境治理的视角看，绿色农业发展中的主体包括中央政府、地方政府、生产经营主体（农户）、消费者、非环境组织等，不同的利益主体处在绿色农业发展产业链的不同环节，对绿色农业发展的影响显著不同。

7.1　农业绿色发展中的利益主体构成

7.1.1　中央政府：农业绿色发展的委托者和监督者

　　中央政府是整个国家综合利益的代表，在绿色农业发展过程中，以维护绿色农业发展过程中相关主体的整体利益为己任，以全局、长远和综合利益为主，要兼顾农业经济增长、农民收入增加、社会稳定、生活环境质量提升等多方面。但是中央政府作为农业环境资源的所有者，其不可能直接参与农业环境的治理，其职能主要是通过委托代理的方式，将农业环境委托给各地方政府进行管治。《中华人民共和国环境保护法》也明确规定："地方各级人民政府应当对本行政区域的环境质量负责。"同时，中央政府在宏观层面上给予地方各级政府思想引导、行政和财政方面的支持，并对受托者的执行过程和治理效果进行全面督察。例如，绿色发展理念成为绿色农业发展的指导思想；国家制定的农业发展规划、乡村振兴规划、环境文明建设规划等都对绿色农业发展提出了具体要求；国家出台的退耕还林政策、退耕还草政策、测土配方肥补贴政策等都是为了推动绿色农业发展。

7.1.2 地方政府：农业绿色发展的受托者和引导者

地方政府是农业环境管治的实际行动者，但是农业环境资源作为公共物品，具有非竞争性、非排他性和单一外部性等显著特点。早期，地方政府往往只关注地方经济的发展及短期政绩的实现，特别是在中央政府传统的政绩考核评价机制下，地方政府"经济发展第一"的思维尤为突出，而中央政府在农业环境治理上监管难度大、成本高，无法深入各地区去掌握环境信息，这必定导致地方政府对农业环境资源的过度消耗，而轻视管理和保护，导致化肥、农药、地膜等生产资料过度施用引起的农业面源污染以及水土资源过度消耗，致使环境承载力下降等问题特别突出。党的十八大后，国家提倡绿色发展，将环境质量纳入政绩考核评价机制，在一定程度上提高了中央监管地方政府的规制和标准，降低了两者之间的道德风险，降低了逆向选择的可能性。但是，南疆地区是我国特困集中连片地区，农村人口规模大，经济发展仍然落后，促发展、提收入、保稳定依然是第一要务，地方政府在绿色农业发展过程中仍然面临着"保护环境"与"促进发展"之间的选择困境。

7.1.3 农业生产经营主体：农业环境的破坏者和农业绿色发展战略的执行者

在市场经济条件下，经营主体自主经营、自负盈亏、自担风险。因此，在追求利益的过程中，经营主体尽可能降低成本，以利益最大化为原则。农业经营主体在生产过程中，必然要使用化肥、农药、地膜等生产资料，在为社会提供农产品的同时，也给环境造成了显著的负外部性，尤其是在农业产权不明晰的情况下，个体农户享有农业环境资源提供的环境服务但难以全部承担自身行为带来的成本损失，即个人边际成本远远小于社会边际成本。这时农业经营主体必然就成为农业环境的利用者和污染者，在缺乏政府环境规制的条件下，缺乏足够的意识和动力来治理农业环境，绿色农业发展必定受阻。在国家出台《农田灌溉水质标准》《农药安全使用标准》《农业环境保护工作条例》《农业环境监测条例》《畜禽规模养殖污染防治条例》《秸秆禁烧和综合利用管理办法》等法规以及退耕还林政策、退耕还草政策、测土配方肥补贴政策等环境补偿政策后，部分经营主体在一定程度上开始重视农业环境，参与到绿色农业发展中，成为推动绿色农业发展的实际行动者。但是南疆地区少数民族多、文化水平较低、观念较落后，对新生产方式的接受度不高，这些将成为绿色农业发展的阻碍。

7.1.4 市场消费者：农业绿色发展的间接影响者

消费者是绿色农产品的接受者和消费主体，会对绿色农业发展产生重要影响。绿色农业产业链上游经营主体使用绿色农业生产资料导致生产成本上升，使得绿色农产品的价格比一般农产品的价格要高，同时消费者获取足够农产品的相关信息是需要昂贵的成本的，而且还不一定能获取到准确、有效的信息，因此要建立农产品追溯体系，使得绿色农产品信息易获取。一般农产品虽然或多或少存在农药残留、重金属污染，有一定安全风险，但是价格相对较低。消费者作为"经济人"，会在价格成本和风险成本之间进行权衡。消费者对绿色农产品的认知、消费偏好、支付意愿都会影响绿色农业产业链条上游的经营主体的决策行为，从而影响绿色农业发展的进程和水平。

7.2 农业绿色发展中利益主体之间的行为博弈关系

7.2.1 中央政府与新疆南疆地区地方政府之间的委托监管博弈

7.2.1.1 博弈假设

假设1：局中人假设。中央政府是绿色农业发展的委托者，地方政府是绿色农业发展的代理者，他们都是策略的制定者和执行者。

假设2："经济人"假设。中央政府的行为具有长期性、全局性和综合性，中央政府会追求社会利益最大化；而地方政府的行为具有短期性、私利性和单一性，地方政府追求经济利益最大化。

假设3：完全信息静态假设。博弈中的信息是完全的，即中央政府和地方政府对自己和对方的策略空间和在各策略空间下所获得的收益具有共同认识，并同时做出策略选择。

假设4：策略类型假设。中央政府的策略是监管或者不监管；地方政府的策略是执行或者不执行。

假设5：目标函数假设。中央政府和地方政府在采取不同的策略后，各自都会得到相应的收益。对于中央政府而言，监管需要付出监督管理成本 C_{ost}，倘若中央政府不监管，支付成本 C_{ost} 为零，但如果南疆地区地方政府不执行绿色农业发展战略，中央政府可能会损失社会收益 SI_{ncome}；对于南疆地区地方政府而言，不执行绿色农业发展战略可获得收益 I_{ncome}，但由于造成了环境的损失，南疆地区地方政府将面临中央政府的惩罚成本 F_{ine}，若南疆地区地方政府严格执行绿色农业发展战略，可获得收益 NI_{ncome}。

7.2.1.2 结果分析

由以上假设可得到中央政府与地方政府的博弈矩阵，如表7-1所示。中央政府与地方政府的博弈策略有四种组合。

第一种策略组合（监管，执行）：他们的收益为（$-C_{ost}$，NI_{ncome}）。这一策略组合反映出中央政府损失的社会收益高于监管成本时，中央政府会实施监管；如果不执行的惩罚成本大于正常的收益时，地方政府会选择执行。

第二种策略组合（监管，不执行）：他们的收益为（$-C_{ost}-SI_{ncome}+F_{ine}$，$I_{ncome}-F_{ine}$）。这一策略组合反映出中央政府惩罚力度小，地方政府接受处罚后仍然有较大收益空间，地方政府还会选择不执行，导致中央政府政策失灵。

第三种策略组合（不监管，执行）：他们的收益为（0，NI_{ncome}）。这一策略组合反映出中央政府社会收益损失低于监督成本时，中央政府会选择不监管；而对于地方政府而言，执行的收益空间大于不执行的收益空间时，会选择执行。

第四种策略组合（不监管，不执行）：他们的收益为（$-SI_{ncome}$，I_{ncome}）。这一策略组合反映出中央政府监管成本过高或者社会利益损失较低时，中央政府会选择不监管；在中央政府不监管时，不执行可以获得更多的经济收益，地方政府选择不执行。

表 7-1　中央政府与地方政府的监督博弈支付矩阵

中央政府		地方政府	
		策略选择	
		执行	不执行
策略选择	监管	（$-C_{ost}$，NI_{ncome}）	（$-C_{ost}-SI_{ncome}+F_{ine}$，$I_{ncome}-F_{ine}$）
	不监管	（0，NI_{ncome}）	（$-SI_{ncome}$，I_{ncome}）

在这个博弈中，不存在稳定的、唯一的、最优的纯策略纳什均衡，因此需要进一步分析中央政府与地方政府博弈的混合策略纳什均衡。假设中央政府实施绿色农业发展战略，强化对地方政府行为监管的概率为 $P_{中}$（$0 \leqslant P \leqslant 1$），则其弱化对地方政府行为监管的概率为 $1-P_{中}$；地方政府执行绿色农业发展战略的概率为 $P_{地}$（$0 \leqslant P \leqslant 1$），则不执行的概率为 $1-P_{地}$。

现给定 $P_{中}$，地方政府采取以 $P_{地}=0$ 和 $P_{地}=1$ 两种策略，此时地方政府的期望收益 $U_{地}$ 分别为：

$$U_{地}(Q, 0) = P_{中}(I_{ncome} - F_{ine}) + (1 - P_{中}) I_{ncome} \qquad (7-1)$$

$$U_{地}(Q, 1) = P_{中} NI_{ncome} + (1 - P_{中}) NI_{ncome} \qquad (7-2)$$

令式（7-1）=式（7-2）得，$P_{中} = (I_{ncome} - NI_{ncome}) / F_{ine}$。

即中央政府选择以 $(I_{ncome} - NI_{ncome}) / F_{ine}$ 的概率监管，当中央政府监管的概率 $P_{中} > (I_{ncome} - NI_{ncome}) / F_{ine}$ 时，地方政府选择执行，期望收益最大；当中央政府监管的概率 $P_{中} < (I_{ncome} - NI_{ncome}) / F_{ine}$ 时，地方政府选择不执行，期望收益最大，此时，中央政府放松了监管，所以地方政府会提高不执行的概率；当中央政府监管的概率 $P_{中} = (I_{ncome} - NI_{ncome}) / F_{ine}$ 时，地方政府随机选择执行或者不执行。中央政府在纳什均衡条件下进行监管的最优概率为 $P_{中} = (I_{ncome} - NI_{ncome}) / F_{ine}$。

现给定 $P_{地}$，中央政府采取以 $P_{中} = 0$ 和 $P_{中} = 1$ 两种策略，此时中央政府的期望收益 $U_{中}$ 分别为：

$$U_{中}(0, P_{中}) = -(1 - P_{地}) SI_{ncome} \qquad (7-3)$$

$$U_{中}(1, P_{中}) = -P_{地} C_{ost} + (1 - P_{地})(-C_{ost} - SI_{ncome} + F_{ine}) \qquad (7-4)$$

令式（7-3）=式（7-4），得 $P_{地} = (F_{ine} - C_{ost}) / F_{ine}$。

即地方政府选择以 $(F_{ine} - C_{ost}) / F_{ine}$ 的概率执行，当地方政府执行的概率 $P_{地} > (F_{ine} - C_{ost}) / F_{ine}$ 时，中央政府选择不监管，期望收益最大；当地方政府执行的概率 $P_{地} < (F_{ine} - C_{ost}) / F_{ine}$ 时，中央政府选择监管，期望收益最大，此时，因为中央政府加强了监管，地方政府会提高执行的概率；当地方政府执行的概率 $P_{地} = (F_{ine} - C_{ost}) / F_{ine}$ 时，中央政府随机选择监管或者不监管。地方政府在纳什均衡条件下执行的最优概率为 $P_{地} = (F_{ine} - C_{ost}) / F_{ine}$。

综上所述，中央政府与地方政府的博弈存在唯一的混合策略纳什均衡，即中央政府的策略均衡为 $P_{中} = (I_{ncome} - NI_{ncome}) / F_{ine}$，地方政府的策略均衡为 $P_{地} = (F_{ine} - C_{ost}) / F_{ine}$。在混合策略下，中央政府选择监管的概率与罚款金额、地方政府不执行的额外收益有关，即罚款金额越高，中央政府监管的概率越小，地方政府不执行的额外收益越大，中央政府监管的概率越大；对于地方政府而言，选择不执行的概率与中央政府的监管成本和罚款金额有关，即中央政府的监管成本越大，监管的概率就越小，地方政府不执行的概率就越大；同时不执行被处罚时的罚款金额越多，地方政府不执行的概率越小。

7.2.2 地方政府间合作参与的演化博弈分析

7.2.2.1 缺乏上级政府干预的地方政府共同参与的演化博弈

①博弈假设

假设1：局中人假设。假设该区域地方政府的数量为 M，所有地方政府都是绿色农业发展的代理者，即策略的制定者和执行者。

假设2：有限理性"经济人"假设。地方政府之间为竞争而发展，均以追求经济利益最大化为目标，个体之间因存在互相学习和竞争的交互行为而产生了博弈，博弈中由于个体是有限理性的，并不能准确计算自身收益，因此做出的决策也不是最优的。

假设3：策略类型假设。地方政府的策略是参与或者不参与，参与的概率为X，不参与的概率为1-X。

假设4：目标函数假设。C_{ost}为地方政府参与绿色农业发展需要支出的成本；R（I_{ncome}）为地方政府参与绿色农业发展获得的收益；P（L_{oss}）为区域内地方政府不参与绿色农业发展产生的负面效应或损失；R_G（NI_{ncome}）为地方政府正常情况下的经济效益；ω为区域内某地方政府参与绿色农业发展给周边地方政府带来的外部收益系数，φ为某地方政府不参与绿色农业发展给周边地方政府带来的负外部收益系数；中央政府对形成合作参与联盟的地方政府给予奖励，用E（A_{ward}）表示，对不参与的地方政府给予处罚，用F_{ine}表示；Ω为农业环境质量在地方政府政绩考核中的比例，$0<\Omega<1$。

②博弈结果分析

在没有中央政府管理的情况下，地方政府是否参与绿色农业发展的策略取决于合作参与成本和参与收益。鉴于农业面源污染的流动性和治理的系统性，参与收益受到自身和其他地方政府决策的影响。地方政府间博弈属于多人两策略博弈过程，随机选取某个地方政府作为参照博弈方，当其余 M-1 个地方政府中存在 j-1 个合作参与的地方政府时，该参照博弈政府合作参与的收益记为 U_{join}（j），该地方政府不合作参与的收益记为 $U_{u\,join}$（j-1），其博弈矩阵形式如表 7-2 所示。

表7-2　缺乏上级政府干预的地方政府共同参与的博弈矩阵

策略	其余 M-1 个地方政府中采取合作治理策略的数量				
	M-1	M-2	M-3	1	0
参与	U_{join}（M）	U_{join}（M-1）	U_{join}（M-2）	U_{join}（2）	U_{join}（1）
不参与	U_{ujoin}（M）	U_{ujoin}（M-2）	U_{ujoin}（M-3）	U_{ujoin}（1）	U_{ujoin}（0）

地方政府个数为 M，参与合作数量为 j 时，选择参与合作策略的收益 U_{join}（j）受到地方政府由自身化肥和农药等污染物减少量、其余参与以及政府正外部性、剩余不参与政府负外部性以及合作参与成本的影响；选择不参与策略的收

益 $U_{u\,join}$（j-1）受到地方政府自身农业污染物排放增加量、其余合作参与以及政府参与带来的正外部性、剩余不参与政府负外部性等的影响，不参与不需要承担合作成本。由此可得，地方政府合作参与、不合作参与的期望收益以及平均期望收益分别为：

$$U_{join}（j）=I_{ncome}-C_{ost}+\omega（M-1）X\,I_{ncome}-\varphi（M-1）（1-X）L_{oss} \quad (7-5)$$

$$U_{n\,join}（j）=-L_{oss}+\omega（M-1）X\,I_{ncome}-\omega（M-1）（1-X）L_{oss} \quad (7-6)$$

$$U_{average}=X\,U_{join}（j）+（1-X）U_{n\,join}（j） \quad (7-7)$$

则合作参与绿色农业发展的复制动态方程为：

$$f（X）=X（1-X）[U_{join}（j）-U_{ujoin}（j）]=X（1-X）（I_{ncome}+L_{oss}-C_{ost}）$$

$$\quad (7-8)$$

令 F（X）=0，可得到该博弈有两个稳定点，分别为 X=0，X=1，由李亚普诺夫稳定性判别定理可知，当 $I_{ncome}+L_{oss}-C_{ost}>0$ 时，f（X）>0，f′（0）>0，f′（1）<0，所以 X=1 为稳定策略 。当 $I_{ncome}+L_{oss}-C_{ost}<0$ 时，f（X）<0，f′（0）<0，f′（1）>0，所以 X=0 为稳定策略。

地方政府间合作参与绿色农业发展的博弈中，地方政府之间的外部效应并不影响地方政府抉择，参与收益和参与成本是影响地方政府抉择的关键。当合作参与的净收益为正时，地方政府选择合作参与策略的概率有所提升，最终达到所有地方政府合作参与的稳定状态；当合作参与治理净收益为负时，地方政府选择不合作参与策略的概率有所提升，最终达到所有地方政府都不合作参与策略的稳定状态。地方政府合作参与需要支出成本，而且合作参与绿色农业发展具有典型的正外部性，地方政府在农业环境治理过程中都寄希望于"搭便车"，在没有上级政府管理的情况下，地方政府合作参与绿色农业发展容易陷入"公地悲剧"的困境，造成农业环境的持续恶化。

7.2.2.2 上级政府干预下的地方政府之间的演化博弈均衡分析

为促进地方政府合作参与绿色农业发展，引入上级政府的管理机制。上级政府对地方政府参与绿色农业发展进行督察，提升农业环境在政绩考核中的比重。与无上级政府管理相比，有上级政府管理时，上级政府对参与合作的地方政府给予奖励，对不合作参与给予惩罚。选择合作参与策略时，收益受到参与成本、上级政府奖励、政绩考核比重的影响；选择不合作参与策略时，收益受上级政府惩罚力度和政绩考核比重的影响。由此可得，地方政府合作参与、不合作参与的期望收益以及平均期望收益分别为：

$$U_{join}（j）=[I_{ncome}+X\omega（M-1）I_{ncome}-（1-X）\varphi（M-1）L_{oss}]\Omega-C_{ost}+A_{ward}$$

$$\quad (7-9)$$

$$U_{n\,join}\ (j)\ =\ \left[-L_{oss}+X\omega\ (M-1)\ I_{ncome}-(1-X)\ \varphi\ (M-1)\ L_{oss}\right]\ \Omega-F_{ine}$$
$$(7-10)$$

$$U_{average}=X\,U_{join}\ (j)\ +\ (1-X)\ U_{n\,join}\ (j) \tag{7-11}$$

上级政府管理情况下，地方政府间合作参与的复制动态方程为：

$$f\ (X)\ =X\ (1-X)\ \left[\ (I_{ncome}+L_{oss})\ \Omega+A_{ward}+F_{ine}-C_{ost}\right] \tag{7-12}$$

令 f（x）= 0 可以得到地方政府合作参与绿色农业发展策略博弈有两个稳定状态点，分别为 X = 0，X = 1。由李亚普诺夫稳定性判别定理可知，当（$I_{ncome}+L_{oss}$）$\Omega+A_{ward}+F_{ine}-C_{ost}$ > 0 时，f（x）>0，f′（0）>0，f′（1）<0，所以 X = 1 为该博弈的稳定策略。当（$I_{ncome}+L_{oss}$）$\Omega+A_{ward}+F_{ine}-C_{ost}$ < 0 时，f（x）< 0，f′（0）<0，f′（1）>0，所以 X = 0 为该博弈的演化稳定策略。

由以上分析可知，在上级政府管理情况下，地方政府之间的外部效应并不影响地方政府抉择。地方政府合作参与绿色农业发展的收益 I_{ncome} 越大，不合作参与时产生的负面效应或损失 L_{oss} 越大，政绩考核中农业环境所占权重 Ω 越大，合作参与支出的成本 C_{ost} 越小，则博弈系统演化稳定于地方政府均参与合作治理绿色农业发展的概率越大。上级政府加大对合作参与地方政府的奖励 A_{ward} 和对不合作参与地方政府的惩罚，可以大大提高地方政府合作参与绿色农业发展的概率。

7.2.3 地方政府间农业环境污染补偿机制下的演化博弈分析

7.2.3.1 缺乏上级政府干预的农业环境补偿演化博弈分析

①博弈假设

假设 1：局中人假设。地方政府 A 与地方政府 B，其中地方政府 A 农业发展过程中造成的环境破坏对地方政府 B 有较大的影响，将其定义为上游政府，而其中地方政府 B 农业发展过程中造成的环境破坏对地方政府 A 的影响不大，将其定义为下游政府，在这种情况下，地方政府 B 存在的环境风险远远大于地方政府 A，则可能会主动采取行动与地方政府 A 进行合作。地方政府 A 与地方政府 B 除地理位置上的差异外，其他生产发展条件相似。两者都是绿色农业发展的代理者，即策略的制定者和执行者。

假设 2：有限理性"经济人"假设。地方政府之间为竞争而发展，均以追求经济利益最大化为目标，个体之间存在的互相学习和竞争的交互行为产生了博弈，博弈中由于个体是有限理性的，并不能准确计算自身收益，因此做出的决策也不是最优的。

假设 3：策略类型假设。上游地方政府的策略是参与或者不参与，参与的概率为 X，不参与的概率为 1-X。下游政府的策略是环境补偿或者不环境补偿。

假设 4：目标函数假设。C_{ost} 为地方政府参与绿色农业发展需要支出的成本；I_{ncome} 为地方政府参与绿色农业发展获得的收益，L_{oss} 为区域内地方政府不参与绿色农业发展产生的负面效应或损失；NI_{ncome} 为地方政府正常情况下的经济效益；ω 为区域内某地方政府参与绿色农业发展给周边地方政府带来的外部收益系数，φ 为某地方政府不参与绿色农业发展给周边地方政府带来的负外部收益系数；$C_{ompensate}$ 为下游政府给上游政府的补偿资金；A_{ward} 为中央政府对形成合作参与联盟的地方政府给予奖励；F_{ine} 为中央政府对不参与的地方政府的处罚；Ω 为农业环境质量在地方政府政绩考核中的比例，$0<\Omega<1$。

②博弈结果分析

由以上假设可得地方政府间的博弈矩阵，如表 7-3 所示。上游政府与下游政府的博弈策略有四种组合：

第一种策略组合（不参与，不环境补偿）：他们的收益为（$NI_{ncome}-I_{ncome}$，$-\varphi L_{oss}$），表示上下游政府不合作，各自自由发展。

第二种策略组合（参与，不环境补偿）：他们的收益为（$NI_{ncome}+I_{ncome}-C_{ost}$，$\omega I_{ncome}$），表明上游政府积极参与绿色农业发展，使得下游政府的收益最大化，但下游政府坐享其成，导致上游政府发展成本上升，上游政府的收益未实现最大化，在这种情况下，上游政府实际上是缺乏参与绿色农业发展动力的，最终形成（不参与，不环境补偿）的博弈结果。

第三种策略组合（不参与，环境补偿）：他们的收益为（$NI_{ncome}-I_{ncome}+C_{ompensate}$，$-\varphi L_{oss}-C_{ompensate}$），表明下游政府积极与上游政府合作，对上游政府积极的环境行为进行补偿，进而减少上游政府发展成本，但是上游政府在区位上的优势明显大于下游政府，上游政府违背合约的概率很大，上游政府不仅不会增加发展成本，还会得到下游政府的补偿，在这种情况下，为实现收益最大化，下游政府会失去补偿上游政府的动力，最终形成（不参与，不补偿）的博弈结果。

第四种策略组合（参与，环境补偿）：他们的收益为（$NI_{ncome}+I_{ncome}-C_{ost}+C_{ompensate}$，$\omega I_{ncome}-C_{ompensate}$），表明上下游政府积极合作。在上游政府参与的情况下，下游政府给予上游政府一定补偿，双方均可实现收益的最大化。

上下游政府存在两个纳什均衡：（$NI_{ncome}-I_{ncome}$，$-\varphi L_{oss}$）和（$RG+R+Cp-C_{ost}$，$\alpha R-Cp$），即（不参与，环境补偿）和（参与，不环境补偿），在这两个策略组合中，（$NI_{ncome}+I_{ncome}-C_{ost}+C_{ompensate}$，$\omega I_{ncome}-C_{ompensate}$）是上下游政府收益

得以保证的最佳策略组合，（$NI_{ncome}-I_{ncome}$，$-\varphi L_{oss}$）是最差的策略组合。在实践中会是哪一种均衡策略组合取决于下游政府补偿能否满足上游政府，使得上游政府积极参与绿色农业发展，并最终形成（参与，环境补偿）的博弈结果，进而破解"囚徒困境"（见表7-3）。

表7-3 缺乏上级政府干预的上游政府与下游政府的环境补偿博弈支付矩阵

		下游政府策略选择	
		环境补偿	不环境补偿
上游政府策略选择	参与	（$NI_{ncome}+I_{ncome}-C_{ost}+C_{ompensate}$，$\omega I_{ncome}-C_{ompensate}$）	（$NI_{ncome}+I_{ncome}-C_{ost}$，$\omega I_{ncome}$）
	不参与	（$NI_{ncome}-I_{ncome}+C_{ompensate}$，$-\varphi L_{oss}-C_{ompensate}$）	（$NI_{ncome}-I_{ncome}$，$-\varphi L_{oss}$）

7.2.3.2 上级政府干预下农业环境补偿的演化博弈分析

在绿色农业发展过程中，由于地方政府之间存在的风险是不对等的，下游政府面临的信任风险远远大于上游政府，地方政府之间难以形成约束性有效合作，即使形成了约束性的合作，合作的履行和监管同样面临较大的风险。在这种情况下，就需要上级政府进行干预，监管地方政府履行合约。若下游政府对上游政府进行环境补偿，而上游政府接受补偿却不参与绿色农业发展，则对上游政府进行处罚 Fq（$F_{ine上}$）；同理，若上游政府参与绿色农业发展，而下游政府不进行环境补偿，则对下游政府进行处罚 Fp（$F_{ine下}$）。由此可得，上游政府与下游政府博弈支付矩阵（见表7-4）。这四种策略组合均是在上级政府干预下形成的，在实践中，哪种策略组合是最终博弈结果呢？进一步分析上游政府与下游政府博弈的混合策略纳什均衡。

表7-4 上级政府干预情况下上游政府与下游政府的补偿博弈支付矩阵

		下游政府策略选择	
		环境补偿	不环境补偿
上游政府策略选择	参与	（$NI_{ncome}+I_{ncome}-C_{ost}+C_{ompensate}$，$\omega I_{ncome}-C_{ompensate}$）	（$NI_{ncome}+I_{ncome}-C_{ost}$，$\omega I_{ncome}-F_{ine下}$）
	不参与	（$NI_{ncome}-I_{ncome}+C_{ompensate}-F_{ine上}$，$-\varphi L_{oss}-C_{ompensate}$）	（$NI_{ncome}-I_{ncome}$，$-\varphi L_{oss}$）

假设下游政府环境补偿的概率为 $P_下$，则不环境补偿的概率为 $1-P_下$；上游

政府参与的概率为 $P_{上}$，则不参与的概率为 $1-P_{上}$。则下游政府对上游政府环境补偿的期望收益为 $U_{下}$（$C_{ompensate}$），不环境补偿的期望收益为 $U_{下}$（$NC_{ompensate}$），平均期望收益为 $U_{下average}$，方程如下：

$$U_{下}（C_{ompensate}）=P_{下}（\omega I_{ncome}-C_{ompensate}）（1-P_{下}）（-\varphi L_{oss}-C_{ompensate}）$$

$$(7-11)$$

$$U_{下}（NC_{ompensate}）=P_{下}（\omega I_{ncome}-F_{ine下}）（1-P_{下}）（\varphi L_{oss}） \quad (7-12)$$

$$U_{下average}=P_{下}U（C_{ompensate}）+（1-P_{下}）U（NC_{ompensate}） \quad (7-13)$$

下游政府进行环境补偿的复制动态方程为：

$$f（p_{下}）=P_{下}（1-P_{下}）\quad P_{上}（F_{ine下}-C_{ompensate}） \quad (7-14)$$

同理，上游政府接受环境补偿采取参与策略的期望收益 $U_{上}$（$_{join}$）、不参与策略的期望收益 $U_{上}$（$_{njoin}$）以及上游政府的平均收益 $U_{上average}$ 分别为：

$$U_{上}（_{join}）=P_{下}（NI_{ncome}+I_{ncome}-C_{ost}+C_{ompensate}）+（1-P_{下}）（NI_{ncome}+I_{ncome}-C_{ost}）$$

$$(7-15)$$

$$U_{上}（_{njoin}）=P_{下}（NI_{ncome}-I_{ncome}-F_{ine上}+C_{ompensate}）+（1-P_{下}）（NI_{ncome}-I_{ncome}）$$

$$(7-16)$$

$$U_{上average}=P_{上}U_{上}（_{join}）+（1-P_{上}）U_{上}（_{njoin}） \quad (7-17)$$

上游政府接受环境补偿并参与的复制动态方程为：

$$f（p_{上}）=P_{上}（1-P_{上}）（P_{上}F_{ine上}+2 I_{ncome}-C_{ost}） \quad (7-18)$$

上级政府干预下上下游地方政府农业环境补偿的复制动态方程组存在五个可能的演化稳定均衡点，即（0，0）、（0，1）、（1，0）、（1，1）、$\{[（C_{ost}-2 I_{ncome}）]/F_{ine上}，C_{ompensate}/F_{ine下}\}$，则根据雅克比矩阵局部稳定性判别法分析这些均衡点的稳定性，可得

$$J=\begin{pmatrix} （1-2 P_{下}）（P_{上}F_{ine下}-C_{ompensate}） & P_{下}（1-P_{下}）F_{ine下} \\ P_{上}（1-P_{上}）F_{ine上} & （1-2 P_{上}）（P_{下}F_{ine下}+2 I_{ncome}-C_{ost}） \end{pmatrix}$$

$$(7-19)$$

对其求行列式和迹，可得：

$$\det. J=（1-2 P_{下}）（P_{上}F_{ine下}-C_{ompensate}）（1-2 P_{上}）（P_{下}F_{ine下}+2 I_{ncome}-C_{ost}）$$
$$-P_{上}P_{下}（1-P_{下}）F_{ine下}（1-P_{上}）F_{ine上} \quad (7-20)$$

$$\text{tr}. J=（1-2 P_{下}）（P_{上}F_{ine下}-C_{ompensate}）+（1-2 P_{上}）（P_{下}F_{ine下}+2 I_{ncome}-C_{ost}）$$

$$(7-21)$$

判断演化博弈的均衡点的依据如表 7-5 所示。

表 7-5　判断演化博弈的均衡点的依据

det. J	tr. J	结论
> 0	< 0	均衡点稳定
> 0	= 0	均衡点为中心点
> 0	> 0	均衡点不稳定
< 0	= 0 或不确定	均衡点为鞍点

则根据雅克比矩阵局部稳定性判别法分析，有 2 个均衡点，如表 7-6所示。

当 $C_{ost} > 2 I_{ncome}$，即合作参与成本大于两倍的合作参与收益时，由于参与成本较高，下游政府倾向于不进行环境补偿，上游政府也倾向于不参与，（不参与，不环境补偿）成为演化稳定策略。可见参与成本对上下游政府的行为具有重要影响，上级政府可以通过资金补偿、人力补偿、技术补偿等措施降低参与成本，进一步激发地方政府合作参与的动力。

当 $F_{ine 下} > C_{ompensate}$，$P_{下} F_{ine 下} + 2 I_{ncome} - C_{ost} > 0$ 时，即对下游政府不进行环境补偿的行为给与的处罚大于上游政府获得的环境补偿，且上游政府合作参与的预期收益大于治理成本时，（参与，补偿）成为演化稳定策略。可见，对下游政府不进行环境补偿和上游政府不合作参与给予适当经济处罚，可保证较为理想的博弈状态，有利于推动绿色农业发展快速进入常态化，如表 7-6。

表 7-6　演化博弈模型均衡点稳定性判别分析

均衡点	条件约束	判断结果
(0, 0)	$C_{ost} > 2 Income$	稳定
(1, 0)	$P_{下} F_{ine 下} + 2 I_{ncome} - C_{ost} > 0$	不稳定
(0, 1)	$F_{ine 下} > C_{ompensate}$，$C_{ost} > 2 I_{ncome}$	不稳定
(1, 1)	$F_{ine 下} > C_{ompensate}$，$P_{下} F_{ine 下} + 2 I_{ncome} - C_{ost} > 0$	稳定
(α, β)	无条件约束	不确定

注：α = [（$C_{ost} - 2 I_{ncome}$）] / $F_{ine 上}$，β = $C_{ompensate}$ / $F_{ine 下}$

7.2.4　生产经营主体之间"囚徒困境"博弈分析

7.2.4.1　博弈假设

假设 1：局中人假设。生产经营主体甲与生产经营主体乙，他们都是绿色农业发展的实际参与者，是策略的制定者和执行者。

假设 2："经济人"假设。生产经营主体之间为竞争关系，均以追求经济利益最大化为目的，且两者生产规模或者竞争能力相当。

假设3：完全信息静态假设。博弈中的信息是完全的，即生产经营主体甲和生产经营主体乙对自己和对方的策略空间和在各策略空间下所获得的收益具有共同认识，并同时做出策略选择。

假设4：策略类型假设。生产经营主体甲和生产经营主体乙的策略均有两种，即参与和不参与。

假设5：目标函数假设。生产经营主体甲不参与获得的收益为 X_1，参与获得的收益为 X_2（生产收益和补贴收益）；生产经营主体乙不参与获得的收益为 Y_1，参与获得的收益为 Y_2（生产收益和补贴收益）。

7.2.4.2　结果分析

由以上假设可得生产经营主体甲和生产经营主体乙的博弈矩阵，如表7-7所示。生产经营主体甲和生产经营主体乙的博弈策略有四种组合：

第一种策略组合（参与，参与）：他们的收益为（Y_2，Y_1），表示生产经营主体甲和生产经营主体乙参与绿色农业发展，均可以实现利润最大化。

第二种策略组合（参与，不参与）：他们的收益为（Y_2，X_1），表示生产经营主体甲参与绿色农业发展，可以实现利润最大化；生产经营主体乙不参与，也可以实现利润最大化。

第三种策略组合（不参与，参与）：他们的收益为（X_2，Y_1），表示生产经营主体甲不参与绿色农业发展，可以实现利润最大化；生产经营主体乙参与，也可以实现利润最大化。

第四种策略组合（不参与，不参与）：他们的收益为（X_2，X_1），表示生产经营主体甲和生产经营主体乙不参与绿色农业发展，均可以实现利润最大化。

根据实际情况来看，2016年财政部、农业部联合印发了《建立以绿色环境为导向的农业补贴制度改革方案》，生产经营主体参与绿色农业发展可以得到一定补贴，但同时，在参与绿色农业发展过程中，新技术的采纳和新生产资料的投入均会提高生产经营主体的成本，如果国家补贴大于增加成本，第一种策略组合（参与，参与）是生产经营主体之间博弈的最优结果，如果国家补贴小于增加成本，第四种策略组合（不参与，不参与）是生产经营主体之间博弈的最优结果，是否能破除生产经营主体之间的"囚徒困境"，解决公地悲剧问题，关键在于国家补贴的多少。第二种策略组合和第三种策略组合都不是生产经营主体之间博弈的最优结果，在现实中不稳定存在。

表 7-7　生产经营主体甲和生产经营主体乙的博弈支付矩阵

主体乙		主体甲	
		策略选择	
		参与	不参与
策略选择	参与	(Y_2, Y_1)	(Y_2, X_1)
	不参与	(X_2, Y_1)	(X_2, X_1)

7.2.5　政府、生产经营者、消费者之间的演化博弈分析

7.2.5.1　博弈假设

假设 1：局中人假设。博弈主体有三个，包括政府、生产经营者和消费者，他们都是绿色农业发展的参与者，是策略的制定者和执行者。政府是绿色农业发展倡导者，农户和消费者是绿色农业发展的直接执行者和参与者。他们都是策略的制定者和执行者。

假设 2："经济人"假设。局中人完全了解自己的经济目标和利益追求。政府目标是综合效益最大化，而农户的目标是经济利益的最大化，消费者的目的是效用最大化。

假设 3：完全信息假设，即政府、农户、消费者对自己和对方的策略空间和在各策略空间下所获得的收益具有共同认识。

假设 4：策略空间建设。政府采取补贴（x）或者不补贴策略（1-x），农户选择参与（y）或者不参与（1-y），消费者选择购买（z）或者不购买（1-z）。

假设 5：支付函数假设。对于政府而言，若采取积极的补贴策略，政府可以获得收益 A，包括名誉信任、环境收益、社会福利等。政府对参与的生产经营者给予生产补贴资金 $S_{生}$，对购买绿色农产品的消费者的优惠补贴资金为 $S_{消}$。若生产经营者不参与可能存在概率为 θ 的寻租行为（骗取补偿），当政府对生产经营者的实际参与情况进行监督时，需要支付监管成本 $C_{政}$，且会有 β 的概率发现生产经营者的寻租行为，此时政府会回收生产经营者的生产补贴资金并且对其进行相应的惩罚，罚金为 $F_{生}$。若生产经营者选择长期生产绿色农产品所支付的生产成本为 $C_{生}$，消费者购买此类农产品的效用为 $U_0+\Delta U$，给生产经营者带来的长期收益为 R_1（还包括绿色农产品的市场竞争力、生产经营者的口碑等），成本为 C_2；若生产经营者选择短期生产绿色农产品，消费者购买此类绿色农产品的效用为 U_0，成本为 C_0，给生产经营者带来的短期收益为

R_2（由绿色农业发展趋势，假设 $R_1-C_生>R_2$）；消费者购买传统农产品生产经营者的收益为 R_3，此时消费者的效用为 U_1，成本为 C_1，且需要承担健康风险成本 K。

7.2.5.2 结果分析

由以上假设条件可以得出政府、生产经营者与消费者之间的博弈支付矩阵，如表7-8所示。

表7-8 政府、生产经营者与消费者之间的博弈支付矩阵

博弈主体		企业	
政府	生产经营者	购买	不购买
环境补偿	参与	$A-C_政-S_生-S_消$ $R_1+S_生-C_生$ $U_0+\Delta U+S_消$	$A-C_政-S_生+K$ $R_3+S_生-C_生$ U_1-K
	不参与	$A-C_政-S_消+\theta[\beta F_生-(1-\beta)S_生]$ $R_2-\theta[\beta F_生-(1-\beta)S_生]$ $U_0+S_消$	$A-C_政+\theta[\beta F_生-(1-\beta)S_生]+K$ $R_3-\theta[\beta F_生-(1-\beta)S_生]$ U_1-K
不环境补偿	参与	$-S_生-S_消$ $R_1+S_生-C_生$ $U_0+S_消$	$-S_生$ $R_3+S_生-C_生$ U_1
	不参与	$-S_生-S_消$ $R_2+S_生$ $U_0+S_消$	$-S_生$ $R_3+S_生$ U_1

设 $U_{政}x$ 和 $U_{政}n$ 分别为政府选择环境补偿、不环境补偿策略的期望收益，$U_{政\ average}$ 为政府补偿行为的平均期望收益，则有：

$$U_{政}x=yz(A-C_政-S_生-S_消)+y(1-z)(A-C_政-S_生+K)+(1-y)z\{A-C_政-S_消+\theta[\beta F_生-(1-\beta)S_生]\}+(1-y)(1-z)\{A+K-C_政+\theta[\beta F_生-(1-\beta)S_生]\}$$
$$(7-22)$$

$$U_{政}n=yz(-S_生-S_消)+y(1-z)(-S_生)+(1-y)z(-S_消-S_生)+(1-y)(1-z)(-S_生)$$
$$(7-23)$$

$$U_{政\,average} = x\,U_{政}x + (1-x)\,U_{政}n \tag{7-24}$$

那么政府的复制动态方程为：

$$f(x) = x(1-x)\{[1-(1-\beta)\,\theta](1-y)\,S_{生} + \beta F_{生}(1-y)\,\theta + (1-z)\,K + A - C_{政}\} \tag{7-25}$$

设 $U_{生}y$ 和 $U_{生}m$ 分别为生产经营者选择参与、不参与策略的期望收益，$U_{生}$ 为生产经营者的平均收益，则有：

$$U_{生}y = xz(R_1 + S_{生} - C_{生}) + x(1-z)(R_3 + S_{生} - C_{生}) + z(1-x)(R_1 + S_{生} - C_{生}) + (1-x)(1-z)(R_3 + S_{生} - C_{生}) \tag{7-26}$$

$$U_{生}m = xz[R_2 + \theta S_{生} - (1-\theta)\,F_{生}] + x(1-z)[R_3 + \theta S_{生} - (1-\theta)\,F_{生}] + (1-x)z(R_2 + S_{生}) + (1-x)(1-z)(R_3 + S_{生}) \tag{7-27}$$

$$U_{生\,average} = y\,U_{生}m + (1-y)\,U_{生}m \tag{7-28}$$

那么政府的复制动态方程为：

$$f(y) = y(1-y)\{[(1+\beta-\theta)\,S_{生} + F_{生}\beta\theta]x + (R_1 - R_2)\,z - C_{生}\} \tag{7-29}$$

假设 $U_{消}z$ 和 $U_{消}d$ 分别为消费者选择绿色农产品、传统农产品的期望收益，$U_{消}$ 为消费者行为的平均收益，则有：

$$U_{消}z = xy(U_0 + S_{消} - C_0) + x(1-y)(U_1 - C_1 + S_{消}) + (1-x)y(U_0 + S_{消} - C_0) + (1-x)(1-y)(U_1 + S_{消} - C_1) \tag{7-30}$$

$$U_{消}d = xy(U_1 - C_1) + x(1-y)(U_1 - C_1) + (1-x)y(U_1 - C_1) + (1-x)(1-y)(U_1 C_1) \tag{7-31}$$

$$U_{消\,average} = z\,U_{消}z + (1-z)\,U_{消}d \tag{7-32}$$

那么消费者的复制动态方程为：

$$f(z) = z(1-z)(Kx + \Delta Uy + S_{消} + U_0 - U_1) \tag{7-33}$$

为下文计算方便，现令

$$Q_1 = (1-\theta+\theta\beta)\,S_{生} + F_{生}\beta\theta \tag{7-34}$$

$$Q_2 = [1-(1-\beta)\,\theta]\,S_{生} + F_{生}\beta\theta + K + A - C_{政} \tag{7-35}$$

$$Q_3 = (1+\theta\beta-\theta)\,S_{生} + F_{生}\beta\theta \tag{7-36}$$

$$Q_4 = R_1 - R_2 \tag{7-37}$$

$$Q_5 = S_{消} + U_0 - U_1 \tag{7-38}$$

政府、生产经营者和消费者的演化博弈的 J 为雅可比矩阵。

$$J = \begin{matrix} (Kz+Q_1y-Q_2)(1-2x) & -x(1-x)\,Q_1 & -x(1-x)\,K \\ y(1-y)\,Q^3 & (Q_3x+Q_4z-Ce)(1-2y) & y(1-y)\,Q_4 \\ z(1-z)\,K & z(1-z)\,\Delta U & (Kx+\Delta Uy+Q_5)(1-2z) \end{matrix} \tag{7-39}$$

求出矩阵的和迹，如（7-40）式和（7-41）式所示。

$$\text{Det. J} = （Kz+Q_1y-Q_2）（1-2x）（Q_3x+Q_4z-C_生）（1-2y）（Kx+\Delta Uy+Q_5）$$
$$（1-2z）+y（1-y）Q_4z（1-z）K[-x（1-x）Q_1]+$$
$$[-x（1-x）K]y（1-y）Q_3z（1-z）\Delta U-$$
$$[-x（1-x）Q_1]（Q_3x+Q_4z-C_生）（1-2y）z（1-z）K-$$
$$[-x（1-x）Q_1]y（1-y）Q_3（Kx+\Delta Uy+Q_5）（1-2z）-$$
$$（Kz+Q_1y-Q_2）（1-2x）y（1-y）Q_4z（1-z）\Delta U \qquad （7-40）$$
$$\text{tr. J} = （Kz+Q_1y-Q_2）（1-2x）（Q_3x+Q_4z-C_生）（1-2y）（Kx+\Delta Uy+Q_5）（1-2z）$$
$$\qquad\qquad （7-41）$$

则根据雅可比矩阵局部稳定性判别法分析发现有 7 个稳点的均衡点，如表 7-9 所示。

表 7-9　演化博弈模型均衡点及条件

稳定点	稳点条件
E_1（0, 0, 0） E_2（0, 0, 1） E_3（0, 1, 1） E_4（1, 0, 0） E_5（1, 0, 1） E_6（1, 1, 0） E_7（1, 1, 1）	$[1+（\beta-1）\theta]S_生+\beta\theta F_生+K+A-C_政<0$，$S_消+U_0-U_1<0$ $[1+（\beta-1）\theta]S_生+\beta\theta F_生+A-C_政<0$，$R_1-R_2-C_生<0$，$U_1-S_消-U_0<0$ $-[1+（\beta-1）\theta]S_生-\beta\theta F_生-K-A+C_政<0$，$[1+（\beta-1）\theta]S_生+\beta\theta F_生-C_生<0$，$K+S_消+U_0-U_1<0$ $-K-A+C_政<0$，$-[1-（1-\beta）\theta]S_生-\beta\theta F_生+C_生<0$，$K+\Delta U+S_消+U_0-U_1<0$ $[（1-\beta）\theta-1]S_生-\beta\theta F_生-A+C_政<0$，$[1+（\beta-1）\theta]S_生+\beta\theta F_生-R_2+R_1-C_生<0$，$U_1-K-S_消-U_0<0$ $A-C_政<0$，$-R_1+R_2+C_生<0$，$-\Delta U-S_消-U_0+U_1<0$ $-A+C_政<0$，$-[1-（1-\beta）\theta]S_生-\beta\theta F_生-R_1+R_2+C_生<0$，$-K-\Delta U-S_消-U_0+U_1<0$

①平衡点 E_1

政府选择环境补偿，生产经营主体选择不参与，消费者选择购买传统农产品，此时平衡点是稳定演化策略，且满足 $[1+（\beta-1）\theta]S_生+\beta\theta F_生+K+A-C_政<0$，$S_消+U_0-U_1<0$。由于政府监督成本和支付给生产经营者的补贴成本大于给政府带来信誉的提升以及向寻租行为的惩罚金之和，政府的行为将最终趋向于不引导、不环境补偿，生产经营者将最终趋向于不参与，消费者将最终趋向于选择购买传统农产品。这样由于普遍购买传统农产品使得农业环境恶化，生活水平降低。

②平衡点 E_2

政府选择不环境补偿，生产经营者选择不参与，消费者选择购买绿色农产品，此时平衡点是稳定演化策略，则必须满足条件 $[1+(\beta-1)\theta]S_生+\beta\theta F_生+A-C_政<0$，$R_1-R_2-C_生<0$，$U_1-S_消-U_0<0$，政府监督的成本和向生产经营者投入的补贴期望大于监管给政府带来声誉的提升以及向寻租生产经营者的罚金之和。此时，政府选择不环境补偿策略。当参与的收益减去参与的成本大于未参与时的收益减去销售传统农产品对生产经营者的口碑损失，参与并不能给生产经营者带来更大的利润时，生产经营者选择不参与。但此时 $U_1-S_生-U_0<0$，表明可能会有绿色消费倾向的消费者，在收到政府环境补贴的情况下选择购买绿色农产品。实际中，生产经营者选择不参与，则消费者有购买绿色农产品的能力，最后也会因为生产经营者选择不参与而演化为购买传统农产品。

③平衡点 E_3

政府选择环境补偿，生产经营者选择不参与，消费者选择购买传统农产品，此时平衡点是稳定演化策略，满足条件 $-[1+(\beta-1)\theta]S_生-\beta\theta F_生-K-A+C_政<0$，$[1+(\beta-1)\theta]S_生+\beta\theta F_生-C_生<0$，$K+S_消+U_0-U_1<0$。此时由于政府监督的成本和向生产经营者投入的补贴期望小于监督给政府带来声誉的提升以及向骗补生产经营者的罚金之和，政府选择补偿时的收益会更大。此时对生产经营者而言，参与时所需的成本过高，政府环境补贴不足以弥补收益空缺，生产经营者选择不参与，消费者也无法选择购买绿色农产品。

④平衡点 E_4

政府选择环境补偿，生产经营者选择参与，消费者选择购买传统农产品，此时平衡点是稳定演化策略，满足条件 $-K-A+C_政<0$，$-[1-(1-\beta)\theta]S_生-\beta\theta F_生+C_生<0$，$K+\Delta U+S_消+U_0-U_1<0$。当政府的监督成本大于政府监督带来的声誉提升时，政府选择不环境补偿。对生产经营者而言，政府扶持力度较大，参与成本低，使得生产经营者倾向于选择参与。但此时对消费者而言，当购买传统农产品的效用、购买绿色农产品的补贴之和小于健康风险成本时，消费者会最终选择购买传统农产品。

⑤平衡点 E_5

政府选择环境补偿，生产经营者选择参与，消费者选择购买绿色农产品，此时平衡点是稳定演化策略，满足条件 $[(1-\beta)\theta-1]S_生-\beta\theta F_生-A+C_政<0$，$[1+(\beta-1)\theta]S_生+\beta\theta F_生-R_2+R_1-C_生<0$，$U_1-K-S_消-U_0<0$。对政府而言，当监管成本与支付给生产经营者的扶持资金之和小于政府采取环境补偿策略时声誉的提高时，政府会选择环境补偿决策；对生产经营者而言，当生产经营者的

收益与政府的扶持补贴之和大于参与时的成本、寻租行为的处罚金之和，此时生产经营者会选择参与。当消费者购买绿色农产品的效用和政府的补贴之和大于购买传统农产品的效用与健康风险成本之和时，消费者会选择购买绿色农产品。

⑥平衡点 E_6

政府选择不环境补偿，生产经营者选择参与，消费者选择购买绿色农产品，此时平衡点是稳定演化策略，满足条件 $A-C_政<0$，$-R_1+R_2+C_生<0$，$-\Delta U-S_消-U_0+U_1<0$。当政府积极补偿给政府带来的收益小于监管成本，政府决策会趋向于选择不补偿。对生产经营者而言，当生产经营者参与时的收益减去参与成本大于未参与的收益时，生产经营者最终会趋向于选择参与。对消费者而言，购买绿色农产品的效用以及政府的补贴扶持之和高于传统农产品时，消费者会趋向于选择购买绿色农产品。

⑦平衡点 E_7

政府选择环境补偿，生产经营者选择参与，消费者选择购买传统农产品，此时平衡点是稳定演化策略，满足条件 $-A+C_政<0$，$-[1-(1-\beta)\theta]S_生-\beta\theta F_生-R_1+R_2+C_生<0$，$-K-\Delta U-S_消-U_0+U_1<0$。对于政府而言，当补偿金小于补偿给政府带来声誉的提升时，政府选择补偿策略。当生产经营者的收益与政府的扶持补贴之和大于参与时的成本、寻租行为的处罚金之和，此时生产经营者会选择参与。而对于消费者而言，购买绿色农产品的效用与政府对绿色农产品消费者的补贴高于购买传统农产品效用与健康风险成本之后时，消费者最终趋向购买绿色农产品。

7.3 农业绿色发展中利益主体之间的行为博弈启示

7.3.1 农业绿色发展的实现过程是农业环境治理模式由"地方分治"到"网络共治"的博弈演进过程

农业环境具有典型公共物品的属性，在其治理过程中，可以用"公地悲剧""搭便车""囚徒困境""集体行动困境""个体理性与集体理性的冲突"等非经典的经济学原理加以阐释。区域主体利益行为导致绿色农业发展各自为政，农业环境治理单一化、碎片化，各自为政无法形成活力，迫切需要构建起"中央政府-省政府-市政府"的"委托-代理"纵向网络治理结构、区域地方政府间的"协商-合作"网络治理结构、地方政府-生产经营者-环境 NGO-公众个体间的网络治理结构，呈现出"多主体参与、多措施并举"的网络治理模式，转向多元化主体参与、多样化路径实施、多层次治理内容的网络化治理模式，实现政府治理机制、市场治理机制、社会治理机制的联合，打破了农业环境治理长期存在的"囚徒困境"和"搭便车"问题。

7.3.2　中央政府的干预机制对规制农业绿色发展中的主体行为极其重要

要达成多方利益主体共同参与绿色农业发展的一致性集体行动，中央政府必须进行监督、补偿等积极的干预行为。农业环境具有典型公共物品的属性，市场治理的效率较低甚至无效率。一方面，为了鼓励各方利益主体参与绿色农业发展，中央政府应制定绿色农业发展的环境补偿政策，鼓励为保护环境而牺牲经济发展的地方政府和参与绿色农业发展的生产经营者，弥补利益主体生产发展带来的机会成本的上升；另一方面，为了减少利益主体参与绿色农业发展的寻租行为，中央政府应该加大监管力度，提高地方政府合作违约的处罚以及生产经营主体骗取补偿的处罚，以规范利益主体的行为。

7.3.3　大力宣传，倡导绿色消费，培养公众环境意识

市场是检验农业绿色发展能否顺利进行的一个重要环节，消费者是否购买绿色农产品决定了生产经营者的收益高低，倘若绿色农产品缺乏市场需求，消费者不参与将直接导致绿色农业发展的失败，造成生产经营者亏损，造成中央政府保护农业环境以及发展绿色农业的战略失效。因此，政府可以通过电视上"播"、网络上"载"、微信上"传"、报纸上"刊"、街道上"挂"、课堂上"讲"、书本上"印"等多种方式，不断丰富宣传手段，加大对绿色农产品消费的宣传，提高公众绿色消费意识，引导消费者购买绿色农产品，进而畅通绿色农业发展的产业链，推动绿色农业发展顺利进行。

7.3.4　在农业绿色发展过程中，要注意培育以信任、沟通、协同为特征的关系资产

农业环境多主体集体行为机制的建立，关键在于信任、沟通、协同为特征的关系资产的培育，信任机制是多主体集体行为的基础，只有在价值协同、信息共享以及引导等方面建立良好的协调机制，才能真正培育成员之间的信任关系，最终实现互利互惠，扩大合作范围，顺利推动绿色农业发展目标的实现。因此要消除中央政府与地方政府之间强硬式的服从关系，努力构建利益协调关系，消除地方政府与生产经营者的敌对关系、地方政府之间的利益恶行竞争关

系，努力构建信任合作的伙伴关系，消除生产经营者与消费者之间的信息不对称关系，努力构建命运共同体关系。

7.4　本章小结

　　绿色农业发展是解决农业环境污染"公地悲剧"的重要路径，涉及多方利益主体，需要多个利益主体一起参与，形成多中心治理体系。从农业环境治理的视角看，绿色农业发展中的主体包括中央政府、地方政府、生产经营主体（农户）、消费者、非环境组织等，不同的利益主体处在绿色农业发展产业链上的不同环节，对绿色农业发展的影响显著不同。本章分析了中央政府、地方政府、农业生产经营主体、市场消费者的行为博弈，农业绿色发展实现帕累托最优的条件，系统中的各方如何决策以实现利益最大化，为第九章的政策机制的选择提供理论模型估计。一是绿色农业发展的实现过程是农业环境治理模式由"地方分治"到"网络共治"的博弈演进过程，说明农业的绿色发展政策的制定到行为的规范需要多方共同参与。二是中央政府的干预机制对规制绿色农业发展中的主体行为极其重要，中央政府可以制定税收、信贷、财政补贴等多种形式的政策工具，并由政府、社会媒体等多方来担任监督政策运行的角色。三是大力宣传，营造绿色消费理念，培养公众环境意识，在规范农业经营主体绿色发展行为的时候，可多层次、多角度、全方位地进行宣传。四是绿色农业发展过程中，要注意培育以信任、沟通、协同为特征的关系资产，在多层次体系中，减少信息不对称，加快绿色技术传递，使中央政府、地方政府、农业生产经营主体、市场消费者等行为主体形成命运共同体意识。

8 影响南疆地区农业经营主体绿色发展行为的实证分析

农业经营主体作为绿色发展行为的主要决策者，将直接影响到绿色发展的水平和程度，从第4章的南疆地区农业绿色发展水平测度中，可以看出南疆地区绿色发展呈现逐年上升的趋势，特别是在2005年以后。在第6章对农业经营主体绿色发展行为的影响因素进行梳理的基础上，本书的研究选取了位于南疆地区的6个县作为被调查区域，首先对6个县整体情况进行分析，然后从农户基本特征、农业经营状况、种植结构等方面对实地调查数据进行分类分析。为了进一步了解农业经营主体绿色发展行为的主要影响因素及影响程度，本章选取了其中一部分重要的影响因素，利用数学模型对所选择的影响因素变量进行回归分析，测算各影响因素对农业经营主体——农户的绿色发展行为决策的影响程度，并为本书提供对策建议打下实证基础。

8.1 调查目的及问卷设计

为了摸清农业经营主体——农户在种植结构、化肥、农药、地膜、秸秆、牲畜粪便、绿色发展、农业政策诉求等反面的认知和意愿，本书的研究分析了欠发达的南疆地区农户个性特征，农资产品投入变化，绿色发展的认识、行为和实践以及对农业政策的反馈，剖析了农户的农资品投入行为决策的影响因素，农业绿色发展认知、行为到实践的三阶段以及南疆地区农业补贴的缺陷，揭示了农业绿色发展的微观作用机理，对研究区域进行实地入户调查。

调查问卷从农户个性特征，农户种植情况，农户化肥、农药、地膜等农资产品投入意愿，农户对绿色农业的认识，农业政策的诉求五个方面着手设计，重点调查了农资产品的投入量、投入方式、投入种类、投入前后的认知程度、投入意愿、绿色发展的认知、绿色发展的行为意愿、绿色发展的行为实践以及农户对农业政策的诉求等。调查问卷历经设计、讨论、专家意见、多次修改、预调查、优化、完善、正式调查等多个环节，历时 9 个月，跨越了两个年度，最终形成调查问卷。农户调查问卷共包括 87 道选择题，共 15 张表格，包括家庭基本情况（6 道题），农户种植结构成本收益（1 张表、10 道题），农户农资投入状况（9 张表），农户化肥施用意愿（12 道题），农户农药使用意愿（11 道题），农户地膜使用意愿（3 道题），农户家庭秸秆、畜禽粪便处理情况（6 道题、1 张表），农户对绿色发展情况认识（10 道题），农户农业政策诉求（19 道题）几个方面。

调查地点为南疆地区的县乡村，经过仔细考察、筛选，考虑到南疆地区种植结构、地域特点，从南疆五地州各选取 1~2 个县作为调查对象，一方面用以全面了解南疆地区农户绿色行为决策的特征，另一方面分析南疆地区农资产品的投入特征和农业农村环境污染状况。

8.2 调查方法及样本选取

本调查获得新疆维吾尔自治区农业农村厅的大力支持，在县农业主管部门及村委会的积极配合组织协调下，调查成员一行十余人走访入户、座谈交流，较为圆满地完成了相关的调研任务，达到了预期的目标。但由于调查区域多为少数民族聚集区，绝大多数农户为维吾尔族，少数民族村干部听不懂普通话，存在语言交流等多方面的困难，调查小组由少数民族教师和学生组成，这些调查组的成员要经过语言的培训，能够用熟练地维吾尔语问答问题。为了确保调查内容的真实准确，调查人员在熟练掌握调查内容的基础上，还学会了如何正确询问、判断、填写调查问卷，调查人员还需要对每天的调查问卷进行核实，及时找到调查中的问题和难题。为了保证调查问卷的有效性，本研究的负责人和主要成员带队，全程组织完成调查任务。

调查采用随机抽样的调查方法，以阿克苏地区沙雅县和阿瓦提县以及喀什地区莎车县的农户作为调查对象，分别在 3 个县随机选取 2~3 个乡镇，在每个乡镇中选取 2~3 个村作为调查区域，每个村随机抽取 100 户左右的农户作为调查对象，调查采用面对面现场访谈的形式。调查时间选在农闲的 2017 年 12 月 1 日~2018 年 1 月 1 日，补充调查在 2018 年 12 月 20 日~2019 年 1 月 6 日，调查乡镇随机抽取了沙雅县的海楼乡和托依堡勒迪镇，阿瓦提县的多浪乡和英艾日克乡，莎车县阿热勒乡、塔尔其乡和百什坎镇，于田县的木尕拉镇和阿热勒乡，尉犁县的古勒巴格乡以及疏勒县的罕南力克镇（详见表8-1），为了保证此次实地调查数据有代表性，所有调查问卷均在调查人员的协助下完成。

为了保证数据的有效性，被调查者必须符合如下几个条件：①被调查农户在过去的半年内未接受过和此次调查内容相似的农户调查。②被调查农户的务农时间为1年及以上，且拥有一定数量的耕地，对自家耕地化肥施用状况较为了解。③被调查农户家庭中只选取较为了解绿色发展状况的一人作为调查对象，避免重复抽样调查。④由于此次调查区域种植结构的特殊性，尽量选取不同种植结构的农户作为调查对象。

表8-1　调查区样本分布及样本量

县市	乡镇	村	有效样本量/户
沙雅县（194户）	海楼乡	桥格铁热克村	53
		海楼村	24
	托依堡勒迪镇	铁热克村	43
		排孜瓦提村	33
		一农场	41
阿瓦提县（214户）	多浪乡	多浪村	32
		克其克拜什艾日克村	56
	英艾日克乡	玉斯屯克栏杆村	80
		托万克托格拉吾斯塘村	46
莎车县（221户）	阿热勒乡	阿孜干巴格村	42
		桑霍依拉村	51
	塔尕尔其乡	古勒巴格村	42
		曲许尔盖村	30
		却勒兰干村	10
	百什坎镇	托喀依村	10
		五大队	36

表8-1(续)

县市	乡镇	村	有效样本量/户
于田县（263户）	木尕拉镇	喀尕村	89
		博斯担村	64
	阿热勒乡	喀拉尕其村	57
		夏玛勒巴格村	53
尉犁县（97户）	古勒巴格乡	古勒巴格村	52
		其乃巴格村	45
疏勒县（110户）	罕南力克镇	博热其村	54
		明勒克村	56

资料来源：根据南疆地区农户调查数据整理所得。

本次调查最终发放调查问卷 1 150 份，回收 1 110 份，回收率为 96.52%，其中不符合调查要求的废卷 11 份，最终得到有效问卷 1 099 份，有效回收率为99.01%，样本量基本满足农户调查设计要求。

8.3 调查区域农户基本特征

8.3.1 年龄

由被调查农户的年龄分布特征可以看出，被调查农户的年龄在 17~84 岁，平均年龄为 43.14 岁，其中，沙雅县被调查农户年龄均值稍高，为 45.39 岁，且主要分布在 20~83 岁。由于当前农村劳动力外出上学、打工等现象较为普遍，农村从事农业生产的主要是中老年农民，从年龄特征上看，本次被调查的农户样本具有一定的代表性（见表 8-2）。

表 8-2 调查农户的年龄基本情况

统计项目	最大值	最小值	均值	标准差
合计	84	17	43.14	13.96
沙雅县	83	20	45.39	13.82
莎车县	84	17	42.53	14.55

表8-2(续)

统计项目	最大值	最小值	均值	标准差
阿瓦提县	80	17	43.02	13.36
于田县	82	18	41.59	13.34
尉犁县	83	17	43.97	14.12
疏勒县	80	19	42.34	13.63

资料来源：根据南疆地区农户调查数据整理所得，以下均同。

8.3.2 户主和性别

被调查农户均为本地户口，82.84%的被调查农户（909人）是户主，其中沙雅县、莎车县、阿瓦提县、于田县、尉犁县和疏勒县分别占86.08%、88.24%、78.97%、79.09%、85.56%和79.09%；户主以男性为主，占90.81%，其中沙雅县、阿瓦提县、莎车县、于田县、尉犁县和疏勒县分别占91.24%、87.85%、94.57%、91.25%、91.75%和88.18%；被调查的农户以农业家庭为主，且较为熟悉农业生产中化肥、农药、地膜等农资产品的投入状况。

8.3.3 民族

南疆地区以少数民族为主，主要包括维吾尔族、哈萨克族、柯尔克孜族、锡伯族、回族、塔吉克族、乌孜别克族、俄罗斯族、塔塔尔族、达斡尔族、满族等多个民族，以维吾尔族居多。调查对象沙雅县、莎车县、阿瓦提县、于田县、尉犁县和疏勒县基本以少数民族为主，其中90.3%的被调查农户是少数民族，汉族平均占比为9.7%（见表8-3）。

表8-3　调查农户的户主、性别、民族基本情况

		是		否	
		样本量	占比/%	样本量	占比/%
户主	合计	909	82.84	190	17.16
	沙雅县	167	86.08	27	13.92
	莎车县	195	88.24	26	11.76
	阿瓦提县	169	78.97	45	21.03
	于田县	208	79.09	55	20.91
	尉犁县	83	85.56	14	14.43
	疏勒县	87	79.09	23	20.91

表8-3(续)

		男		女	
		样本量	占比/%	样本量	占比/%
性别	合计	1 000	90.81	99	9.19
	沙雅县	177	91.24	17	8.76
	莎车县	209	94.57	12	5.43
	阿瓦提县	188	87.85	26	12.15
	于田县	240	91.25	23	8.75
	尉犁县	89	91.75	8	8.25
	疏勒县	97	88.18	13	11.82
		少数民族		汉族	
		样本量	占比/%	样本量	占比/%
民族	合计	619	90.3	61	9.7
	沙雅县	184	78.87	41	21.13
	莎车县	221	90.95	20	9.05
	阿瓦提县	214	100	0	0
	于田县	244	92.78	19	7.22
	尉犁县	89	91.75	8	8.25
	疏勒县	91	82.72	19	17.27

8.3.4 文化程度

从被调查农户的受教育水平分布来看，被调查农户的受教育程度偏低，集中在初中以下文化程度，占92.03%，其中沙雅县、莎车县、阿瓦提县、于田县、尉犁县和疏勒县分别占88.14%、93.67%、93.93%、87.06%、94.84%和94.54%，大中专技校及以上文化程度的农户仅占2.2%，沙雅县稍高，为3.61%（见表8-4）。而被调查农户的受教育程度越高，越容易理解绿色农技培训、农业政策等对农业生产的影响，进一步认识到科学投入农资产品的重要性以及农业面源污染的状况。

表8-4 调查农户的文化程度基本情况

统计项目	小学		初中		高中		大中专技校	
	样本量	占比/%	样本量	占比/%	样本量	占比/%	样本量	占比/%
合计	497	45.55	507	46.48	72	6.11	25	2.2
沙雅县	86	44.33	85	43.81	16	8.25	7	3.61
莎车县	90	40.72	117	52.94	11	4.98	3	1.36

表8-4(续)

统计项目	小学		初中		高中		大中专技校	
	样本量	占比/%	样本量	占比/%	样本量	占比/%	样本量	占比/%
阿瓦提县	102	47.66	99	46.26	11	5.14	2	0.93
于田县	121	46	108	41.06	25	9.51	9	3.42
尉犁县	45	46.39	47	48.45	5	5.15	2	2.06
疏勒县	53	48.18	51	46.36	4	3.64	2	1.82

8.3.5 务农时间

从被调查农户的务农时间来看，被调查农户务农时间在1~65年，均值为23.92年，其中尉犁县最高为26.23年，这说明被调查农户的种植经验较为丰富，对农作物绿色发展状况比较了解，农业生产行为决策较为成熟，但从另一个方面可以说，容易产生农户依靠个人经验来判断农资产品投入状况的现象（见表8-5）。

8.3.6 劳动力数量

从被调查农户家庭劳动力的人数分布来看，被调查农户的家庭劳动力人数在1~13人，六县均值为3.2人，其中沙雅县和阿瓦提县的家庭劳动力拥有量最多为3.24人，符合一般农户家庭基本情况（见表8-5）。但由于劳动力价格的上涨，在未来的一段时间内农户会逐渐倾向于投入劳动力人数较少的种植作物种类或增加农业生产中的机械化程度，而对于农资品的投入可能会倾向于用少次多量的方式来达到增产的目的。

表 8-5　调查农户的务农时间和劳动力人数基本情况

		最大值	最小值	均值	标准差
务农时间	合计	65	1	23.92	13.62
	沙雅县	65	1	25.23	13.46
	莎车县	65	1	22.89	14.26
	阿瓦提县	62	1	23.34	13.09
	于田县	63	1	23.25	13.16
	尉犁县	65	1	26.23	14.31
	疏勒县	62	1	22.56	13.45

表8-5(续)

		最大值	最小值	均值	标准差
劳动力数	合计	13	1	3.20	1.66
	沙雅县	10	1	3.24	1.69
	莎车县	13	1	3.14	1.73
	阿瓦提县	10	1	3.24	1.46
	于田县	10	1	3.16	1.65
	尉犁县	10	1	3.22	1.71
	疏勒县	10	1	3.18	1.74

8.3.7 种植规模

耕地是农业生产中重要的生产要素，对以农业收入为主要经济来源的农户来讲，也是最重要的农业生产对象，耕地资源的质量和数量将直接影响农户的施肥行为。而被调查农户中耕地资源数量较小，即种植规模不大，在1~200亩，均值为23.3亩，其中沙雅县种植规模稍大为29.89亩，且集中在4~66.5亩，而莎车县和阿瓦提县均低于六县平均水平，为15.05亩和18.3亩。

表 8-6　调查农户的种植规模基本情况　　　　单位：亩

	最大值	最小值	均值	标准差
合计	200	1	23.30	20.73
沙雅县	66.5	4	29.89	24.89
莎车县	200	1	15.05	14.97
阿瓦提县	110	2.5	18.3	13.06
于田县	80	2	24.35	22.34
尉犁县	120	4	26.73	25.36
疏勒县	100	2	25.46	23.78

8.3.8 家庭人口及纯农人数

从被调查农户的家庭人口总数来看，被调查农户家庭人口总数在1~20人，六县均值为5.2人，其中莎车县家庭人口数最多为5.51人，阿瓦提县较为集中

在 2~11 人，均值最小为 5.02 人。被调查农户家庭纯农人数在 1~13 人，均值为
3.22 人，其中莎车县最大为 3.27 人，高于六县平均值，而沙雅县、阿瓦提县和
于田县低于均值，分别为 3.2 人、3.19 人和 3.14 人（见表 8-7）。

表 8-7　调查农户的家庭人口和纯农人数基本情况

		最大值	最小值	均值	标准差
家庭人口数	合计	20	1	5.20	2.26
	沙雅县	15	1	5.06	2.16
	莎车县	20	1	5.51	2.51
	阿瓦提县	11	2	5.02	1.5
	于田县	16	2	5.23	2.3
	尉犁县	18	1	5.14	2.65
	疏勒县	13	1	5.26	2.43
纯农人数	合计	13	1	3.22	1.66
	沙雅县	13	1	3.2	1.6
	莎车县	10	1	3.27	1.87
	阿瓦提县	10	1	3.19	1.43
	于田县	8	1	3.14	1.86
	尉犁县	8	1	3.26	1.54
	疏勒县	6	1	3.24	1.63

8.4　调查区域农户作物种植状况

8.4.1　种植结构及规模

被调查六县的农户自主选择种植结构，且以棉花、小麦、玉米、果棉、果
粮和林果为主，设施农业占比较小（见表 8-8）。

其中，被调查农户基本种植棉花，有 1 057 户农户种植棉花，占样本总体
的 95.94%，种植规模分布在 0.6~200 亩，均值为 15.21 亩，于田县最多为
253 户，占于田县样本总数的 96.2%，分布在 2~150 亩，均值为 15.64 亩；阿
瓦提县规模较大，被调查农户棉花种植面积为 3~110 亩，均值为 13.8 亩；莎

车县第三，其被调查农户种植棉花规模在 0.6~220 亩，均值为 23.56 亩；沙雅县种植规模居中，且被调查农户种植棉花作物规模在 1.2~200 亩，均值为 23.56 亩，而疏勒县种植规模及所占比重较小，分布在 2~120 亩，均值为 16.46 亩，占 93.64%；尉犁县种植规模最小，分布在 2~120 亩，均值为 14.38 亩，占 94.85%。

被调查的大部分农户种植小麦作物，其中 899 户农户种植小麦，占样本总体的 78.93%，种植规模分布的 1~26 亩，均值为 5.32 亩。其中于田县小麦种植户数最多，为 223 户，占于田县的 60.08%，规模分布在 1~26 亩，均值为 4.42；莎车县种植户数次之，为 204 户，占莎车县的 92.31%，规模分布在 1~20 亩，均值为 7.1 亩；疏勒县种植户数排第三，为 102 户，占疏勒县的 92.72%，规模分布在 1~19 亩，均值为 5.28；尉犁县种植户排第四，为 88 户，占疏勒县的 90.72%，分布在 1~22 亩，均值为 5.36；阿瓦提县和沙雅县均低于三县平均水平，分别占 73.83% 和 63.92%，均值为 4.48 亩和 5.27 亩。

被调查农户种植的玉米作物均为复播玉米，有 43.29% 的农户种植复播玉米，种植规模在 1~23 亩，均值为 4.88 亩，其中，莎车县种植户数较多，占莎车县的 44.34%，种植规模在 1~23 亩，均值为 5.16；尉犁县有 46 户农户种植复播玉米，占 47.42%，种植规模在 1~18 亩，均值为 4.98 亩；沙雅县种植规模较为集中，分布在 2~15 亩，占 43.81%，均值为 5.31 亩；阿瓦提县有 42.06% 的农户种植复播玉米，均值为 4.31 亩；于田县有 31.18% 的农户种植复播玉米，均值为 5.13 亩。

2008 年以后，环塔里木盆地地区逐渐扩大林果套种的规模，果棉和果粮套种占比较高，且以果面套种为主，分别占 42.28% 和 28.04%，种植规模分布在 0.8~40 亩和 1~30 亩，样本均值为 7.57 亩和 5.36 亩。其中阿瓦提县的果棉套种所占比重较高，且种植规模较为集中，有 46.73% 的农户种植，样本分布在 1~16.4 亩，均值为 6.22 亩；而沙雅县种植规模均值较大为 9.2 亩。在果粮套种中，于田县、莎车县和阿瓦提县的种植户数较多，分别占 28.9%、28.96% 和 28.04%，且莎车县种植规模均值最大为 9.49 亩。此外，六县有 110 户农户种植林果，占样本总体的 9.98%，分布在 0.5~22 亩，均值为 4.17 亩，其中莎车县样本占比最高为 17.19%，阿瓦提县种植规模均值最大为 7.04 亩，莎车县种植规模较为集中，分布在 0.5~6 亩。林果的主要品种有苹果、红枣、核桃、杏、瓜、巴旦木等，三县种植品种略有不同，沙雅县主要以红枣、核桃和苹果为主，阿瓦提县以红枣、核桃和瓜为主，而莎车县以核桃、杏和巴旦木为主。

设施农业和其他作物的种植较少，仅占1.07%和3.36%，其中莎车县设施农业和其他作物种植最多，分别占4.98%和15.84%，沙雅县其他作物种植规模均值最大为10.93亩，其中，其他作物种类主要包括韭菜、菠菜、红花、黄豆、色素辣椒、万寿菊等。

表8-8 调查农户农作物种植种类及规模

统计项目	样本量	占比/%	最大值	最小值	均值	标准差
棉花合计	1 057	95.94	200	0.6	15.21	16.39
沙雅县	194	100	200	1.2	23.56	24.26
莎车县	203	91.86	200	0.6	7.39	14.66
阿瓦提县	212	99.07	110	3	13.8	11.69
于田县	253	96.2	150	2	15.64	16.67
尉犁县	92	94.85	100	1	14.38	13.65
疏勒县	103	93.64	120	2	16.46	17.43
小麦合计	899	78.93	26	1	5.32	3.65
沙雅县	124	63.92	15	1	5.27	2.92
莎车县	204	92.31	20	1	7.1	4.09
阿瓦提县	158	73.83	18	1	4.48	2.53
于田县	223	60.08	26	1	4.42	3.46
尉犁县	88	90.72	22	1	5.36	4.67
疏勒县	102	92.72	19	1	5.28	4.23
玉米合计	457	43.29	23	1	4.88	3.25
沙雅县	85	43.81	15	2	5.31	2.63
莎车县	98	44.34	23	1	5.16	3.29
阿瓦提县	90	42.06	18	1	4.31	2.74
于田县	82	31.18	22	2	5.13	3.42
尉犁县	46	47.42	18	1	4.98	4.25
疏勒县	56	50.91	16	1	4.36	3.18
林果合计	110	9.98	22	0.5	4.17	3.64
沙雅县	14	7.22	9	1.5	3.89	1.9

表8-8(续)

统计项目	样本量	占比/%	最大值	最小值	均值	标准差
莎车县	38	17.19	6	0.5	1.88	1.31
阿瓦提县	14	6.54	22	2	7.04	5.2
于田县	23	8.75	5	1	4.52	5.21
尉犁县	9	9.28	8	1	3.35	4.42
疏勒县	12	10.91	12	1	4.31	3.78
果棉合计	463	42.28	40	0.8	7.57	4.75
沙雅县	78	40.21	28	1.5	9.20	6.16
莎车县	89	40.27	40	0.8	8.40	7.21
阿瓦提县	100	46.73	16.4	1	6.22	3.8
于田县	102	38.78	16	2	7.42	3.65
尉犁县	43	44.33	12	1	6.48	4.23
疏勒县	51	43.36	8	1	7.72	3.42
果粮合计	306	28.04	30	1	5.36	3.59
沙雅县	43	22.16	14	1	5.43	3.14
莎车县	64	28.96	30	2	9.49	4.74
阿瓦提县	60	28.04	16	1	4.13	2.54
于田县	76	28.90	30	2	4.65	4.43
尉犁县	24	24.74	25	1	4.89	3.45
疏勒县	39	35.45	18	1	3.56	3.24
设施农业合计	13	1.07	15	0.7	1.64	0.69
沙雅县	0	0	0	0	0	0
莎车县	11	4.98	15	0.7	3.85	4.13
阿瓦提县	0	0	0	0	0.00	0
于田县	1	0.38	3	0	3.00	0
尉犁县	1	1.03	3	0	3.00	0
疏勒县	0	0	0	0	0.00	0
其他作物合计	42	3.36	16	3.8	5.28	1.52

表8-8(续)

统计项目	样本量	占比/%	最大值	最小值	均值	标准差
沙雅县	3	1.55	15	3.8	10.93	6.2
莎车县	35	15.84	16	1	3.76	2.94
阿瓦提县	1	0.47	5	0	5.00	0
于田县	1	0.38	4	0	4.00	0
尉犁县	1	1.03	6	0	6.00	0
疏勒县	1	0.91	2	0	2.00	0

8.4.2 选择种植结构的原因

被调查农户选择目前种植结构的原因包括稳定收入、劳动力受限、政府政策导向、自身耕作习惯、土壤质量、自然条件、同地块要求统一等。由于稳定收入、自身耕作习惯、政府政策导向、土壤质量和劳动力数量限制而选择目前的种植结构的农户，分别占样本总体的72.716%、65.22%、57.07%、56.73%和52.72%；其次是当地自然条件和同地块要求统一，分别占42.35%和34.16%，其他因素主要指的是水资源限制和当地政策的三高产田分配。六县选择种植结构的原因各有不同，沙雅县主要是因为稳定自身收入、耕作习惯和政府政策导向，分别占73.71%、65.22%和40.21%；莎车县主要是由于政府政策导向、耕作习惯和土壤质量，分别占51.58%、49.77%和47.51%；阿瓦提县主要是由于稳定收入、政策导线和土壤质量，分别占64.49%、50%和49.53%；于田县主要是耕作习惯、稳定收入和土壤质量条件，分别占88.21%、77.19%和76.81%；尉犁县主要是稳定收入、同地块要求统一和耕作习惯，分别占89.69%、80.41%和78.35%；疏勒县主要是劳动力受限、稳定收入和自然条件，分别占91.82%、89.09%和88.18%（见表8-9）。

表8-9 调查农户选择种植结构的原因

统计项目	合计		沙雅县		莎车县		阿瓦提县	
	样本量	占比/%	样本量	占比/%	样本量	占比/%	样本量	占比/%
稳定收入	762	72.71	143	73.71	93	42.08	138	64.49
劳动力受限	559	52.72	66	34.02	69	31.22	82	38.32
政策导向	579	57.07	78	40.21	114	51.58	107	50
耕作习惯	695	65.22	83	42.78	110	49.77	100	46.73

表8-9(续)

统计项目	合计		沙雅县		莎车县		阿瓦提县	
	样本量	占比/%	样本量	占比/%	样本量	占比/%	样本量	占比/%
土壤质量	613	56.73	59	30.41	105	47.51	106	49.53
自然条件	417	42.35	66	34.02	47	21.27	30	14.02
同地块统一	275	34.16	5	2.58	34	15.38	30	14.02
其他因素	9	0.91	1	0.52	3	1.36	0	0

统计项目	于田县		尉犁县		疏勒县			
	样本量	占比/%	样本量	占比/%	样本量	占比/%		
稳定收入	203	77.19	87	89.69	98	89.09		
劳动力受限	196	74.52	45	46.39	101	91.82		
政策导向	119	45.25	74	76.29	87	79.09		
耕作习惯	232	88.21	76	78.35	94	85.45		
土壤质量	202	76.81	65	67.01	76	69.09		
自然条件	132	50.19	45	46.39	97	88.18		
同地块统一	45	17.11	78	80.41	83	75.45		
其他因素	2	0.76	1	1.03	2	1.82		

8.4.3 理想的种植结构

未来农户希望种植经济作物和大田作物，884户农户选择种植经济作物，占73.04%；703户农户选择种植大田作物，占60.59%，主要是由于经济作物的比较收益较高。此外，还有部分农户选择种植林果和套种，分别占29.12%和22.62%，选择设施农业的农户较少，仅为3.67%。其中，六县均会选择经济作物、大田作物、林果和套种，所占比重各有不同，沙雅县分别占91.75%、45.88%、31.44%和24.23%；莎车县分别占90.5%、83.26%、32.58%和21.72%；阿瓦提县分别占89.72%、59.81%、24.3%和16.36%；于田县分别占88.21%、75.29%、20.53%和23.95%；尉犁县分别占29.9%、40.21%、26.8%和18.56%，疏勒县占48.18%、59.09%、39.09%和30.91%（见表8-10）。

表 8-10　调查农户理想种植结构

统计项目	合计		沙雅县		莎车县		阿瓦提县	
	样本量	占比/%	样本量	占比/%	样本量	占比/%	样本量	占比/%
大田作物	703	60.59	89	45.88	184	83.26	128	59.81
经济作物	884	73.04	178	91.75	200	90.5	192	89.72
林果	308	29.12	61	31.44	72	32.58	52	24.3
套种	245	22.62	47	24.23	48	21.72	35	16.36
设施农业	32	3.67	2	1.03	4	1.81	3	1.4
其他	7	0.73	1	0.52	0	0	3	1.4

统计项目	于田县		尉犁县		疏勒县	
	样本量	占比/%	样本量	占比/%	样本量	占比/%
大田作物	198	75.29	39	40.21	65	59.09
经济作物	232	88.21	29	29.90	53	48.18
林果	54	20.53	26	26.80	43	39.09
套种	63	23.95	18	18.56	34	30.91
设施农业	8	3.04	9	9.28	6	5.45
其他	1	0.38	2	2.06	0	0.00

8.5　促进南疆地区农户绿色发展行为决策计量模型分析

8.5.1　模型介绍

回归分析是通过试验和观测来寻找变量之间的关系的一种统计分析方法，它的理论比较成熟，而且应用十分广泛。回归分析的主要目的是了解自变量和因变量之间的关系，如果自变量为多个时，属于多元回归分析。当因变量为定性变量时，可采用的方法有：Probit 模型、Logit 模型、Heckman 模型、Tobit 模型、Double-Hurdle 模型和对数线性模型等。

Logistic 模型是一个概率模型，且在区别分析群体不符合常态分配假设时，Logistic 是一个很好的替代方法，Logistic 模型用来预测事件发生的概率，能有效地将概率值域限定在［0，1］的合理范围内，上限 P=1 和下限 P=0 都是水平渐近线，实际上无论参数和自变量如何变化，函数值都不会达到上限点和下限点，而自变量 x 可以是连续变量或分类变量，其值域也没有任何限制。

设因变量为 y，取值为 1 表示该事件发生，取值为 0 表示该事件没有发生；影响 y 的 m 个自变量分别记为 x_1，x_2，$\cdots$，x_m。

记事件发生的条件概率为，可以得到如下的回归模型

$$P_i = \frac{1}{1 + e^{-(\alpha + \sum\limits_{i=1}^{m} \beta X_i)}} = -\frac{e^{\alpha + \sum\limits_{i=1}^{m} \beta X_i}}{1 + e^{\alpha + \sum\limits_{i=1}^{m} \beta X_i}} , \ 1 - P_i = 1 - \frac{e^{\alpha + \sum\limits_{i=1}^{m} \beta X_i}}{1 + e^{\alpha + \sum\limits_{i=1}^{m} \beta X_i}} = \frac{1}{1 + e^{\alpha + \sum\limits_{i=1}^{m} \beta X_i}}$$

其中，P_i 表示第 i 个被观测事件会发生的概率，$1-P_i$ 表示在第 i 个被观测事件没有发生的概率，它们都是自由变量 x_i 构成的非线性函数。

事件会发生与没有发生的概率之比 $P_i/（1-P_i）$ 被称之为事件的发生比，其一定为正值（因为 $0<P_i<1$），并且没有上界，对事件的发生比做自然对数变换，就能得到 Logistic 回归模型的线性模式：

$$\ln(\frac{P_i}{1 - P_i}) = \alpha + \sum_{i=1}^{m} \beta X_i + \varepsilon$$

其中，P 为事件发生的概率，α 为模型的截距项，β 为待估计的参数，X 为解释变量，ε 为随机扰动。

8.5.2 模型检验

Logistic 回归方程采用最大似然法（MLE）来求参数值，回归方程式的整体检验式通过似然值（Likelihood），这一概似值是一种概率，这个函数值处于（0，1）。当对这个函数值取自然对数后，其对数值是负数，SPSS 通常会对似然值先取自然对数再乘以-2，以进行分析。在 SPSS 输出中，将此指数标志为"-2 Log Likelihood"（可缩写为-2LL），最终将总模型的似然比检验结果与只含常数项的初始模型相比，-2LL 的值会有所下降，似然比卡方检验的 P 值小于 0.05 的显著水平，说明模型整体是显著的。

此外，模型拟合优度检验中，对于确定系数 Cox & Snell R Square 和调整的确定系数 Nagelkerke R Square 的检验，两值均小于 1，其中 R 方的值越接近于 1，表明模型拟合效果越好，即模型估计结果拟合了数据。

以下模型估计部分，不再重复介绍该模型的使用方法，只简单描述解释变量和被解释变量包含的部分。

8.5.3 模型估计

8.5.3.1 南疆地区农业绿色发展的主体行为特征

8.5.3.1.1 化肥施用行为特征

模型中因变量和自变量的选择要注意如下内容。

模型中的被解释变量——农户化肥施用量（Y_1），判断施肥量是否过多的参考标准包括 2 个，分别是化肥说明书上的施用量是否合适和化肥施用量是否超过施用说明书标准量，且这 2 个指标受联动影响，即 $Y_1 = y_1 * y_2$。当 y_1 和 y_2 均不为 0 时，即 $Y = 1$，表示农户化肥施用量"多"；当 y_1 和 y_2 至少有一个为 0 时，即 $Y = 0$，表示农户化肥施用量"少"。

模型中的解释变量包括户主、性别、年龄、文化程度、务农时间、纯农人口占比、种植规模、选择化肥使用量的信息渠道、化肥施用量变化、施肥量依据、不施肥是否会减产、化肥利用率认知、影响化肥利用率原因、有机肥的好处、测土配方肥的使用、化肥带来的环境影响、对绿色发展的态度、自食农作物化肥施用量、对化肥绿色补贴的态度、对化肥价格的认知、生态补偿的接受能力（见表 8-11）。

表 8-11　化肥施用行为特征模型估计结果

模型变量	偏回归系数	标准误	沃尔德	系数显著	B 指数	方向
model variable	B	S. E.	Wald	sig.	Exp（B）	正/负
常量（Constant）	2.048**	1.031	3.943	0.047	7.754	
年龄	0.054***	0.014	15.339	0.000	0.947	正
文化程度	−0.126*	0.128	2.968	0.065	0.882	负
务农时间	0.055***	0.014	14.889	0.000	1.056	正
纯农人口占比	0.047***	0.017	7.653	0.006	0.954	正
种植规模	−0.003*	0.005	2.601	0.075	1.000	负
农技培训	−0.185*	0.212	2.459	0.084	1.203	负
化肥利用率认知	−1.146***	0.207	30.496	0.000	3.144	负
土壤质量变化	0.226**	0.104	4.676	0.031	1.253	正
施肥带来农业污染	−1.064***	0.246	18.686	0.000	2.899	负

表8-11(续)

模型变量	偏回归系数	标准误	沃尔德	系数显著	B指数	方向
model variable	B	S. E.	Wald	sig.	Exp (B)	正/负
过量施肥负面影响态度	0.207*	0.212	2.553	0.069	0.813	正
化肥价格变化认知	0.133*	0.134	2.994	0.059	1.143	正
了解化肥信息途径	0.472***	0.091	26.694	0.000	0.624	正
农技培训	-1.710***	0.409	17.450	0.000	0.181	负
施肥一定增产	0.054***	0.014	15.339	0.000	0.947	正
Cox & Snell R Square					0.147	
Nagelkerke R Square					0.232	
(-2Log Likelihood) Itercept Only					830.889	
(-2Log Likelihood) Final					795.254	
sig.					0.000	

注：①资料来源：南疆地区农户调查数据计算整理所得。

②*、**、*** 分别表示在10%、5%和1%的水平下显著，以下均同。

运用SPSS22.0统计软件中的二元Logistic回归分析，采用向后逐步筛选法，进行Wald统计量检验。Wald统计量的概率值越大，表明该解释变量对回归方程的贡献度越大。根据Wald值多次拟合回归方程，直至各检验都通过，且回归方程中大部分变量显著为止。

在模型检验中，将总模型的似然比检验结果为830.889与只含常数项的初始模型为795.254相比，-2LL的值会有所下降，似然比卡方检验的P值为0.000，小于0.05的显著水平，说明模型整体是显著的。模型拟合优度检验中，确定系数Cox & Snell R Square为0.147，调整的确定系数Nagelkerke R Square为0.232，表明模型拟合效果较好。

根据模型估计结果，共有14个变量对被调查农户施肥量具有一定的影响，且能通过显著性检验，其中包括个体特征变量5个和行为特征变量9个，有3个影响因素的系数绝对值超过1，影响程度大；11个影响因素的系数绝对值在0~1，影响程度较大。其中，被调查农户对化肥利用率的认知、农业带来的农业污染、农技培训对农户施肥量的影响程度大；而除了年龄、务农时间、纯农人口占比、农机培训、土壤质量变化、过量施肥负面影响的态度、化肥价格变化认知、了解化肥信息途径、施肥一定增产外，均为负向影响。

年龄较大的农户倾向于多施肥。年龄在46~55岁的估计系数为正数，在1%的水平上显著，回归系数为0.054，可能是由于农户年龄越大，施肥信息接受能力可能较差，思想更可能趋于保守，对采纳施肥新技术的可能性较低，农户会采用持续增施肥来达到高产的目的。

文化程度较高的农户施肥量低。农户作为化肥施用的主要决策者，文化程度将直接影响施肥量的选择，使施肥量产生较大程度的差异。高中文化程度的估计系数为负数，在10%的水平上显著，回归系数为-0.126，这说明高中以上文化程度的农户会少施肥，这可能是由于南疆地区以少数民族人口居多，占总人口的84.1%，农户汉语水平不高，而在当地销售的化肥等农资产品说明书中，有关化肥施用量、施用时间、施用次数等信息70%以上是用汉语标注，而绝大多数的少数民族农户不能理解化肥使用说明书，而无法进行科学施肥，认为多施肥就能增产，导致多施肥的农户行为。

务农时间长的农户施肥量多。务农时间在31~40年的估计系数为正数，在1%的水平上显著，回归系数为0.055，可能是因为农户务农时间越长，受惯性行为和历史观念的影响，越倾向于多施肥。此外，随着化肥施用量的逐年增加，次生盐渍化等问题显现，农户出于"多施肥来提高农作物产出"的心理预期，导致化肥施用量增加。

纯农人口占比高的农户家庭施肥量低。纯农人口在家庭人口总数中占比51%~75%的估计系数为正数，在1%的水平上显著，回归系数为0.047，可能是由于塔里木河流域以农业为支柱产业，而被调查的农户家庭收入的主要来源以农业收入为主，纯农人口占比越高的农户家庭，为了获取更高的农业收益，会在生产过程中采用现代农业技术，更科学地施用化肥来提高农作物产量和效益，倾向于少施肥。

种植规模大的农户施肥量低。农户拥有的土地面积在31~40亩的估计系数为负数，在10%的水平上显著，回归系数为-0.003，这可能是受传统厂商理论的成本最小化及主观行为的影响，化肥施用量的增加受农户经济条件的限制，随着农户种植规模的扩大，产生规模经济效益，相对于种植规模较小的农户而言，种植规模大的农户可以降低单位面积上投入的化肥等农资产品及管理成本，能够以更低单位投入成本获得同等的农作物单产，达到农作物增产增收的目的。

想要参加农技培训的农户会减少施肥量。想要参加农技培训的估计系数为负数，在10%的水平上显著，回归系数为-0.185，这说明参加农技培训会对施肥行为产生负向影响，意味着参加过农技培训的农户了解过量施肥对农作物会产生一定的负向影响，并会在施肥过程中降低单一元素化肥施用量。根据土地报酬递减规律，当农户施用的化肥量达到最大值后，土地的报酬会随着化肥施用量的增多而降低，故农技培训会对化肥施用量产生负向影响，而在南疆地区农户的实际耕种中，一半以上的农户并不了解其中的形成机制，在施肥行为过程中仍坚信增加施肥能带来高产。

了解化肥利用率的农户倾向于少施肥。化肥利用率认知的估计系数为负数，在1%的水平上显著，回归系数为-1.146，这说明农户对化肥利用率的了解程度越高，越关注农作物化肥吸收率，从而提高化肥施用技术效率。根据土地报酬递减规律，化肥施入农田后并不是全部的养分都能被农作物所吸收利用，一部分由于挥发、淋失、固定转化成为不可利用的状态，而影响化肥利用率的因素有很多，如化肥的品种、土壤质量、栽培技术、施肥量、施肥方法、施肥时间等。因此，农户对化肥利用率现状的了解程度越高，化肥施用量越少。

土壤质量降低会使农户多施肥。土壤质量下降（quality1）的估计系数为正数，在5%的水平上显著，回归系数为0.226，这可能是因为农户对化肥施用并没有科学的认识，从主观角度认为增加化肥施用量能解决土壤质量下降的问题。

认识到过量施肥会带来农业污染的农户倾向于少施肥。过量施用化肥作为农业非点源污染重要的来源，对农产品产量、农作物效益以及农业可持续发展具有一定程度的影响。化肥施用带来农业污染（pollution）的估计系数为负数，在1%的水平上显著，回归系数为-1.064，这说明通过各级部门的宣传，提高农户对农业污染的认知程度有助于让农户认识持续增施肥并不能带来农作物产量的提高，反而会带来农业污染等环境问题。

不了解施肥带来的农业污染，农户会增加施肥量。通常认为，人在做出某种决策前都是先形成对某事项的认知和态度，然后在此态度的影响下做出决策。化肥施用会给大气、农产品质量、土壤、地下水、人体健康等方面带来许多不利的影响，而农户对于这些方面的了解程度越深，越会减少施肥。不关心过量施肥所带来的负面影响的估计系数为正数，在10%的水平上显著，回归系数为0.207，这说明农户在做出施肥决策之前，对施肥所带来的负面影响了解越多，越会相对减少化肥施用量。

接受化肥价格涨幅的农户施肥量大。认为化肥价格涨幅较快但可以接受的估计系数为正数，在1%的水平上显著，回归系数为0.134，化肥作为农业生产中重要的物质资料，其施用量必然受到价格因素的影响。按照需求理论，某种产品的消费量受到其替代品价格的影响，如果氮肥价格上涨，会对农户在农作物上的氮肥的施用量有影响，农户会倾向于购买除氮肥外的其他品种肥料（如有机肥、农家肥等）作为氮肥的替代品，农户降低施肥量的可能性将会提高。

农户会通过电视广告宣传形成个人习惯来判断施肥量。被调查农户了解化肥信息途径中"电视广告宣传"的估计系数为正数，在1%的水平上显著，回归系数为0.472。电视广告宣传作为重要的农资信息获取途径会对农户确定施肥量和施肥结构产生重要的影响，大多数农户所处的农村环境属于半封闭的状态，信息获取不畅是制约农户合理施肥的主要原因之一，农户施肥信息不畅主要包括农户所需的施肥技术信息传入不畅和农户要销售的农产品信息传出不畅。而"电视广告"作为重要的信息传入媒介，会对农户个人施肥决策的形成起到促进作用。

参加过农技培训的农户会减少施肥量。参加农技培训的估计系数为负数，在1%的水平上显著，回归系数为−1.710，农技培训已经成为农户获得化肥施用等农业科学生产知识的重要途径，通过农技培训，农户可获得更多科学施肥方面的信息，掌握更科学合理的施肥方法，主要包括施肥时间、施肥方式、施肥结构等，农户可以根据农作物自身情况更合理的施肥，发挥化肥增产增收的作用，有利于化肥施用技术的提高。

认为施肥一定增产的农户会依靠个人习惯判断施肥量。认为施肥一定能增产（increase）的估计系数为正数，在1%的水平上显著，回归系数为0.054。施肥作为改良土壤结构、提高作物产量、保持土壤肥力的重要农业措施，在很长一段时间以来的确对农业发展起到了举足轻重的作用，但伴随着持续增施单一品种化肥现象的出现，化肥施用的边际效益在逐渐下降，而这种"施肥增产"的错误观念在广大农户心中已根深蒂固。必须引导农户合理施肥，改善光和性能和土壤条件，才能达到持续增产的最优配置。

8.5.3.1.2 农药使用行为特征

模型中因变量和自变量的选择中要注意如下内容。

模型中的被解释变量——农药使用量（Y_1），主要判断农药使用量是否合理的参考标准包括2个，分别是是否按标签使用农药和不按标签的实际使用量，这2个指标受联动影响，即$Y_1 = y_1 * y_2$。当y_1和y_2均不为0时，即$Y=1$，表示地膜施用量"合理";当 y_1 和 y_2 至少有一个为 0 时,即 Y=0,表示农户地膜使用量"不合理"。

模型中的解释变量包括户主、性别、年龄、文化程度、务农时间、纯农人口占比、种植规模、农药说明书的理解、农药的信息获取途径、农药毒性的认知、存放农药的方式、处理剩余农药的方式、低毒防治病虫害的认知、农药宣传培训、农药农技培训、农药产生的环境污染问题、绿色发展的态度、自食农作物的农药量、农药生态补偿的支付能力(见表 8-12)。

表 8-12 农药使用行为特征模型估计结果

模型变量	偏回归系数	标准误	沃尔德	系数显著	B 指数	方向
model variable	B	S. E.	Wald	sig.	Exp (B)	正/负
常量(Constant)	−1.559***	0.484	10.385	0.001	0.210	
文化程度(education)	−0.025*	0.132	3.936	0.051	0.975	负
务农时间(time)	−0.006**	0.007	3.998	0.048	0.994	负
农技培训(train)	−0.593***	0.211	7.874	0.005	0.553	负
能否看懂说明书	−0.407*	0.244	2.797	0.094	1.503	负
农药防护措施	−0.323*	0.318	3.229	0.060	0.724	负
生物防治病虫害	−0.050*	0.194	2.267	0.096	0.951	负
安全用药宣传	−0.881***	0.223	15.582	0.000	2.414	负
农药带来环境问题(大气)	−0.427**	0.203	4.412	0.036	1.533	负
自食品农药投入量	0.008*	0.002	3.504	0.061	1.000	正
Cox & Snell R Square				0.160		
Nagelkerke R Square				0.106		
(−2Log Likelihood) Itercept Only				919.488		
(−2Log Likelihood) Final				851.062		
sig.				0.000		

运用 SPSS22.0 统计软件中的二元 Logistic 回归分析,采用向后逐步筛选

法，进行 Wald 统计量检验。Wald 统计量的概率值越大，表明该解释变量对回归方程的贡献度越大。根据 Wald 值多次拟合回归方程，直至各检验都通过，且回归方程中大部分变量显著为止。

在模型检验中，将总模型的似然比检验结果为 919.488 与只含常数项的初始模型为 851.062 相比，−2LL 的值会有所下降，似然比卡方检验的 P 值为 0.000，小于 0.05 的显著水平，说明模型整体是显著的。模型拟合优度检验中，确定系数 Cox & Snell R Square 为 0.160，调整的确定系数 Nagelkerke R Square 为 0.106，表明模型拟合效果较好。

根据模型估计结果，共有 9 个变量对被调查农户农药使用量具有一定的影响，且能通过显著性检验，其中包括个体特征变量 2 个和行为特征变量 7 个，9 个影响因素的系数绝对值在 0~1。其中，除被调查农户的农药投入量外，均为负向影响。

文化程度越低的农户农药使用方式越不合理。文化程度是初中以下的估计系数为负数，在 10% 的水平上显著，回归系数为 −0.025。文化程度较低的农户可能因为语言的限制、信息获取渠道的单一等并不会按照农药使用标签使用农药，调研中发现很多年龄较大的农户根本读不懂农药使用说明书上的内容，仅凭借自身的感觉去用药。

务农时间短的农户农药使用不合理。务农时间在 10 年以下的估计系数为负数，在 5% 的水平上显著，回归系数为 −0.006。由于农户生产经营时间尚短，对农作物的种植过程、生长阶段等诸多问题一知半解，依据个人的习惯来使用农药，这样不利于农作物的生长，更不利于农业绿色发展。

不参加农药农技培训的农户不会合理使用农药。未参加过农业技术培训的农户的估计系数为负数，在 5% 的水平上显著，回归系数为 −0.593。政府在农药农业技术培训的时候会告知大家关于农药的配比、农药的使用量、农药正确的喷施方式、高毒农药的识别等方面的知识，有些农户对于这些知识并不是很感兴趣，只是较为关注如何能提高农业出产效益，南疆地区应该加大对农户的农药农技方面的培训。

看懂农药说明书的农户会少使用农药。看懂农药说明书的估计系数为负数，在 10% 的水平下显著，回归系数为 −0.407。农药说明书包含农作物用药阶段、用药方式、用药时间、用药配比等方面的内容，需要农户具有一定的文化水平才能充分理解农药说明书的内容，看懂农药说明书的农户从一般情况来说，获取农药相关信息的途径会更多，会更加注重生物农药、绿色农药的使用。

不做农药防护措施的农户倾向于不合理使用农药。不做农药防护措施的估计系数为负数，在10%的水平下显著，回归系数为-0.323。农药的防护措施包括防护衣、防护手套、防护眼镜、防护口罩和防护胶鞋等，在农药使用的过程中，很多农户不会做防护措施或仅做一两项防护措施，这种农药使用行为都是不正确的，应该加以阻止或训诫，因为农药会对身体健康、大气、水体、环境等诸多方面产生影响。

对生物病虫害防治措施了解程度低的农户容易不合理使用农药。对生物病虫害防治措施了解程度低的系数是负数，在10%的水平下显著，回归系数为-0.05。生物病虫害防治手段包括利用鸟、赤眼蜂、微生物、诱导剂等，生物防治病虫害以其无污染、绿色的特点得到了广大农业生产经营者的认可，而在实际的农药使用中，通过生物方式来防治病虫害，才能实现农业的绿色发展。

安全用药宣传推广是农药使用技术推广的重要形式。没参加过安全用药宣传的系数是负数，在1%的水平下显著，回归系数为-0.881。宣传推广是农技传播的一个重要手段，在农业生产经营活动中，应该依靠安全用药宣传来提高农药使用的合理率。

认识到农药使用会带来大气污染的农户并不能合理施肥。认识到农药使用会带来大气污染的系数是负数，在5%的水平下显著，回归系数为-0.427。农药使用会给大气、水体、土壤、身体健康等带来多方面的不利影响，但农户只关心自己的切身利益，虽然知道农药使用会带来大气方面的污染，但是并不会规范自身的行为，仍旧采取原来的农药使用方式来获取更多的利益。

认识到自食品农药的危害的农户会合理规范农药使用行为。认识到自食品农药的危害的系数为正数，在10%的水平下显著，回归系数为0.008。这说明农户会比较关心自身的身体健康，知道农药使用将会影响农产品的质量安全，在自食品上会降低农药的使用量，这说明农药对绿色发展的影响，只有让农户深入其中，放在政策运行体系中，切身感受，才能合理规范其行为。

8.5.3.1.3　地膜使用行为特征

模型中因变量和自变量的选择中要注意如下内容。

模型中的被解释变量——地膜施用量（Y_1），主要判断地膜使用量是否合理的参考标准包括2个，分别是对地膜污染的认知和是否处理地膜，并且这2个指标受联动影响，即$Y_1 = y_1 * y_2$。当y_1和y_2均不为0时，即$Y=1$，表示地膜施用量"合理"；当y_1和y_2至少有一个为0时，即$Y=0$，表示农户地膜使用量"不合理"。

模型中的解释变量包括户主、性别、年龄、文化程度、务农时间、纯农人口占比、种植规模、地膜污染的了解途径、地膜污染的认知时间、地膜处理方式、地膜带来的环境污染、绿色发展的态度、征税后地膜的使用量、地膜污染宣传手段（见表8-13）。

表8-13　地膜使用行为特征模型估计结果

模型变量	偏回归系数	标准误	沃尔德	系数显著	B指数	方向
model variable	B	S. E.	Wald	sig.	Exp（B）	正/负
常量（Constant）	−0.724*	0.644	3.266	0.061	0.485	
性别	0.343**	0.285	5.442	0.030	1.409	正
年龄	0.023***	0.007	10.361	0.001	1.023	正
文化程度越低	−0.116*	0.132	3.173	0.079	0.890	负
纯农占比	−0.018**	0.231	4.906	0.039	0.983	负
填埋方式处理地膜	−1.559***	0.484	10.385	0.001	0.210	负
接受农技培训	0.261*	0.191	3.469	0.072	1.298	正
地膜对环境的危害	0.744***	0.210	12.556	0.000	2.104	正
地膜对绿色发展影响	0.023*	0.388	3.924	0.052	1.024	正
地膜污染治理手段	0.323*	0.318	3.229	0.060	0.724	正
Cox & Snell R Square			0.148			
Nagelkerke R Square			0.248			
(−2Log Likelihood) Itercept Only			956.516			
(−2Log Likelihood) Final			787.655			
sig.			0.000			

该模型估计运用SPSS22.0统计软件中的二元Logistic回归分析，采用向后逐步筛选法，进行Wald统计量检验。Wald统计量的概率值越大，表明该解释变量对回归方程的贡献度越大。根据Wald值多次拟合回归方程，直至各检验都通过，且回归方程中大部分变量显著为止。

在模型检验中，将总模型的似然比检验结果为956.516与只含常数项的初始模型为787.655相比，-2LL的值会有所下降，似然比卡方检验的P值为0.000，小于0.05的显著水平，说明模型整体是显著的。模型拟合优度检验中，确定系数Cox & Snell R Square为0.148，调整的确定系数Nagelkerke R Square为0.248，表明模型拟合效果较好。

根据模型估计结果，共有9个变量对被调查农户农药使用量具有一定的影响，且能通过显著性检验，其中包括个体特征变量2个和行为特征变量7个，9个影响因素的系数绝对值在0~1，影响程度较大。其中，除被调查农户的农药投入量外，均为负向影响。

女性农户对地膜使用的认知程度高。性别是女性的农户系数为正数，在5%的水平下显著，回归系数为0.343。女性农户更喜欢通过多种渠道关心白色污染，在南疆地区的很多农户家庭，女性是家里的主要劳动力，负责农业生产经营活动，在农业生产经营中了解到地膜使用的很多危害，会更倾向于农业绿色发展。

年轻农户对地膜污染认知程度高。年龄在30岁以下的农户系数为正数，在10%的水平下显著，回归系数为0.023。年轻的农户获取信息的途径会更加多元，可以通过抖音、微博、微信等渠道了解地膜所产生的环境污染，且能影响到农作物的生长，在使用地膜的过程中会规范其行为，实现农业绿色发展。

文化程度在小学以下的农户地膜污染认知程度低。文化程度在小学以下的农户系数为负数，在1%的水平下显著，回归系数为-0.116。文化程度作为农技培训的一个重要基础，文化程度的高低将直接影响到厚地膜、可降解膜等绿色技术的推广。

纯农占比小的农户地膜污染认识程度高。纯农占比低的农户家庭系数为负数，在5%的水平下显著，回归系数为-0.018。农户家庭农兼非、非农人数的占比较高，可以从其他企业获取更多的信息，了解到地膜污染的信息，从而降低地膜的使用。

填埋方式处理地膜会降低地膜使用合理性。填埋方式处理地膜系数为负数，在5%的水平下显著，回归系数为-1.559。地膜的处理方式包括人工捡膜、机械捡膜、填埋、烧掉、交由统一处理等，在农业生产经营活动中应该倡导机械捡膜和人工捡膜相结合，将地膜送去地膜回收企业，堆放会造成地膜的二次污染，填埋的方式会造成农作物根系溃烂，不适合农作物的生产。

接受过农技培训的农户会更了解地膜污染。接受农技培训的农户系数为正数，在10%的水平下显著，回归系数为0.261。农户参加农技培训可以学习到科学使用地膜的方法，了解地膜对农业环境的危害，更能认识到残膜回收的重要意义。

了解地膜对环境危害的农户会规范地膜使用行为。了解地膜对环境危害的系数为正数，在1%的水平下显著，回归系数为0.744。地膜使用会对大气、水体、土壤、身体健康等造成诸多方面的危害，在了解地膜对环境危害的基础上，才能有效理解农业绿色发展。

了解地膜对绿色发展的影响的农户会规范地膜使用行为。了解地膜对绿色发展的影响的系数为正数，在10%的水平下显著，回归系数为0.023。地膜会对农业绿色发展带来一定的危害，在农业经营主体行为的规范过程中，要加强农业经营主体对绿色发展的认知。

9）加强地膜污染方面的宣传可以提高地膜的认知。加强地膜污染宣传的系数为正数，在10%的水平下显著，回归系数为0.323。宣传农业污染的三大污染源是降低地膜污染的重要手段，只有先了解污染，才能深层次的了解地膜污染，提升农业绿色发展的行为。

8.5.3.2 南疆地区绿色发展的农户认知、意愿和实践

南疆地区绿色发展行为分别是三个阶段的模型估计，从农户的认知到意愿再到实践的发展。

8.5.3.2.1 南疆地区绿色发展的农户认知行为

模型中因变量和自变量的选择要注意如下内容。

模型中的被解释变量——农户绿色发展认知（Y_1），主要判断农户绿色发展认知水平是否合理的参考标准包括2个，分别是对绿色发展定义的认知和农业补贴政策的认知，且这2个指标受联动影响，即$Y_1 = y_1 * y_2$。当y_1和y_2均不为0时，即$Y = 1$，表示农户有绿色发展认知；当y_1和y_2至少有一个为0时，即$Y = 0$，表示农户没有绿色发展认知。

模型中的解释变量包括户主、性别、年龄、文化程度、务农时间、纯农人口占比、种植规模、种植结构选择、化肥施用的依据、化肥施用量变化、农作物施肥量的确定依据、有机肥的优势、测土配方肥的优势、地膜污染的认知时间、土壤污染问题、农业补贴政策的满意度、希望得到补贴类型、满意的农资销售方式、政府加大农资管理的方面、地膜征税的作用、农业污染的承担者（见表8-14）。

表 8-14　农户绿色发展认知行为模型估计结果

模型变量	偏回归系数	标准误	沃尔德	系数显著	B 指数	方向
model variable	B	S. E.	Wald	sig.	Exp（B）	正/负
常量（Constant）	0.557*	0.916	3.970	0.054	1.745	
年龄	-0.587***	0.208	7.966	0.005	0.556	负
文化程度	0.310*	0.175	3.256	0.076	0.733	正
务农时间	0.312*	0.300	2.381	0.098	0.732	正
种植规模	0.206*	0.114	3.274	0.070	0.814	正
种植结构为收入	-1.127***	0.304	13.699	0.000	3.086	负
农技培训	0.153*	0.119	2.365	0.097	0.858	正
信息获取从祖辈经验	-0.658**	0.263	6.229	0.013	1.930	负
化肥施用能增产	-0.101*	0.225	3.993	0.052	0.904	负
测土配方肥环境污染小	0.018**	0.008	4.599	0.032	1.018	正
了解农药毒性	0.057*	0.094	3.972	0.054	1.059	正
了解国家禁用农药	0.014*	0.008	2.939	0.086	0.986	正
秸秆燃烧不会影响环境	-0.043**	0.036	4.589	0.032	0.958	负
土壤质量没变	-0.016*	0.040	2.397	0.092	0.984	负
了解农业补贴从亲邻	-0.040**	0.048	6.316	0.011	0.961	负
农业污染的承担者是农资商	-0.081*	0.107	4.067	0.051	0.922	负
Cox & Snell R Square					0.571	
Nagelkerke R Square					0.762	
(-2Log Likelihood) Itercept Only					1 513.490	
(-2Log Likelihood) Final					1 449.205	
sig.					0.000	

该模型估计运用 SPSS22.0 统计软件中的二元 Logistic 回归分析，采用向后逐步筛选法，进行 Wald 统计量检验。Wald 统计量的概率值越大，表明该解释变量对回归方程的贡献度越大。根据 Wald 值多次拟合回归方程，直至各检验都通过，且回归方程中大部分变量显著为止。

在模型检验中，将总模型的似然比检验结果为 1 513.490 与只含常数项的初始模型为 1 449.205 相比，−2LL 的值会有所下降，似然比卡方检验的 P 值为 0.000，小于 0.05 的显著水平，说明模型整体是显著的。模型拟合优度检验中，确定系数 Cox & Snell R Square 为 0.571，调整的确定系数 Nagelkerke R Square 为 0.762，表明模型拟合效果较好。

根据模型估计结果，共有 15 个变量对被调查农户农药使用量具有一定的影响，且能通过显著性检验，其中包括个体特征变量 4 个和行为特征变量 11 个，14 个影响因素的系数绝对值在 0~1，影响程度较大。

年龄越大的农户对绿色发展认知程度越低。年龄在 41~50 岁的农户的系数为负数，在 1% 的水平下显著，回归系数为 −0.589。年龄大的农户，获取信息的渠道比较单一，对绿色发展这一新概念的了解程度不高，无法理解其深刻内涵，认知程度较低。

文化程度高的农户绿色发展认知程度高。文化程度在大中专技校以上的农户系数为正数，在 10% 的水平下显著，回归系数为 0.310。这说明文化程度高的农户愿意去了解绿色发展理念，想要通过绿色发展来降低农业环境的污染。

务农时间长的农户绿色发展认知程度高。务农时间在 30 年以上的农户的系数为正数，在 10% 的水平下显著，回归系数为 0.312。这说明务农时间越长，对农业周围生态环境的变化的了解程度越高，更愿意通过绿色发展的方式改变生态环境。

种植规模大的农户绿色发展认知程度高。种植规模在 50 亩以上的农户的系数为正数，在 10% 的水平下显著，回归系数为 0.206。这说明随着农业生产的规模化经营，更容易实现农业的绿色发展。

以保证农业收入为目的的种植无法认识绿色发展的重要性。选择目前种植结构的原因是为了保障稳定的收入的系数为负数，在 1% 的水平下显著，回归系数为 −1.127。这从一定程度上说明农户的短期利益行为将直接影响到绿色发展，把农业收入作为农业生产经营唯一目的的农户，只追求利益最大化。

参加过农技培训的农户绿色发展行为认知更强。参加过农技培训的系数是正数，在 10% 的水平下显著，回归系数为 0.153。农技培训是绿色发展的一个宣传推广的有效手段，在实际的农业生产经营活动中，应积极鼓励农户参加绿色发展的农技培训，不断地扩充知识。

从祖辈经验中获取信息的农户会降低绿色发展行为认知。从祖辈经验中获取信息的系数为负数，在5%的水平下显著，回归系数为-0.658。祖辈的经验的流传并不是一个很好的信息获得手段，因为农户的路径行为依赖可能会阻碍绿色发展的传播，甚至会影响几代人。

施肥增产的思想会降低绿色发展行为认知。施肥会增产的系数为负数，在10%的水平下显著，回归系数为-0.101。根据土地边际报酬递减规律，农作物的产出不会随着施肥量的持续增加而增加，而农户的这种错误认识会直接影响农业农村绿色发展。

认为测土配方肥环境污染小的农户绿色发展的认知更强。认为测土配方肥环境污染小的系数为正数，在5%的水平下显著，回归系数为0.018。测土配方肥是未来一段时间内农业施肥主推的方式，可根据农作物不同的发展阶段，配以不同的肥料，在降低化肥施用的同时，还能实现绿色发展。

了解农药毒性的农户绿色发展认知低。了解农药毒性的系数为正数，在10%的水平下显著，回归系数为0.057。了解农药有毒，在农药的使用过程中加强防护措施，尽可能使用生物农药，既可以减少对环境的污染，还有益于农户的身体健康。

认为秸秆燃烧不破坏环境的农户绿色发展认知低。秸秆燃烧不会影响环境的系数为负数，在5%的水平下显著，回归系数为-0.043。虽然秸秆燃烧会破坏生态环境，但有些农户为了省时省事，会在田间地头直接焚烧秸秆。

认知不到土壤质量变化的农户绿色发展认知低。土壤质量没变化的系数是负数，在10%的水平下显著，回归系数为-0.016。对土壤等自然环境的变化没有认识的农户无法理解绿色发展和绿色发展所带来的生态环境的改善。

从亲邻了解农业补贴会降低农业绿色发展认知。从亲邻了解农业补贴的系数为负数，在5%的水平下显著，回归系数为-0.040。农业补贴是政府颁布的政策，应该从正规的途径进行传播和推广。

农业污染的承担者是农资商的农户对农业绿色发展认知较低。农业污染的承担者是农资商的系数为负数，在5%的水平下显著，回归系数为-0.081。农户在破坏了生态环境之后，却没有保护生态环境的自觉，这就使得农户认为自己不用承担破坏生态环境后的责任，从而会肆意破坏公共物品。

8.5.3.2.2 南疆地区绿色发展的农户意愿行为

模型中因变量和自变量的选择要注意如下内容。

模型中的被解释变量——农户绿色发展认知（Y_1），主要判断农户绿色发展意愿水平是否合理的参考标准包括2个，分别是对绿色发展行为认知和农业补贴后化肥施用量降低，并且这2个指标受联动影响，即 $Y_1 = y_1 * y_2$。当 y_1 和 y_2 均不为0时，即 $Y=1$，表示农户有绿色发展意愿；当 y_1 和 y_2 至少有一个为0时，即 $Y=0$，表示农户没有绿色发展意愿。

模型中的解释变量包括户主、性别、年龄、文化程度、务农时间、纯农人口占比、种植规模、选择种植结构的原因、化肥施用的依据、施肥量变化、确定施肥因素、测土配方肥意愿、病虫害防治方法、农技培训、了解地膜污染的时间、土壤存在问题、绿色发展的态度、农业补贴满意度、农资补贴方面、补贴发放形式、满意的农资销售方式、加大农资管理的方面、地膜征税后的行为、生态补偿的能力（见表8-15）。

表8-15　农户绿色发展行为意愿的模型估计结果

模型变量	偏回归系数	标准误	沃尔德	系数显著	B指数	方向
model variable	B	S. E.	Wald	sig.	Exp（B）	正/负
常量（constant）	-1.584 **	0.657	5.810	0.016	0.205	
年龄	-0.357 **	0.173	4.278	0.039	0.700	负
文化程度（education）	0.018 **	0.008	4.982	0.026	1.019	正
务农时间（time）	0.217 *	0.295	3.542	0.062	0.805	正
纯农人数占比	-0.153 *	0.112	3.274	0.071	0.858	负
选择经济作物	-0.140 **	0.222	4.402	0.026	0.869	负
近年化肥施用量不变	-0.068 *	0.114	2.995	0.051	0.934	负
不施肥会降低产量	0.699 ***	0.262	7.126	0.008	2.011	正
希望参加农药农技培训	1.256 ***	0.299	17.687	0.000	3.513	正
地膜污染认知时间长	0.061 *	0.092	3.144	0.075	1.063	正
农业补贴政策不满意	-0.016 **	0.008	3.910	0.048	0.984	负
希望从有机肥方面的补贴	0.018 **	0.008	4.982	0.026	1.019	正

表8-15(续)

模型变量	偏回归系数	标准误	沃尔德	系数显著	B 指数	方向
model variable	B	S. E.	Wald	sig.	Exp（B）	正/负
Cox & Snell R Square					0.444	
Nagelkerke R Square					0.259	
（-2Log Likelihood）Itercept Only					1 823.190	
（-2Log Likelihood）Final					1 563.639	
sig.					0.000	

该模型估计运用 SPSS22.0 统计软件中的二元 Logistic 回归分析，采用向后逐步筛选法，进行 Wald 统计量检验。Wald 统计量的概率值越大，表明该解释变量对回归方程的贡献度越大。根据 Wald 值多次拟合回归方程，直至各检验都通过，且回归方程中大部分变量显著为止。

在模型检验中，将总模型的似然比检验结果为 1 823.190 与只含常数项的初始模型为 1 563.639 相比，-2LL 的值会有所下降，似然比卡方检验的 P 值为 0.000 小于 0.05 的显著水平，说明模型整体是显著的。模型拟合优度检验中，确定系数 Cox & Snell R Square 为 0.444，调整的确定系数 Nagelkerke R Square 为 0.259，表明模型拟合效果较好。

根据模型估计结果，共有 11 个变量对被调查农户农药使用量具有一定的影响，且能通过显著性检验，其中包括个体特征变量 4 个和行为特征变量 7 个，9 个影响因素的系数绝对值在 0~1，影响程度较大。

年龄大的农户会降低绿色发展意愿。年龄在 50 岁以上的农户系数为负数，在 5% 的水平下显著，回归系数为-0.357。这说明随着年龄的增长，农户接受新知识的能力逐渐减弱，对绿色发展的意愿会降低。

文化程度高的农户绿色发展意愿高。文化程度在大中专技校以上的农户系数为正数、在 5% 的水平下显著，回归系数为 0.018。这说明农户随着文化程度的提高，对新知识的获取能力增强，对绿色发展的意愿提升。

务农时间长的农户绿色发展意愿高。务农时间在 20 年以上的农户系数为正数，在 10% 的水平下显著，回归系数为 0.217。这说明随着务农时间的增加，农户会不断地从外界获取信息，得到更多绿色发展方面的知识。

选择经济作物的农户绿色发展意愿低。选择经济作物的系数为负数，在

5%水平下显著，回归系数为-0.140。这说明选择经济作物的农户以追求农业效益的最大化为目标，并不太关注周围生态环境的变化。

化肥使用量不变的农户绿色发展意愿低。化肥使用量不变的农户系数为负数，在10%的水平下显著，回归系数为-0.068。这类农户对周围环境变化的感知度不高，不关心外界发生的变化，对农业绿色发展就更不关心了。

想参加农药农技培训的农户绿色发展意愿高。想参加农药农技培训的农户系数为正数，在1%的水平下显著，回归系数为1.256。这种农户会通过参加农技培训来获得更多的绿色发展的理念。

地膜污染认知在2年以上的农户绿色发展意愿强。地膜污染认知在2年以上的系数为正数，在10%的水平下显著，回归系数为0.061。这类农户对周围环境的感知度高，获得绿色发展方面信息的能力更强。

不满意农业补贴的农户绿色发展意愿低。不满意农业补贴农户的系数为负数，在5%的水平下显著，回归系数为-0.016。这种农户希望能从补贴中获得更多的资金，继续扩大农业生产。绿色发展的调控体系中除了补贴，还有很多的形式。

希望得到有机肥方面的补贴的农户绿色发展意愿高。希望得到有机肥方面补贴的农户系数为正数，在5%的水平下显著，回归系数为0.018。农户已经了解到了有机肥以及有机肥的市场价格，才会希望有这个方面的补贴，这说农民对绿色发展的意愿强。

8.5.3.2.3 南疆地区绿色发展的农户实践行为

模型中因变量和自变量的选择中要注意如下内容。

模型中的被解释变量——农户绿色发展实践（Y_1），主要判断农户绿色发展认知水平是否合理的参考标准包括2个，分别是化肥施用量降低和处理地膜，并且这2个指标受联动影响，即$Y_1 = y_1 * y_2$。当y_1和y_2均不为0时，即$Y=1$，表示农户有绿色发展实践；当y_1和y_2至少有一个为0时，即$Y=0$，表示农户没有绿色发展实践。

模型中的解释变量包括户主、性别、年龄、文化程度、务农时间、纯农人口占比、种植规模、经常改变种植结构、改变种植结构的原因、粮食面积的变化、减少粮食面积的原因、减少粮食的用途、自行决定农产品销售、采购农资的地点、选择农资采购点的原因、农技培训、农资包装瓶处理、实际施肥量、标签配置农药意愿、农药防护措施、农药存放方式、剩余农药处置方式、安全用药宣传、地膜处理方式、秸秆处理方式、畜禽粪便处理方式、自食农产品的农资投入量、农业补贴的参与度、农资投入量的变化、农业信贷的参与、选择信贷的原因（见表8-16）。

表 8-16 农户绿色发展实践行为的模型估计结果

模型变量	偏回归系数	标准误	沃尔德	系数显著	B 指数	方向
model variable	B	S. E.	Wald	sig.	Exp (B)	正/负
常量（constant）	−5. 165***	1. 463	12. 467	0. 000	0. 006	
年龄	−0. 010*	0. 018	3. 316	0. 074	0. 990	负
文化程度（education）	0. 596*	0. 322	3. 425	0. 064	1. 814	正
务农时间（time）	2. 155***	0. 365	34. 864	0. 000	8. 629	正
纯农人数占比	−1. 423***	0. 257	30. 662	0. 000	0. 241	负
经常改变种植结构	−0. 093**	0. 254	5. 136	0. 012	0. 911	负
农资采购在村里	−0. 016*	0. 109	2. 920	0. 087	0. 985	负
接受农技培训	0. 289*	0. 506	3. 327	0. 067	1. 336	正
化肥施用量多	−0. 029*	0. 229	2. 996	0. 099	0. 971	负
农药按标签使用	0. 012*	0. 018	4. 646	0. 024	1. 012	正
农药残留直接倒掉	−0. 036***	0. 299	11. 015	0. 003	0. 964	负
农药宣传两次以上	1. 091***	0. 302	13. 007	0. 000	2. 977	正
处理地膜	0. 596*	0. 322	3. 425	0. 064	1. 814	正
自家食用会降低施用量	0. 424**	0. 195	4. 735	0. 030	1. 527	正
农资投入品跟上年没变化	−0. 010*	0. 018	3. 316	0. 074	0. 990	负
Cox & Snell R Square					0. 108	
Nagelkerke R Square					0. 292	
(−2Log Likelihood) Itercept Only					510. 143	
(−2Log Likelihood) Final					384. 020	
sig.					0. 000	

该模型估计运用 SPSS22. 0 统计软件中的二元 Logistic 回归分析，采用向后

逐步筛选法，进行 Wald 统计量检验。Wald 统计量的概率值越大，表明该解释变量对回归方程的贡献度越大。根据 Wald 值多次拟合回归方程，直至各检验都通过，且回归方程中大部分变量显著为止。

在模型检验中，将总模型的似然比检验结果为 510.143 与只含常数项的初始模型为 384.020 相比，-2LL 的值会有所下降，似然比卡方检验的 P 值为 0.000，小于 0.05 的显著水平，说明模型整体是显著的。模型拟合优度检验中，确定系数 Cox & Snell R Square 为 0.108，调整的确定系数 Nagelkerke R Square 为 0.292，表明模型拟合效果较好。

根据模型估计结果，共有 14 个变量对被调查农户农药使用量具有一定的影响，且能通过显著性检验，其中包括个体特征变量 4 个和行为特征变量 10 个，10 个影响因素的系数绝对值在 0~1，影响程度较大。

从认知到意愿再到实践的绿色发展行为，依托了计划行为理论，影响绿色发展行为实践的因素中，年龄小、纯农人数占比高、经常改变种植结构、在村里采购农资、施肥量高、农药残留直接倒掉、农资投入品没变化的这些行为特征会降低农业绿色发展的实践行为；文化程度高、务农时间长、接受过农技培训、按照标签使用农药、接受农药宣传两次以上、处理地膜、自食品会降低施肥量等因素会提升农业绿色发展行为，因素产生的原因上述均有论述，此处就不重复阐述。

8.6　本章小结

本章对南疆地区农业经营主体绿色发展行为进行了实证分析，采用随机抽样的调查方法分别在 6 个县随机选取 1~3 个乡镇，在每个乡镇中选取 1~2 个村作为调查区域，每个村随机抽取 100 户左右的农户作为调查对象，最终获得有效问卷 1 099 份。

调查内容主要包括基本情况调查、种植结构与成本收益调查、农资投入状况调查、化肥施用意愿调查、农业绿色发展认知以及农业政策诉求等方面。从调查数据的整体情况而言，一是作为绿色发展行为的主要决策者，农户的年龄、性别、民族、务农时间（耕作经验）、受教育程度等诸多个体特征将会直接影响农户的绿色发展行为，使得农户之间的农资产品的投入量、种类、时间等产生较大程度的差异。二是农户绿色发展行为选择具有多样性。三是农户绿色发展行为决策具有趋同性。四是农户绿色发展信息获取渠道具有单一性。本章的研究运用 Logistic 模型分别分析了化肥、农业、绿色发展认知、意愿、实践的行为特征，模型结果显示，一是年龄较大的农户倾向于多施肥；文化程度较高的农户施肥量低；务农时间长的农户施肥量多；纯农人口占比高的农户家庭施肥量低；种植规模大的农户施肥量低；参加过农技培训的农户会减少施肥量等。二是文化程度低、务农时间短、不参加农药技术培训、看不懂农药说明书、不做农药防护措施、对生物病虫害防治了解程度低、对农药对环境污染的认识不全面会局限农户的农药使用行为。

此外，本章的研究还运用计划行为学的认知、意愿、实践三阶段理论对农户绿色发展行为决策进行分析，结果表明：年龄大的农户对绿色发展认知程度低、文化程度高的农户绿色发展认知程度高、务农时间长的农户绿色发展认知程度高、种植规模大的农户绿色发展认知程度高等。年龄大的农户会降低绿色发展意愿；文化程度高的农户绿色发展意愿高；务农时间长的农户绿色发展意愿高；选择种植经济作物的农户绿色发展意愿低；化肥使用量不变的农户绿色发展意愿低等。年龄小、纯农人数占比高、经常改变种植结构、在村里采购农资、施肥量高、农药残留直接倒掉、农资投入品没变化等行为特征会阻碍农业绿色发展。

9 促进南疆地区农业经营主体绿色发展行为的政策建议

本书的研究在充分了解农业经营主体绿色发展行为的相关理论的基础上，归纳和总结了国内外关于农业经营主体绿色发展行为的理论、实证、计量等方面的研究，确定本书关于农业经营主体绿色发展行为的理论内涵，以及农业经营主体绿色发展行为决策不同的模式和目标：基于农户个体特征、资源禀赋、市场环境、政策制度等制约因素会对农业经营主体决策有不同程度的影响，构建了农业经营主体绿色发展行为影响因素的理论框架，并通过中央政府、地方政府、农业经营主体、市场消费者的动态博弈来分析政府、农业经营主体等决策选择的一般机制；农业经营主体行为决策自由度的差异，将直接导致不同的行为决策集合，产生不同的决策结果，本书的研究以南疆地区实地调查数据佐证农业经营主体绿色发展行为的主要影响因素及具体影响程度；在理论分析和实证分析相结合的基础上，提出针对南疆地区农业经营主体绿色发展行为的政策建议。

9.1 国内外绿色发展相关政策机制借鉴

9.1.1 我国关于绿色发展的相关政策

党的十八大报告指出，建设生态文明是关系人民福祉、关系民族未来的长远大计，提出"要着力推进绿色发展、循环发展、低碳发展，形成节约资源和保护环境的空间格局、产业结构、生产方式、生活方式。从源头上扭转生态环境恶化趋势，为人民创造良好生产生活环境，为全球生态安全作出贡献"。

9.1.1.1 加强立法保护

目前，我国已经逐步形成了生态环境保护、资源循环利用、绿色发展等方面的相关法律体系。"十一五"以来，我国陆续出台和修正的法律包括《中华人民共和国循环经济促进法》《中华人民共和国大气污染防治法》《中华人民共和国环境保护法》《中华人民共和国可再生能源法》《中华人民共和国节约能源法》《中华人民共和国清洁生产促进法》《中华人民共和国水土保持法》等。其中《中华人民共和国大气污染防治法》加大了对破坏环境的处罚力度，将严重损害生态环境的行为纳入《中华人民共和国刑法》中。此外，国务院持续开展整治违法排污企业的环保专项活动，加大了对污染环境行为的司法审判力度。

9.1.1.2 加强约束性指标

自"十二五"规划增加了资源节约利用和生态环境保护方面的约束性指标后，国务院陆续制订了相关节能减排的行动计划，推进节能减排和环境治理方面的工作，其中包括《节能减排"十二五"规划》《"十二五"节能减排综合性工作方案》《大气污染防治行动计划》《"十二五"控制温室气体排放工作方案》等，进一步依靠硬性指标来完成节能减排任务。"十二五"以来国家共发布节能减排国家标准105项，各类环保标准270项。国家针对雾霾污染、颗粒物排放、工业废气等制定处理技术规范15项，对重点区域的大气污染排放阈值规限，开展能效标识的专项检查。依照节能减排目标责任考核评价办法，综合考虑地区经济发展水平、产业结构、资源禀赋等因素，引入差别化目标考核机制，每年对相关的政府部门、企业进行综合评价，公布考评结果，严肃问责未完成节能减排任务的相关负责人，并暂停地区高耗能项目的节能评估审查和新增主要污染物排放项目的环境审批。

9.1.1.3 加强宏观调控

为了进一步加强宏观调控，国家先后出台了关于价格、财税、金融等方面的政策。其中价格方面的政策包括成品油价格政策、脱硝除尘电价、居民用电用水阶梯价格、原油天然气从价计征等；财税方面的政策包括取消"两高一资"产品出口退税、增收燃油税、加大对节能减排的支持力度，节能环保等领域所得税减免、扩大生态保护补偿范围等；在金融方面包括试点排污权有偿使用交易、推进绿色信贷、支持环保企业债务融资等。《"十三五"节能减排综合工作方案》提出建立绿色金融体系，包括绿色信贷、绿色债券市场、绿色发展基金、绿色金融领域国际合作等。

9.1.1.4 加强供给侧结构性改革

《国务院关于化解产能严重过剩矛盾的指导意见》中明确提出化解产能严重过剩的矛盾，必须积极优化能源结构，遏制"两高"产业盲目增产。农业供给侧结构性改革是进入农业4.0模式之后，转变农业生产方式和产业形态的一次重要变革，必然会缩减地区过剩农业产业；进一步加快淘汰落后产能，关停炼钢、水泥、煤炭、玻璃等过剩产业；《国务院关于加快发展节能环保产业的意见》提出大力提升节能环保产业水平；充分体现服务业的低碳性能，扩大服务业在三次产业中的占比，2013年始，服务业产值首次超过第二产业产值；实施关于绿色发展的重点工程，如节能技术改造、节能产品惠民工程、建立能源管理中心、城镇污水处理设施管理、节能减排科技专项行动、节能减排技术推广（低温余热发电、稀土永磁无铁芯电机）等。

9.1.1.5 加强绿色生产消费

国家进一步推进万家企业节能低碳行动，实施工业能效提升行动，开展绿色建筑行动、车船陆港千家企业节能低碳行动，实施国家第一阶段机动车污染排放标准，开展节约型公共机构示范单位建设，推动节能减排和清洁能源生产，开展农村环境集中连片整治活动。此外，国务院印发《循环经济发展战略及近期行动计划》，进一步完善了循环经济产业体系，开展循环经济单位试点，支持"城市矿产"示范基地建设、循环经济示范县建设、国家循环经济标准化试点、餐厨废弃物资源化利用等，实施资源综合利用"双百"工程等。

9.1.1.6 加强体制机制创新

在落实"十三五"规划确定的资源节约和生态环境保护的约束型指标的基础上，国家因地制宜制定绿色发展指标，如空气质量、公交出行率、污染物处理水平、土地产出率、环保投入等；从城市发展规划、产业空间布局、城市综合管理等方面积极探索绿色发展的新路径，如绿色低碳园区试点、碳排放约束城市产业规划等；开展绿色发展体制机制试点，如排污权有偿使用和交易市场试点，以及垃圾分类处理、绿色账户试点等；建立节能减排和市场机制双驱动的智能城市管理机制，重点加强对水、电、燃气的阶梯价格的实施、垃圾分类处理、城市污水处理、城市尾气排放等的重点监控；通过环评、关停、限入、升级等措施，从源头上控制污染物的排放，有效提高节能减排的水平。

总体来看，"十三五"以来，我国污染防治力度加大，资源能源利用效率显著提高，深化重点地区大气污染治理攻坚，垃圾分类处理，污水、垃圾处置设施建设稳步推进，节能环保产业逐步壮大，生态环境治理成效显著，资源节约和环境保护取得了比较明显的成效。

9.1.2 绿色发展的国际经验和政策启示

国际上对绿色发展采取了严格的环境保护标准和节约资源指标。欧美发达国家出台了一系列的以低碳经济、循环经济为重点的绿色发展新政策，其核心目的在于改变原有的"三高一低"的发展模式，为低耗能、低排放的绿色可持续发展奠定基础。自 2009 年经济合作与发展组织（OECD）发表了"绿色增长宣言"后，其他成员也纷纷制定了相关的绿色增长战略，如欧盟的《欧洲 2020 战略》旨在提升绿色发展和核心竞争力，"里约+20"联合国可持续发展会议旨在实现绿色增长。

9.1.2.1　全球共同治理与重点地区整治相结合

在温室效应、全球变暖、大气污染的大环境下，联合国将绿色发展的重点工作治理气候变化和大气污染的全球性问题上，虽然每个国家的经济发展水平、社会发展阶段、产业结构、技术基础等条件各异，所采取的发展战略和路径也各不相同，但全球性的目标是一致的，就是要防治温室效应和大气污染，实现绿色可持续发展。其中包括英国的市场机制调节下的低碳经济发展，德国的以低碳技术开发促进低碳经济发展，美国的以新能源开发为中心的低碳经济，日本的以节能增效为中心的循环经济。

9.1.2.2　创新立法和严格执法相结合

国际经验表明，必须要先完善立法体系，特别是对节能、低碳、循环等方面的综合考虑，才能为绿色发展提供坚实的法律保障。因绿色发展涉及经济、社会、环境等诸多方面，其中涉及最多的还是公众利益，特别是基层群众，更需要财政政策的补偿和支持。绿色发展的法律体系建设是一项复杂的系统性工程，各国正在进行不断的完善性探索。如美国在 1980 年为应对气候变化发布了《综合环境反应、补偿和责任法》，之后又陆续通过了《低碳经济法案》《气候责任法》《气候安全法案》《气候责任和创新法案》《减缓全球变暖法案》《全球变暖污染控制法案》等一系列节能减排和环境保护的相关重要法案。各个国家的节能减排和环境保护的相关标准成为绿色发展的重要工具，如美国出台的《联邦水质法 1965 年修正案》提出联邦政府所辖的所有州要符合水质量标准和水污染排放负荷分配，还对企业的废弃污染物排放进行限制；欧盟立法强制实施企业废气排放标准，在该政策倒逼机制的市场导向下，欧盟成员国必须投入技术、人才、资金以改善汽车性能和构造来降低环境污染的成本，从而进一步发展新能源汽车。

9.1.2.3　统筹规划和压实责任相结合

一是加强环境监督的垂直管理。如美国采用多级环保监管体制，设立联邦、州、县（市、镇）三级环境监管部门，并拥有庞大的监管队伍，深入联邦所有地区进行环境监管，由国会立法，对全国普遍性和跨州环保事务进行统一管理，强制流域上游或者上风口采取节能减排措施，并授权各州进行环境监管，签订"州执行计划"，如果州监管不到位，可收回其监管权。二是加强区域间合作机制。如德国汉诺威区域协作机制成为发挥企业和社会合作组织作用的重要机制，由市气候保护局、政府部门、行业协会、私营水电公司共同协调组成；美国的俄勒冈州波特兰地区，由市、县、区共同协作区域交通系统建设，减少温室气体排放，防止城市过分扩张。三是建立环境管理工作协调机制。如日本将环境厅升级为环境省，将废物管理、大气排放、污水治理等多项环保职能全部划归环境省，建立"环之国"会议机制，在共同协调内外部环境资源、推动循环型社会、平衡环保部门之间发展、协调政府与产业之间沟通等方面发挥重要作用。

9.1.2.4 运用政策工具和综合施策相结合

国际上的绿色发展的经济政策工具包括产业补贴、环境税、碳汇、排污交易权、政府采购、环保基金、绿色信贷等，主要发挥经济手段的激励功能，鼓励企业、合作组织、经营者、消费者等能够主动减排。一是环境税。主要依靠排污者主动承担污染的社会成本，减少排污行为。环境税是针对矿产、工业等资源特定排污而增收的税种，纳入一般预算范围；其逐渐发展为可在生活或消费环节征收的税种，因在生产环节征税易于识别污染源，管理难度低且易于监测，而消费环节征税主要针对生活用水、垃圾、汽油等分散排放的形式，易于调节税率、感知度强、行为引导度强等，达到合理减排的目的。例如，生产环节的日本的二氧化硫排放税和丹麦的工业企业二氧化碳排放税，消费环节的加拿大对空调、电池、轮胎消费征税，瑞典对干洗溶剂、饮料瓶、塑料袋等污染物品征税，以及各国所征收的燃油税等。二是财政补贴。一般通过免税、贴息、专项资金等形式对绿色发展的相关企业生产或消费进行补贴，如美国对企业购买环保设备提供减免税收或税收优惠，太阳能设备最高减免30%，鼓励企业购买节能减排设备或加大绿色技术研发投入；美国还出台企业清洁生产补贴政策，引导企业多使用风能、地热能、太阳能、生物质等可再生能源，并进行高额补贴，补贴期长达10年；日本对环境保护技术研发、废弃物再生利用等企业提供补贴，补贴金额占研发经费的50%以上；挪威鼓励乙烯企业回收废料，可享受一定补贴。此外，在消费环节对购买环保产品征收低消费税，且强制报废高耗能家电，如日本鼓励地方政府优先购买环保产品，给予大众消费者购买符合3R（减量化、再利用、再循环）原则的节能产品价格补贴。三是生态补偿机制。一方面是对政府限制开发的生态保护区予以补偿，如瑞典的《森林法》对林地转自然保护区的经济损失给予补偿；另一方面是开采生产者对开发资源造成的生态环境破坏的补偿，如美国的《露天矿矿区土地管理及复垦条例》中明确规定老矿区开采实行土地复垦基金制度，"排污补偿政策"要求新建、扩建、改建的欠发达、环保未达标地区给予一定的排污减免量来补偿其排放。四是排放权交易。政府按照一定的标准给予企业排放权配额，按照市场价格机制调节企业间的排放权交易，既能控制排放总量，又可引导企业主动减排，合理安排排放成本，灵活度较高。美国、欧洲、日本等国家和地区都建立了排放权交易市场，瑞典从2003年开始试运行绿色电力证书制度，支持风能、太阳能等绿色发电企业，同时建立证书交易市场，绿色发展企业可出售证书获得收益。五是建立环境基金项目。基金主要用于权责难界定、缺乏修复能力、破坏紧急度高的环境污染治理项目，资金来自专款专用的特定税种、财政拨款等。如美国设立的超级基金，资金来自原油税、财政拨款、企业所得税，用于土壤被污染的工矿类用地，先由超级基金垫付污染治理资金，再通过司法程序追缴环境破坏赔偿资金；发达国家还通过存款—返还的形式建立专项基金，鼓励电池、轮胎、塑料瓶等资源废料可回收型企业先向政府缴纳一定的存款，形成专项基金，企业废料回收后可返还或给予奖励，相较于传统的直补方式，更能落实责任和激励企业发展循环经济。六是建立绿色发展资源价格形成机制。建立以稀缺性和公共性为基础的资源价格形成机制，如美国的水资源开发由联邦政府、州政府、地方政府三级共担，根据区域资源分配的状况，东部水资源丰富采取"累退制"水价，西部水资源紧缺采取"服务成本和市场定价相结合"水价，汽油等非生活必需资源采用市场定价，权责分明的模式下政府对水价进行宏观管理，供水机构按照市场情况与用户协调沟通，形成合理的水价，并接受社会的广泛监督。七是政府优先采购绿色产品。政府在推动绿色发展方面有着不可替代的作用，特别是绿色消费方面，可以有目的地采购绿色产品和服务，更加有利于培育绿色市场，引导消费者建立绿色消费的行为习惯。欧盟、日本、美国等发达国家和地区先后出台诸多政府绿色采购政策，如欧盟的《欧盟政府采购指令》将政府采购纳入环境评价标准，政府绿色采购不低于19%；日本的《绿色资源购买法》优先于绿色环保企业确定政府采购订单，据估计，日本每年的绿色采购支出占国内消费总额的20%以上。八是绿色信贷。鼓励对绿色产业采用优惠信贷的金融投资支持模式，如德国的由政府和政策性银行共同参与的绿色信贷金融产品，体现了杠杆效应明显的贴息贷款、开发成长期短的低息融资、得到环保部门高度认可的项目、公开透明自愿的招标形式4大优点；日本的政策性银行、中小企业金融库为绿色产品生产企业提供低利率融资，以期保障绿色企业充足的发展资金。

9.1.2.5 加强企业主体责任和社会公众参与相结合

一是公众自愿参与机制。鼓励公众参与自然环境保护，提高环保决策的合理性、科学性、公平性。如美国的《公众参与政策》，通过广播、报纸、电视、互联网等多种形式公开环境质量信息、环境行为信息、企业环境信息等，使公众广泛参与环境监督，增强污染者的危机意识。二是增强全民环保意识。培养民众的环保意识需要一个由低到高的过程，需要不断地加强教育。如美国联邦政府颁布了《环境教育法》，在国土资源、生态环境遭到严重破坏，影响国民生活质量的情况下，加强对公众的环保和生态教育；日本的多层次环境专业和非专业教育体系，通过提高各界对环保的认知水平，规范生产、经营、流通、消费等各个环节的环境友好行为，推动社会各层次公民参与到环保行动中。进一步加强社会对环保执法的监督。如美国通过公民、被管理者、社会团体、EPA（环境保护署）等多层次对环境执法进行监督，设立行政执法和司法监督方式，对环保信息进行公开，公众广泛参与监督；日本建立以政府为主导、企业和公众监督的循环经济战略体系，政府负责规划、政策、法律、创新等内容，企业作为循环经济战略主体，承担社会责任，提高全民环保意识，广泛参与环保行动；德国的"蓝色天使"标志，是包括环境性能、消费者安全、使用适应标准等全系统的产品或服务的环保标志，以此来刺激消费者采取绿色消费行为。三是建立环境预警机制。环境预警机制是通过环境守法援助、激励、监测三个维度来建立动态预警，如美国的 EPA 通过散发环保法培训传单、举办听证会、设立网络咨询平台等给公众和被管理者提供环境管理信息和服务，实现环境守法援助；通过减免环境债券利息、提高环保贷款资金比例、减免污染税、颁发环保许可证等多种手段来提高企业环境保护能力，降低环境守法成本，增强企业或消费者的环保意愿，实现环境守法激励；EPA 通过环保信息搜集、社会自我监督、公众投诉举报、区域监测设备等多种手段收集信息，为环境执法提供依据，实现环境守法监测。

9.1.2.6 推动技术创新和绿色发展相结合

随着绿色发展、循环经济、低碳技术在全球范围的广泛兴起，很多国家开始增加绿色技术研发投入，支持节能、环保、低碳技术、新能源、循环等关键领域的技术创新，以期实现工业革命的飞跃。如美国加大了可再生资源发电技术、生物质能源交通运输技术、高能效产业、新能源汽车等领域技术研发的财政政策支持；日本政府以"官产学"研发联盟为基础，重点培育新能源汽车基础设施建设、电池关键技术、高性能电动汽车蓄电池等领域的技术研发，并建立充电设备、新能源汽车、蓄电池、燃料电池汽车等的安全质量标准。日本是全球最早制定混合动力和电动车安全标准的国家，对绿色产品中小企业技术研发资助率在50%以上，新型绿色企业补助率在70%以上。此外，对新型可再生能源技术实行价格补贴，如德国的《强制购电法》《可再生能源法》等，保证了光伏发电的投资回报和技术创新资金，有效降低了发电成本。

9.1.3 农业绿色发展的国际典型经验

9.1.3.1 美国

一是法律法规。美国是全球促进环保绿色发展措施最多的国家，1972年颁发的《联邦水污染控制法》，首次将农业污染提升到法律的高度，按照每日最大负荷量计划实施污染量的动态监测，以期提高环保质量；《清洁水法》（1977年）进一步明确农业绿色发展的重要性；《排污权交易法》（1979年）为农业绿色发展提供了最有效的绿色发展法律保障；《清洁水法修正案》（1987年）提出实现农业绿色发展，必须要通过财政手段支持，联邦各州采取有效措施，降低水土流失造成的生态环境问题，从而实现农业绿色发展；《总统水质动议法》（1989年）是由美国总统布什颁布的，目的在于降低农业中的化肥、杀虫剂等化学投入品对地下水和地表水的危害；《农业安全与农村投资法案》（2002年）规范和调整了关于农业安全生产经营方面的政策。

二是财政补贴。《清洁水法》（1979年）其中很重要的一项就是将水污染治理列入了联邦财政预算的范围，每年划拨20亿美元的专项资金作为水污染治理项目的经费，从国家的层面重点治理和监测全国的水污染，从而实现绿色发展，环境保护署（EPA）是该计划的实施者；《清洁水法修正案》（1987年）主要用于控制农业非点源污染，并从国家财政中每年拿出5 000万美元作为项目专项资金，2003年将额度增加至财政预算的7%，加大对研究补贴的支持力度，还设立了"种子基金"行动计划，设立了500亿美元的清洁水基金项目，联邦政府和地方政府共同投资，农业经营主体（大农场、企业或地方组织）以无息或贴息贷款的形式进行农业污染的治理。此外，对使用农业绿色技术、清洁能源或保护水资源的农业经营主体以优惠价格、低息贷款、无息贷款、资金补贴等形式给予支持。

三是技术补偿。美国的技术补偿主要针对农业生产经营管理方面的技术，包括耕作、养分、农药、灌溉水、畜禽养殖等方面。耕作管理主要对农作物生产过程中的耕种面积、轮作方式、耕地持有量、复播面积等做详细的农业绿色技术指导；农药管理主要包括非化学性农药、商业杀虫剂和含有毒物质农药的合理使用，支持非化学性农药的使用，规定商业杀虫剂的配比，减少含有毒物质农药（除草剂、杀虫剂、灭鼠剂、杀菌剂）的使用，对田间杂草和病虫害进行统一管理；灌溉水管理主要是节约水资源，最大限度地降低化肥、农药等对农业地表、地下水、土壤的侵蚀；畜禽养殖管理包括对农业经营主体的畜禽进行合理的控制、规划、管理、引导，并配套合理畜禽粪便处理系统，降低农业污染对环境造成的破坏。

9.1.3.2 日本

一是立法管理。《新的食品、农业、农村政策方向》（1992年）由日本农林水产省发布，提出了"环境保全型农业"这一概念，要求在农业生产经营中提高农田产出率的同时，降低过量使用化肥、农药等化学物质带来的农业环境污染，又被称为"可持续农业"。尽管当时的政策没有提出行之有效的方法和手段，但对人们的农业生产经营价值观带来了不小的冲击，日本当时的农业政策不再仅仅关注提高农田产出率，缩小工农之间收入差距这些问题，更大程度上转变为关注农业的可持续发展、农业功能的扩展、粮食作物的稳定供给、农村振兴等，建立多个层面可持续发展的新型农业农村；《环境保全型农业推进基本方案》（1999年）公布之后，日本重点在政府组织架构方面，在全国各省建立环境保全型农业推进本部；《食品、农业、农村基本法》（1999年）的出台更加关注食品安全、农业农村环境等方面的突出问题，结束了《农业基本法》（1961年）的指导，从法律层面设立基本农业政策；《食物、农业、农村基本计划》经过2000年的设立、2004年的修改，初步讨论形成了农业环境、资源保全相关的政策，主要包括农业环境政策、经营安定对策、核心经营者和农地制度改革等方面，这是日本农业政策向农业环境政策转变的历史性关键点；《食物、农业、农村基本计划》和《农业环境规范》（2005年）的颁布标志着日本的环境保全型农业进入了正式实施阶段。

二是经济政策。日本政府主要依靠补贴、贷款、减免等优惠政策对保全型农业经营主体进行支持，其中包括保全型技术、保全型设施、保全型行为等，日本政府深知不能仅依靠法律强制型惩罚措施来改善环境，需要通过环保补贴、能源价格补贴等经济政策来形成全民自觉的环保意识，形成环境保护的内生动力和机制。

三是技术政策。日本形成了从国家、地方、各级行政体系三级可持续农业技术推广和制度建设体系，用于发布可持续农业方面的技术指导政策，推广新型低环境污染的农田耕作方式，建立养殖业牲畜废物循环利用系统，从政府的高度鼓励农业经营主体合理运用现代科学技术，建成可持续的农业技术体系。

四是宣传教育。日本从提高环境教育的公众参与度出发，运用其独特的教育理念，环保教育从小抓起，并衍生至国民生活的各个层面，使国民能够形成强环保意识，养成良好的生活习惯，自然而然地去执行，国家、地方、各级行政体系、公众等，每年都要接受环保相关的法律、法规、政策的培训，一方面有利于各地政府高质量的传达环保知识，另一方面有利于公众习惯性规范破坏环境行为，提高环保意识。

五是其他措施。日本确立了权责分明的管理体系，农林水产省全面负责农田水利建设、山林绿化、绿色农业技术推广、农业化学品投入、农产品质量安全、农田废弃物循环利用等，而其他部门只是辅助作用，从 20 世纪 70 年代开始，日本就设立了全国有机农业研究会，提出诸多农业绿色发展的口号，推动全体农户生产更多健康绿色的农产品，从源头上保障农产品质量安全。

9.1.3.3　欧盟

一是立法管理。欧盟从 1989 年开始，逐步加强了对农业污染、绿色发展的阐述，明确了农业绿色发展和社会进步之间的关系，各国政府开始逐渐重视农业绿色发展和生态环境保护，为了完善工农业污染的防治政策和法律体系，进一步颁布了《硝酸盐施用指令》《饮用水指令》《农药使用指令》等一系列的农业环保法律。该法律体系主要涉及各类种植业禁肥方案、合理控制放牧密度、完善林田缓冲带、提高化肥施用数量和质量、有效监测水肥配比、定期或不定期抽查水体指标（特别是水体富营养化）等。而在农业政策方面，欧盟的农业政策越来越详尽，农业绿色发展和环境保护在农业生产经营过程中的重要程度逐渐提高，鼓励农业经营主体使用环保型、创新型的耕作方式，制定相关的鼓励自愿和法律强制相结合的降低农业污染的相关措施。共同农业政策（1992 年 6 月）得到了相关的欧盟国家认可，进一步引入了环保措施、农业造林项目、农场主提前退休等措施，更新农业环保标准和政策（1993 年）。

二是环保技术。与美国等一些发达国家类似，欧盟国家也引入了一些环保新技术来促进农业绿色发展，并在重点流域和水资源保护区执行特定的农业生产经营技术标准，减少农田氮、磷淋溶和牲畜粪便的乱排放。

三是税收补贴。为了进一步促进农业绿色发展，欧洲经济合作和发展组织（OECD）成员对有毒农药和单元素化肥进行征税。其中，奥地利从 1986 年开始对农场施用化肥进行征税，虽然税率较低，但对于施用量降低有明显作用。之后瑞典、芬兰、奥地利、挪威、丹麦等国家陆续采取了化肥农药税的措施，同时对使用环保型废料、生物除虫等农业绿色技术给予一定的补贴。

四是严格控制。欧盟对农业生产经营过程中存在过量投入化学品给予严格的控制，并且所有使用记录登记在案。从 2000 年以来，欧盟先后采取限制水体污染、降低农业污染、降低亚硝酸盐、杀虫剂限量、杀虫剂水体残留限制等多项措施推动农业绿色发展。

9.2 构建促进南疆地区农业经营主体绿色发展的治理机制与政策措施

9.2.1 促进南疆地区农业经营主体绿色发展的治理机制设计

绿色发展是从绿色、低碳、循环、生态等多个相关理念不断发展而来的，与传统的以工业为主，强调资本、能源、资源等要素的高投入高消耗而带来的消费增长观是不同的，绿色发展是经济、社会、自然协调发展的一种新型发展观。从《寂静的春天》（1962 年）和《增长的极限》（1972 年）开始，历经联合国环境与发展大会（里约，1992 年）、"绿色经济倡议"（2008 年）、《迈向绿色增长》（2011 年）、"里约+20"联合国可持续发展会议宣言《我们希望的未来》（2012 年）等，绿色发展融合了马克思主义的生态观、自然辩证法和可持续发展理念，实现了三者的有机统一。在全球绿色发展重大机遇挑战的前提下，南疆地区要实现农业经营主体的绿色发展，需要既与各地州的经济利益冲突和转型成本有关，也与各地州制度安排和政策体系安排的复杂性高度相关，还受到国际、国内、不同区情体制机制的作用影响，在南疆地区逐渐放缓的经济现实和日益严峻的农业资源环境危机面前，大农业必须要选择通过体制机制的创新来实现绿色发展的转型升级。

9.2.1.1 法律保障机制

推动南疆地区农业经营主体绿色发展，首先要考虑用法律制度来约束和保障农业经营主体绿色行为，而农业绿色发展又涉及经济、社会、生态、人文等诸多方面，是一个复杂的综合性的系统工程，想制定涵盖绿色发展全部内容的法律系统是不容易的，应建立农业绿色发展的综合性法律约束体制，国家、地方政府、农业经营主体三级执行体系，第三方（司法、执法、研究所等）完善对绿色发展法律法规执行效果的评估。

一是要建立完善的法制体系。在发展低碳经济、应对农业非点源污染的背景下，南疆地区应首先考虑立法先行，构建农业绿色发展相关的法律、政策、标准等，构建适应新发展理念和新能源开发利用的制度体系，如降低化学物质过量投入的强制性立法、农业碳排放经济征税、含有害物质农药和单一元素化肥的限制购入、农业循环经济补贴等。二是及时修法落实治理措施。南疆地区对于五年的规划发展期，评估考核五年期农业节能减排指标的落实情况，根据头五年完成的难易程度来优化后五年的具体指标，使农业绿色发展的指标处于动态考核中；而对南疆地区整体而言，设置农业废弃物排放的负荷分配，保障阈值不超过农业生态环境质量要求，授予专门的环保部门制定针对地表和地下有污染物的水质标准、污水处理设施标准、固体废弃物排放标准、农药化肥节能减排标准等的具体标准并因地制宜合理分配，有效确保南疆地区绿色发展成为现实，在各级财政预算中设立专项资金对环保、绿色、循环农业产业予以补贴和技术支持。三是高度重视环境执法和监督。为了保障农业绿色发展的相关的环境法律和政策的落实，设立专门的农业环保执法监督部门，主要职责在于对地州控制环境污染的活动提供帮助，协助国家推行新的农业绿色发展政策，辅助制定和实施农业绿色发展政策、法令和标准，该农业环保执法监督部门对农业环境违法案件可跨部门、跨介质执法监督，实现垂直化管理，体现"预防+惩戒"相结合的运行机制。预防机制主要功能是在农业经营主体要依照农业绿色发展标准生产经营农业的基础上给农业经营主体提供一定的环保信息和服务，形成自愿遵守绿色发展理念的行为规范，充分运用金融手段，降低农业经营主体的守法成本，并对辖区内所有的守法情况信息进行监测评估，对部门执法提供依据。惩戒机制主要功能包括运用罚款、限期整改、撤销许可证、法院判决、限制财政援助、降低补贴额度等多种形式对南疆地区所有农业环境污染案件进行处理，但农业环保执法监督部门的行为同时受到农业经营主体、大众、社会团体、其他行政部门、司法部门的广泛监督。法律体制的设置不仅是为了体现强制公正性，更大程度上是建立广泛的监督基础。

9.2.1.2 市场决定机制

南疆地区农业绿色发展，需要充分发挥市场在资源配置中的决定性作用，通过引导农业经营主体（企业、合作社、农户等）的广泛参与，让市场参与者充分竞争，实现资源、环境、经济、产业等要素的高效配置，完善市场机制是农业绿色发展的前提条件，而农业绿色转型的过程中最重要的还是农业污染排污交易、生态补偿、农业绿色金融、农业资源市场化定价等方面的市场机制的建立。

一是合理运用生态补偿和排污交易工具。根据发达国家的经验启示，在市场经济的环境条件下，治理农业非点源污染必须要综合运用多种环境政策的经济手段，促进农业绿色发展，尤其是要重视农业生态补偿机制的确立、农业排污权交易等市场化规制工具的使用。比如说在南疆地区以耕地的保有量为基础划分自然保护区，耕地所有者在遭受环境带来的经济损失时，国家给予充分的补偿；如果一些重要的农田要种植污染较大的作物，必须缴纳一定数量的保证金，以确保日后对农田的恢复和复垦。排污补偿政策就特别适合南疆地区这种经济欠发达、环保标准未达标的地区，如果耕地改变性质、施用过量化学投入品、改变种植结构等就必须取得相应的排污削减量以补偿其农业碳排放，也可以通过碳排放交易市场或者储存农业碳排放削减信用银行进行购买，既能满足生态脆弱区的经济增长，又能满足农业绿色发展标准的要求。

二是推行农业绿色金融政策。绿色金融相对于传统的金融而言，更加强调人类赖以生存的生态环境，实现可持续发展，将农业环境保护和农业资源的有效利用作为计量农业生产经营活动成效的重要标准，通过政策引导，实现生态平衡条件下的农业经营主体的自身约束性活动。银行在政府和国家政策的支持下，开发出相应的农业绿色信贷金融产品，该农业绿色信贷应保证较低的管理成本，为农业环保和技能型产品或项目提供低息贷款，形成农业绿色信贷的政府参与机制、完善的农业绿色金融产品体系，保证农业环境保护类、低碳类、节能类项目或产品能够更加便利地获取低息贷款。农业在无抵押物和弱质型产业的条件下，农业经营主体获取贷款的难度本身就比其他产业要大，加之农产品滞后性的特点，风险性较高，在资本市场融资受限，更难以推动绿色生产经营行为。南疆地区政府政策性银行必须发挥其不可替代的作用，运用资本市场和商业银行实施农业绿色发展项目的金融补贴政策，最大效率地发挥政府绿色农业补贴资金的作用。农业环保部门授权银行在资本市场融资，对融资贴息打捆形成绿色信贷产品，充分利用绿色信贷产品的杠杆效应，以较少的资金调动农业环保绿色产品或项目的落地（见图9-1）。

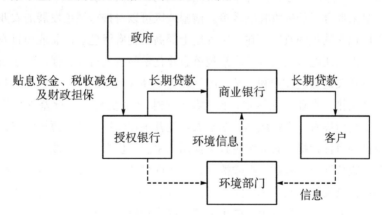

图9-1 农业绿色信贷运行模式

此外，南疆地区的农业绿色金融市场还可以采用农业绿色债券、农业绿色银行、农业绿色保险等多种形式。农业绿色债券由政府支持的金融机构发行，因其信用级别较高或享受免税政策，具有农业绿色项目或产品的高环保性、投资周期短、资金流动性强、投资回报率高、低风险等特点，运用低利率来支持农业绿色项目。农业绿色银行主要解决很多农业绿色基础设施建设项目融资的市场失灵问题，主要面对农田水利基础设施建设项目、固体废弃物循环利用项目、可再生资源项目、退耕还林还草项目等。农业绿色保险是对市场经济环境风险管理的手段，许多农业经营主体在农业环境污染后没有环境修复的财务赔偿能力，就应针对农业污染经营主体采取强制性购买保险的措施，将环境污染成本内化，降低环境污染风险，农业绿色保险赔付的范围可包括农业环境清理费用、污染罚金、不动产价值损失、法律费用、医疗费用等。

三是市场化的资源产品定价机制。农业经营主体的污染行为会对水体、大气、土壤，甚至人的身体造成损害，在过量投入化学物质的条件下，应根据种植结构的不同，对不同种植结构条件下的农作物可能过量投入的化学物质进行预估，按照市场条件下资源定价的方式，形成合理的农业资源绿色应用定价指标体系，预付土壤费、水资源费、碳排放费、固体废弃物排放费等，这部分预付费可以补贴农业绿色技术研发投入、循环产业建设、可再生资源利用等农业绿色产品或项目，进一步鼓励农业企业、农业合作组织应用农业绿色技术。

9.2.1.3 公共管理机制

环境资源的外部性、非排他性、公共性造成了农业资源配置的市场失灵，在推动农业绿色转型的过程中，政府必须发挥其不可替代的作用，制定相关产业政策，维护市场秩序，弥补市场缺陷，强化市场监督。

一是采取合理的税收补贴政策。南疆地区可以对推行绿色发展的农业经营主体采取税收减免的政策，在一定程度上提高了拥有绿色农产品或项目农业企业的竞争力，还能激发更多的农户规范农业化学品投入行为，促进绿色农业企业不断更新关键绿色技术和工艺，降低绿色产品或项目的开发成本。南疆地区亦可对高碳排放农业产业征税，而对绿色农业产业免税，实行差别化产业政策，改变高污染农业企业成本，激励农业经营主体使用清洁能源类农资，达到节能减排的目标，提高农业绿色技术使用效率。绿色农业税收改革充分运用税收减免、收费退还、补贴、财政拨款、排污许可证交易等多种手段，获得资源系统的可持续发展，提高农业资源利用效能，促进生物技术使用，减少碳排放，改变农业经营主体行为，带来大规模的农资投入品的转变。

二是积极推行农业生态预算机制。南疆地区应更加重视农业资源的可持续利用，推动农业绿色发展。可参照南疆各地州公共财政的预算标准，将南疆农村的各种自然资源视为一个有机整体，地州政府在资源管理部门的统一领导下，管理各自辖区内的资源，并分类定量描述各种自然资源一段时间内的预计使用和消费情况，对所有农村自然资源的指标进行汇总，并制定短、中、长期指标使用框架，但在预算执行结束后，要对所有的指标进行重新评估比较，以便于编制下一年度的预算，形成完整的从计划、到行动、再到评估、最后政策的循环体系，这种生态预算体制更能合理地利用自然资源，增加可再生资源的使用，推动绿色发展的实施。

三是重视农业环境信息公开制度。跟政府政务公开制度类似，要高度重视农业环境信息的透明，一方面，农业经营主体有农村环境知情权，环保部门一般条件下不能拒绝对农业生产经营者提供环境信息，如果拒绝必须给出合理的解释；另一方面，督促农业环保部门积极主动收集环境信息，并以最快的速度传递环境信息。充分运用强制和自愿相结合的手段，充分发挥政府、企业、部门、社会大众的作用，让公众参与到农业环境保护的全过程。

9.2.1.4　统筹协调机制

农业绿色发展不仅要实现农业经济绿色增长的核心目标，更要满足社会进步、农业环境可持续发展、包容性增长、文化进步等诸多方面。由于农业资源环境的外部性决定了农业绿色发展需要多方、多领域、多产业协调合作，实现经济、生态、环境、社会效益的和谐统一，因此地区政府应该重视与农业企业、农户、合作社、其他产业等在不同层次和领域的统筹协调。

一是中央和地方之间的统筹。农业绿色发展政策由中央政府制定统一的法律，对绿色资源提供经济优惠政策，对农业企业提出合理的农业节能减排目标和详细的计划，并对评估减排结果予以奖惩，提倡使用清洁能源和可再生资源，提高农业绿色技术的使用效能，倡导低碳的农业生产、生活、消费方式，注重农业绿色技术的研发。上级政府可以对下级政府提供经济政策支持，加大对农业经营主体绿色行为、农业绿色项目、农业绿色技术等的补贴，中央政府在其中主要扮演引导的角色，在制定法律政策的同时，更多的引导农业经营主体增强环保意识，同时注重农业绿色知识的传播、环保信息采集、农业绿色项目的推广等方面的重要工作。

二是跨区域环境治理的协作。南疆地区是新疆农业种植比较有特色的区域之一，首先要形成南疆五地州共同协作的机制，农业生态环境是公共环境的范畴，地区和地区之间、农村和农村之间的碳排放是一个横向合作的关系，很多农田水利建设需要跨区域合作，而区域间需要相互学习，经验交流，共同促进农业生态系统的提升。

三是公众参与制度化。农业资源政策的颁布需要公众对科学性和公平性进行评断，我国近年来在政策制定的过程中加大了专家、利益相关者、学者、普通大众的参与度，而农业绿色发展政策也需要这些群体的共同参与，提升公众对农业生态环境保护的意识，培养农业经营主体可持续发展观，使农业经营主体在参与政策制定的过程中自觉意识到农业绿色发展的重要性和必要性。此外，重视农业绿色发展生态观公众教育的普遍性，形成政府、农业企业、合作社、农业集团、农户、协会等绿色发展的广泛共识。

9.2.1.5 创新驱动机制

农业经营主体会对自身熟悉的制度、技术、行为等产生路径依赖，而重大社会、经济惰性的增加会导致制度或技术的变革，短期的经济诱因难以改变农业经营主体的行为，只有创新才能打破原有的决策方式，才能使农业经济的增长不再以消耗生态环境资本为代价，农业绿色产品、技术、市场、产业的发展才能有效地促进农业绿色转型。

一是大力发展农业绿色技术和产业。政府制定并执行行之有效的农业绿色产业政策，扶持绿色农业产业的发展，优先发展生物质农药、测土配方肥、可降解膜、循环沼气池、绿色农产品、绿色农业技术等，制定农业绿色技术统一的技术标准，并推动标准国际化，政府引导绿色发展资金向绿色技术研发、环保基础设施建设等项目转移，鼓励农业经营主体以减税的方式购买绿色产品，充分认识农业绿色投入品的环保作用，并形成愿意购买产品的行为。

二是鼓励农产品绿色消费模式。形成社会大众对绿色农产品的消费模式，在全球范围内的内循环经济和消费模式升级的双重政策的引导下，大众消费者更加重视绿色消费，可通过特定的税收经济手段控制消费过程中的废物排放量，也可以直接降低非绿色农产品的购买。通过农作物种植、加工、销售等过程污染控制，实现对绿色农产品全产业链、全过程的控制。

三是加大绿色农资统一采购。在农作物种植过程中，由于与企业或合作社签订协议，农户必须按照统一的绿色标准种植农作物，化学物质投入亦由合同统一规定，企业或合作社出现大规模采购的模式，企业或合作社对于绿色产品消费的促进作用非常明显，可以有计划、有目的地采购绿色化学投入品，引导农户施用绿色农资投入品，同时以绿色采购清单和绿色采购标准作为补充，使企业或合作社绿色采购更加规范，可操作性更强，绿色种植标准下的农作物更能以价格优势在农产品市场占有一席之地。

9.2.2 促进南疆地区农业经营主体绿色发展的政策工具选择

根据实地调查数据显示，农业经营主体行为是影响南疆地区绿色发展的根源，而农业经营主体又是推动绿色发展最主动、最积极的要素，农业经营主体行为的选择、农业环境的污染程度和范围起着决定性的影响，推动南疆地区农业绿色发展的政策设计目标是改变农业经营主体的行为，在农业经营主体决策的过程中重点考虑给农业环境造成的破坏，从而降低农药、化肥、地膜等的投入。

9.2.2.1 政策设计

考虑到国际上绿色发展的政策工具类型，结合南疆地区农业绿色发展的现状和经济社会发展的水平，本书的研究选取了四种比较具有代表性、典型性、实践性的政策工具进行比较分析。

一是投入税。投入税作为一种典型的价格政策，当农业经营主体购买农资投入品时，按照其价格来征收一定比例的税金，会导致农资投入品价格上升，这本质上来说就是消费税，谁消费谁来付税。随着农资投入品价格的上升，农资投入品施用量会减少，在政策交易成本的制约下，农业投入品无需监管成本，只需合理的调整税率，足以让农业经营主体对此有需求反应。

二是禁令。禁令是一种控制型政策，从提高化肥利用率、禁止使用有毒农药和减少农膜残留的角度上来说，禁令具有一般法律的强制性，执行成本较高。在过去很长一段时间里，很多国家都运用了禁令这一手段来控制农业生态环境的污染，从农业生态环境破坏的不可逆转性来考虑，任何一种强制严厉的政策都是可以使用的。

三是新技术。每年针对农业污染的新技术层出不穷，但很多新技术都束之高阁，新技术如何推广才是政府在信息公开方面亟须解决的难题。国家每年在农业绿色技术研发方面投入了大量的人力、物力、财力，而研发出来的绿色技术却缺乏技术推广体系，以至于很多的技术无法有效的推广。开展农业绿色技术的教育、宣传、推广需要大量的推广成本，而对于农业经营主体而言，操作简单且投资规模小的农业绿色技术更易于推广，农业经营主体更容易接受，而这种推广模式更能降低政府的推广成本。如国家大力推广的缓释肥，虽然单位价格高于一般的化肥，但缓释肥的用量少、施肥简单、利用率高、省时省工、操作安全、增产增效、环境污染小等特点得到了农业经营主体的广泛认同，通过简单宣传就能广泛推广这种绿色技术。

四是补贴。补贴是一种激励型政策，由于很多农业绿色技术，如有机肥、生物质农药、可降解膜等，费时费工，价格还较高，对南疆地区这种经济欠发达且农业收入为重要的收入来源的地区而言，如果没有一定额度的补贴，农业经营主体根本不愿意尝试使用绿色农资，假定当地政府对绿色农资投入给予一定的补贴，在农产品产出量不变的条件下，农业经营主体的使用意愿就会上升。从理论上来说，补贴是最适合南疆地区的一种农业政策，农业经营主体收入和农业生产经营环境的有效保护方面都能得到提升，但就补贴的成本有效性来说，并不是长久之计，可能会造成农业供给侧的结构性矛盾，补贴高的农资品使用频率就高，并且当地政府需要大量的财政支持，还需要对补贴成果进行监管。

9.2.2.2 政策选择

虽然投入税、禁令、新技术和补贴四种政策的出发点不同，但都能对农业绿色发展带来积极的作用。综合考虑农业经营主体收入、政策交易成本、农业环境的有效承载力等因素，很难简单判断哪种政策的优势更强，在实践中会发现，为了充分实现农业绿色发展的合理性和全面性，需要综合运用政策工具来解决实际问题，但在制定农业绿色发展的政策时需要遵循以下原则：

一是加强顶层设计，统筹协调灵活弹性。农业绿色发展包含了经济社会发展的各方利益分配，必须从全局系统的角度出发，进行顶层设计，制定相关绿色政策，加强多级协调管理。实行农业资源开发利用和农业生态环境恢复、农业节能减排和农业资源循环利用、农业生态环境保护和治理修复统筹规划；统筹土壤、大气、水资源、基本农田、草场等各种资源的保护开发利用；统筹农产品的供给与需求、生产与消费的全产业链的绿色发展；统筹中央和地方政府规划政策的重点治理和突出保护；统筹把握农业绿色发展政策制定因经济、环境、物力等条件的转变而转换的弹性规律。

二是处理好政府与市场关系，有效发挥市场机制。农业绿色发展较多的存在于市场失灵的领域，必须处理好政府与市场之间的关系，其中发挥好政府的突出作用尤为重要，要使有效激励和严格监管相结合，通过经济、社会、法律等手段来推动农业绿色发展，严格执法，增加违法成本，要通过税收、价格、补贴、信贷等激励机制，实现绿色发展政策外部成本的内部化，使市场能够有效地发挥调节机制，调动农业企业、合作社、农户等参与到节能减排、循环利用、环保行动中来，引导农业经营主体绿色发展。

三是个人和社会效益有机结合，增强政策科学性。就农户而言，农业绿色发展的政策必然跟个人效益密切挂钩，如果个人效益无法增加，对绿色发展的行为就不会感兴趣，所以政策的制定要充分考虑到农业经营主体的个人效益。而对于社会总体效益而言，要提高全生命周期的资源利用效率和环境效果评价体系，按照边际效率的高低来评断政策优劣，选择边际效率高的政策体系，提高农业环境保护和绿色发展的效率，尽可能选择政策成本低且实现绿色发展目标的有效性政策。

四是明确主体责任，奖罚分明。加强农业生态环境保护的责任主体和主体责任权利，实行严格的环境奖惩标准，建立明确的谁污染谁担责、谁受益谁补偿、谁环保谁获益的体制机制，提高对不符合农业绿色发展和破坏农业生态环境的成本，增加环保者的合法收益。

五是依区情制定政策，依法保护和治理。依照南疆地区的资源禀赋、农业结构、农业资源环境条件、农业发展阶段等制定符合区情的农业绿色发展政策，虽然我国基本形成了生态环境保护相关的法律体系，但实现农业节能减排绿色发展，必须切实落实法律法规，有法必依、执法必严、违法必究，还要根据农业绿色发展的要求，继续修订和完善现有的法律法规，增强法律的可操作性，提高环境污染惩罚力度。

9.2.3　促进南疆地区农业经营主体绿色发展的管理政策和保障措施

南疆地区农业绿色发展直接关系到绿色生产经营的成效、绿色生产生活的质量、绿色农产品的消费导向与农业生态环境的建设，在实现南疆地区农业碳达峰、碳中和、绿色发展过程中占据重要地位，是健全绿色低碳循环发展经济体系的重要环节，而农业经营主体是南疆地区农业绿色发展行为的实施者，企业、合作社、农户等行为的规范和提升，将直接制约南疆农业绿色发展的标准、进程、效果和效能。

9.2.3.1　综合运用政策工具，提升农业绿色发展的机制

9.2.3.1.1　征税

根据发达国家的经验做法，对南疆地区农业经营主体使用过量化肥、杀虫剂、除草剂、厚农膜等进行征税，通过一定比例的税收来降低化肥、农药、地膜的施用量，中央政府和地方政府对低污染或无污染的生物质农药、测土配方肥、有机肥、生物灯等实行低税率，对常规化肥和农药实行高税率，税率之间的差距可以刺激农业经营主体购买和使用无污染农资投入品，从源头上控制过量碳排放，提高绿色技术和无污染农资投入品的市场竞争力，逐步使农业经营主体降低化肥施用量、农药使用量，或选择符合绿色发展的化肥或农药。

9.2.3.1.2　补贴

根据南疆地区目前的经济、社会、环境发展的目标，合理制定相应的奖惩措施，推动农业绿色生产经营模式和相关的绿色执行标准，根据南疆地区财政的实际情况，给予自愿使用绿色农资投入品的农业经营主体一定的农业绿色发展政策专项补贴。例如在化肥施用方面，政府可根据低收入群体调节，给予低收入农业经营者化肥价格直补，对于不同的化肥品种，补贴的金额不同，而对于使用缓控释肥、有机肥、测土配方肥等给予高额补贴金，弥补施用绿色肥料

可能带来的风险，保障农业经营主体不会因短期利益而随意改变其行为，如果施用有机肥、测土配方肥、缓控释肥的补贴明显高于单一养分肥料，农业经营主体就会在保障农业收益的情况下，降低单一养分肥料的使用量，使化肥施用的结构日趋合理。在施肥量方面，农户应根据农业绿色发展部门推荐的标准施肥量施肥，政府可以对降低化肥施用量的农业经营主体给予补贴，政府可以鼓励农业经营者降低化肥的施用量，转变农业经营主体错误的施肥观念，以化肥施用的边际效益作为重要的考核因素，实现农业的绿色发展。在施肥方式方面，政府可以鼓励农业经营主体采用深施肥、采用节水灌溉技术，减少肥料淋溶、土壤流失，提高合理施肥水平。

9.2.3.1.3　限额控制

针对全疆及南疆地区开展全范围的耕地质量调查评价，因地制宜地提出耕地污染负荷；根据各地区的耕地污染负荷，加强农资产品投入管理，对不同农业经营主体采用农资产品限额控制，控制其化肥、农药、地膜使用量和使用结构，农业绿色发展部门要实时有效监督，引导农业经营主体合理、科学、安全投入农资产品；要特别督促农户按时记录农药、化肥、农膜的使用时间、数量和品种；制定切实可行的农资产品投入方案，规范农资品市场，积累农田管理资料，提高农田绿色发展水平。

9.2.3.1.4　减产风险保险

通过对南疆地区的调查，笔者发现南疆地区农业经营主体对测土配方肥、生物有机肥等有一定的了解，但仍然存在短期利益引导下的减产风险顾虑。对有较强绿色发展理念的农业经营主体给予一定的农作物减产补贴或保险，刺激农业经营主体保持绿色行为，充分考虑农业经营主体基本利益，可以在一定程度上降低农业行为转变风险。

9.2.3.1.5　禁令

严格遵循国家颁布的农药安全使用标准，按照农药使用量、使用次数、使用方法、安全间隔期等，对对应的种植结构使用农药，禁止使用高毒性农药。政府要注重农业病虫害的预测，对病虫害较严重或病原生物最薄弱的环节，选择适宜的农药种类、使用量、使用方法、使用时间等，从而达到农药的高效使用。禁止农资生产商生产高毒性农药，提倡研发绿色发展新品种、新剂型、新制剂的生物农药，提高低毒、高效、低残留的杀虫剂或除草剂的生产经营，推广生物防治绿色技术和环保型农药。

9.2.3.2 推动农业科技创新，提高农业绿色发展水平

9.2.3.2.1 大力推广农业绿色技术

由于南疆地区生态脆弱，必须大力推广节约型农业技术，进一步推动农业清洁生产，促进牲畜养殖粪便的集中处理和循环利用，以秸秆、粪便等有机废弃物处理设施为基础，加强分区分类管理，依法关闭或搬迁禁养区，给予养殖场和养殖大户合理的经济补偿。根据 2020 年实现化肥农药零增长的目标，深入推广测土配方肥、有机肥、生物病虫害防治技术、高效、低毒、低残留农药使用技术，推进农药包装等固体废弃物回收处理，扩大农业可降解膜试点范围，增加地膜回收企业，加强重点区域和时间段的秸秆焚烧，依法建立三级农业绿色发展监督和管控部门，以疏为主，疏堵结合。例如，在科学使用地膜方面，政府应该积极推广一膜多用技术、机械收膜技术、生物可降解膜技术、适时揭膜技术等，扩大绿色地膜技术的覆盖面，可选择厚度适中、抗老化能力强、韧性强的地膜，实行一膜多用，如果没有破损，来年可持续利用，从而降低地膜的使用量，提高地膜的使用效率，减少农业经营主体耕作强度。南疆地区可降解地膜因其价格较高，还未得到广大农户的认可，应继续推进厚地膜（地膜厚度>0.015 mm）的使用，加大废旧地膜回收企业的建立。调研中发现废旧地膜集中堆放现象较多，由于废旧地膜回收企业经济效益不高，许多企业入不敷出，而集中堆放会造成农业环境二次污染，因此政府财政应设立专项资金用来补贴废旧地膜回收企业。大力推广适期揭膜技术，应根据南疆地区不同区域种植结构的差异，筛选最佳揭膜时间，而适期揭膜技术可缩短覆膜 60~90 天的时间，且地膜韧性高，好回收，回收率在 95% 以上。大力推广机械收膜技术，因残膜机械回收会提高农作物生产成本，并没有得到有效推广。大部分农户残膜回收仍以人工为主，虽然少部分农户家庭拥有小型残膜回收机，但残膜回收技术水平仍比较低，且回收率不高。必须进一步推广残膜回收效果好的残膜回收机，在机械捡膜的基础上结合人工捡膜。

9.2.3.2.2 建立绿色农业增产增效科技创新体系

要突破农业科技的瓶颈，必须增强科技对农业发展的支撑作用，大力推进科技强国战略。一是要优化农业绿色技术创新的方向，针对南疆地区的实际情况，农业绿色创新要突破农资投入品的结构、数量、时间上的局限，优化农资品的投入结构，降低农资品的投入强度，从而实现绿色发展。加快创新农业低碳技术的应用，如农作物高优品种、生物农药、绿色废料，根据南疆地区的实际情况，因地制宜采用土壤作物管理、绿色土壤培育、绿色低碳种植、耕地污染阻控、智能精准健康养殖、绿色健康农产品生产加工技术，建成绿色高效低

碳生态的农业生产经营体系，建立绿色农业技术创新平台。二是要鼓励绿色农业技术的产学研协同创新。鼓励绿色农业企业致力于绿色技术的创新和研发，政府可以财政补贴的方式支持农业企业的技术研发，借鉴国外绿色农业发展的先进技术经验，有效连接农业绿色企业、高校、绿色技术研究科研院所，在缓控释肥、测土配方肥、生物质农药、绿色农产品加工技术等方面实现依托实践的长足性进步。创新南疆地区现有绿色农业的增产增效技术，绿色农业的生产首先要适应南疆地区现有的绿色农产品产地条件，构建基于区域的大气、水资源、日照、积温自然条件为基础的"双减一增"（减肥减药增效）的技术体系，形成生产用水达标、土壤元素含量合理、农产品生态环境良好的生态系统。要以多层次自然系统因素，如大气、水体、土壤、作物等为依托，创新绿色农资投入品，在满足农作物基本养分所需的前提下，挖掘生物质废料的潜力，提高养分利用率，降低养分流失，以"根际生命共同体原理"为核心，激活农作物根层对养分的吸收，挖掘土壤养分活力，形成农作物土壤养分管理系统。三是完善科技评价管理机制。农业绿色发展技术应以实践为基础，如种子、化肥、农药、地膜、机械等，应能尽快投入生产经营环节，不符合生产经营的农业技术则被判定无效技术。

9.2.3.2.3 完善农业投入品技术规范体系

根据南疆地区的实地调研会发现，农业经营主体只关心短期利益行为是否与农作物减产相关，虽然他们对农业绿色发展或生态环境有一定的了解，但不会因为了解而改变自身的行为策略，持续过量的施用化肥等农资品在南疆地区非常普遍。政府必须要建立并推广绿色肥料的技术标准体系，引导农业经营主体合理施用肥料。高毒农药必须严令禁止，调研中发现很多生物质农药在农业经营主体中使用的种类、时间、数量、配比、方法等方面差异较大，要进一步规范农药使用行为，加大对高效、低毒、低残留的生物杀虫剂和除草剂的技术标准的规范，这样农业经营主体才能有效获得生物防治新技术和新产品。国家颁发的《聚乙烯吹塑农用地面覆盖薄膜标准（GB13735-1992）》中规定地膜厚度最低标准 0.008 mm，因为标准中允许有偏差，所以在现实生活中 0.004～0.005 mm 的地膜均为合格地膜，这种薄地膜因韧度不够、经常一年不到就会破碎，回收难度较大，这是我们传统意义上所说的农业"白色污染"重要的来源。调查中发现，政府对地膜并没有补贴，农户可自行购买地膜，按照地膜的生产标准，地膜越薄售价越低，在考虑种植成本的约束下，农户会越来越倾向于购买超薄地膜，根据以上情况，政府应提高国家聚乙烯吹塑农用地面覆盖薄膜厚度的标准，最起码提高到 0.015 mm 以上，杜绝超薄地膜流入农资品市场，增加地膜韧性，降低地膜在土壤中的残留量，在残膜回收企业质量保障的基础上，就可以使残膜顺利进入循环回收再利用的轨道。按照循环经济的理念，秸秆循环利用才是建立秸秆多元化利用的途径，应在南疆地区重点开展"秸秆-畜禽养殖-沼气-农户家庭生活用能""沼渣-高效肥料-种植养分"等循环利用的模式。在调研中发现大部分的秸秆仍以田间地头焚烧为主，虽然这种做法被国家明令禁止，但是农业经营主体投机行为仍旧屡见不鲜，鼓励南疆地区棉粮主产区建设秸秆循环利用系统，将秸秆肥料化，继续推进秸秆还田等保护性耕作技术，或在畜牧业发达的地区推进秸秆饲料化利用，鼓励养殖大户或秸秆饲料加工企业制作微贮、青贮、颗粒、氨化等绿色秸秆饲料。也可以将秸秆制浆造纸形成绿色新技术产业，积极推进秸秆生产板材或工艺品，主要是在南疆地区棉花主产区建立棉花秸秆综合化利用产业化示范工程，从财政补贴的角度对秸秆人造板、秸秆清洁造纸、防治工业纤维、秆芯高强低伸纤维等产业予以补贴扶持。秸秆亦能能源化利用，结合农村地区秸秆循环利用，生产沼气供气、固化高效燃料、生物质炉具等，以商业化的运行模式使秸秆能源能够直接入户。

9.2.3.3　充分发挥农业经营主体作用，完善农业绿色发展体系

9.2.3.3.1　重点发展大产业集团

大产业集团是南疆地区经济实力的一个重要标志，而在培育和发展大产业集团的过程中，美国仅用了几十年时间就全面完成了农业现代化，成为世界上农业绿色生产技术水平最高、劳动生产效率最高、农产品出口量最大、城市化程度最高的国家之一，有以下几点原因。一是依靠制定财政拨款、税收优惠、专项资金、政策配套等相关法律法规，保障农业大产业集团的顺利运行；二是面向国际市场，以市场化的运作，跨区域经营，大范围、多层次地优化配置各地的农业资源要素，实现大产业集团的规模化经营；三是在农业绿色产品的高、精、尖上下功夫，促进其从农业产品走向工业加工的循环经济轨道，培育大产业集团名优品牌，增强核心竞争力，有效促进农业走出去。

9.2.3.3.2　大力培育农民专业合作社

以美国、法国、瑞典、荷兰等国家的合作社为典型代表的农民专业合作社，在国际现代农业绿色发展进程中发挥着强有力的支撑和推动作用。通过采取法律保护、信贷支持、税收优惠、财政补贴、产业辅导等综合政策组合措施，坚持服务社员、自主经营、进退自如的原则，给农业生产经营者自主选择的权利，不搞强迫命令，不搞行政干预，保障合作社的组织活力，使得各国的农业合作社之间逐步走向联合，盈利性倾向日趋增强，从专业社向综合社发

展，通过纵向一体化把产前、产中、产后连接起来，通过横向一体化进行合并或改组，理事会的控制力得到强化，合作性相对减弱，综合性、竞争性、盈利性不断增强。在其发展过程中，合作社不仅能代表广大农民与政府进行协商，还能协调小农户与大市场之间的矛盾，确保农民生产的产品与市场接轨，减少风险，推动发达国家农业经营模式转变。

9.2.3.3.3 积极完善农业社会化服务体系

中国台湾的农业现代化程度较高，主要是因为其具有完备的农业社会化服务体系。首先健全绿色发展相关法律法规，提供必要的政策、资金、税收、人才等优惠措施；其次以农业生产经营者利益为出发点，充分发挥农户的自主性，构建内容丰富、形式全面的一站式农业服务体系；再次，建立涵盖产供销各环节的组织，紧密联合，签订契约，建立从农田到餐桌的全产业链，实现全程监控；最后，为了保证服务体系建立和运营过程资金充足，中国台湾在社会化服务体系资金筹集方面采用会费、主管部门补助、企业和其他社会团体自助等多种筹集方式，实现资金来源多元化。

9.2.3.3.4 科学建立利益联结机制

从美国的农业一体化经营联结机制、日本的农业利益共同体机制、巴西的农工综合体机制的经验可以看出，无论是水平农业共同体，还是垂直农业共同体，绿色发展要充分发挥政府的支持引导扶持作用、组织协调作用以及规范保障作用，因地制宜选择利益联结机制形式，处理好多方的利益关系，建立"利益共享、风险共担"的联结机制，形成相互依托、权责明确、经营高效绿色的农业共同体，共同抵御市场风险，真正实现多方统一目标、统一行动。特别需要注意的是，利益联结机制构建初期，要加强对农业生产者利益的扶持和保护。

9.2.3.4 加大宣传和教育，增强农业绿色发展意识

9.2.3.4.1 农业经营主体环保意识教育

根据自治区和各级环保宣传教育相关的政策，要想农业绿色发展的意识能够入心入脑，重点在提高领导干部、农业企业法人、大户等的环保意识，宣传部门、新闻单位、社会媒体等要把农业绿色发展当作一项长期的任务来抓，加大对于绿色发展法律法规和方针政策的宣传，对违反农业绿色发展的典型案例予以曝光。利用好公民道德和普法活动，开展绿色发展警示教育，倡导生态文明观，增强居民对农业生态环境的忧患意识，鼓励农业经营主体使用绿色农业新技术提高耕作效能，宣传教育企业或合作社以绿色生物技术的农资投入品为基础与农户长期签订订单农业，保障有效绿色农产品的源头。志愿者作为宣传

教育的重要成员，可进一步壮大南疆地区的绿色农业知识宣传队伍，在日常生活中以润物细无声的方式将绿色知识带到农户家庭。政府作为有效调控环境污染市场失灵的最有效的组织，建议设立专门的"绿色发展农业经营主体称号"，鼓励农业经营主体保护生态环境，为了更好地发挥企业和合作社的重要协调作用，建议政府以信贷、补贴、培训、市场信息专供等多种形式扶持有倾向发展绿色农业的企业或合作社，企业或合作社在签订订单的时候鼓励培养规模经济种养殖大户，合理应用施肥技术，降低农作物生产成本，扩大规模化经营的效益。

9.2.3.4.2 低成本控肥减药技术教育

调研中发现，农业经营主体只追求短期利益，并不关心自身行为决策与绿色发展之间的关系，只关心降低化肥农药的施用量是否会带来农作物产量的降低，虽然已经注意到了农村生态环境的变化，但一般不会寻找解决环境污染问题的办法，过量地施用农药化肥的现象非常普遍。控肥减药技术已日趋成熟且应用简单，所以应进一步加强控肥减药的技术教育，加大缓控释肥、生物农药等新技术的普惠型教育，针对每个家庭的具体状况，一户一策。控肥减药技术相对于传统的普通化肥农药，因农业经营主体一直使用，有长期的应用习惯和依赖性，可能从一定程度上来说不易转变行为，大部分的农户还是喜欢安于现状。测土配方肥在南疆地区经过长时间的推广，可能是因为技术条件、推广成本、使用复杂等多方面的原因，应用程度仍然不高。针对控肥减药技术在现实生活中的普及难度，需要因地制宜地开发适合南疆地区种植情况、简单高效的控肥减药技术，专业技术人员根据一户一策的状况，合理应用新型高效化肥农药，在控肥减药技术的集成组装下，大规模引入有机肥、平衡营养元素废料、缓控释肥、生物质农药等，辅助专业技术人员的指导，推广以控制氮、磷等元素流失为主的高效肥料，从源头上控制化肥农药对环境的污染，建立控肥减药技术的市场准入制度，从源头上杜绝假冒伪劣农资产品。

9.2.3.4.3 残膜回收意识教育

调查中发现，因回收残膜会增加农业成本等原因，农业经营主体存在残膜回收意识不强、对残膜危害度认识不深、人工回收技术落后、残膜再利用效率不高等方面的问题。因此，必须要加强残膜回收意识教育，提高各级政府和农业经营主体残膜污染危害的长远性、严重性、生态环境难逆转性的认知，提高农业经营主体对残膜回收的自觉性，环保部门调查数据显示，南疆地区耕地下的残膜量在30千克/公顷以上，而大部分农业经营主体认为通过宣传教育可以使自身行为决策有所改变，环保部门可通过多手段、多形式对农业经营主体进行宣传教育，可采用微博、抖音、快手等比较流行的网络媒体手段，引导农业经营主体积极行动起来，重视废旧残膜回收，按照政府倡导、企业组织、合作社引导、财政补贴、农户参与、网点回收的基本工作思路，切实强化残膜回收措施，制定相关配套扶持政策，鼓励快速推进残膜回收的绿色发展。

9.2.3.4.4 秸秆综合利用教育

解决南疆地区秸秆综合利用的问题，必须要多管齐下，宣传教育是不可或缺的一部分，根据调查发现，在秸秆综合利用的过程中，企业的技术落后、农户短期利益思想严重、合作社畏首畏尾现象频发，这都制约了秸秆的综合利用。在农业绿色发展的过程中，秸秆集中焚烧的现象较多，这说明农业经营主体对秸秆的经济、资源、生态价值认知度不够，应在南疆棉粮主产区，作物回收时节，专门对一线农户做宣传普法教育，让农户充分认识到秸秆还田或秸秆再利用的价值所在，既可以提高农业生产效益，又可以保护农村生态环境。

9.2.3.5 构建生态种养殖体系，提高农业绿色发展质量

9.2.3.5.1 因地制宜构建绿色生态种植体系

绿色发展是构建现代化农业经济体系的必然要求，南疆地区的绿色生态种植模式还没有建立，加之粮棉作物的化肥利用率虽大幅度提高到40%左右，但与发达国家还有较大的差距。南疆地区应该建立绿色生态种植体系，突破农作物高产和农业绿色发展之间的矛盾问题。以市场需求为导向，推动绿色种植技术，坚持生态优先，以绿色农资、控肥减药、耕层高质量、秸秆循环利用、节水灌溉等配套措施的应用，建立以土壤-作物综合管理系统为核心的绿色生态种植体系，改变南疆地区缺水区资源匮乏的现状，推动生态脆弱区生态修复模式，解决盐碱、干旱、风沙、水土流失等问题，实现规模化、品牌化、绿色化、融合化的现代种植业架构，推动南疆地区农业绿色发展，使农业经营主体水平大幅度提质增效。

9.2.3.5.2 因势利导构建绿色生态养殖体系

绿色生态养殖是依靠无污染的水资源、天然饵料、生态技术等，改善养殖水体等生态环境，按照特定的生态养殖目标，进行养殖和增殖，不施肥、不使用农药，并投入无公害的饵料，生产出无公害、绿色、有机食品。近年来，绿色生态养殖的畜禽产品因质量好、口感好等特点备受疆内外消费者的普遍欢迎，出现了供不应求的现象。南疆地区工业饲料总体利用率较低，已成为制约畜牧业绿色发展的重要原因之一，对农村生态环境造成了不可逆转的污染。因此要加强对畜禽养殖源头上的控制和生产过程中牲畜粪便污染物的综合管理，建立符合节约资源、降低碳排放、减少有害气体摄入、牲畜粪便循环利用的体

系，从源头上有效控制农业面源污染，强化牲畜粪便过程管理，推动建立畜禽粪便污染物能源化的长效机制。现代绿色生态畜禽养殖与一家一户的散养不同，属于集约化、工厂化的，介于散养和集约养殖中间的一种规模化养殖模式，结合了散养的品质高和口感好，以及集约养殖的规模大、生产周期短、经济效益高等特点，这种养殖模式可以有效解决南疆地区经济水平低、养殖效益不高、养殖环境差等问题。

9.2.3.5.3 农牧结合提高粪便资源利用率

在利用畜禽粪便的时候，要注重农牧集合、循环利用、种养结合等特点，农牧结合可以有效提高牲畜粪便的利用率，加快畜牧产业有效转型升级，推动畜禽养殖环境大幅度改善，在发展畜禽产业的时候，要围绕循环经济这个核心，推动发展绿色生态循环养殖业，根据绿色乡村建设的标准，鼓励南疆地区高密度养殖区建立农牧结合生产基地，将种植业和畜牧业有效连接，提高畜禽粪便污染物的循环利用水平。根据南疆地区土壤条件、作物养分需求、种植结构、养殖业规模化水平等条件，以种定养，实现种植业绿色生产的同时，与畜牧业养殖密度、畜禽粪便污染物循环高效利用有机结合，促进养殖业的绿色、生态、健康、可持续发展。

9.2.3.6 建立环境综合治理示范区，践行农业绿色发展行动

农业面源污染的分散性和农业经营主体的多元性，需要南疆地区环境综合治理示范区以点带面发挥辐射性作用。通过建立农业绿色发展示范工程，向农业经营主体展示绿色新技术，消除后顾之忧，选择南疆地区农业基础条件优、辐射带动能力强的县市作为环境综合治理示范区，让更多的农业经营主体能够看到示范区的实效，从而自愿参与到农业绿色发展之中，建立环境综合治理示范区长期示范的实效机制和监管机制，避免示范工程流于形式，成为面子工程。调研中发现南疆地区有部分农业示范区，虽然指示牌存在，但示范区内杂草丛生、环境较差，没有起到长期示范的作用。示范区要充分发挥绿色技术部门的支撑作用、科研院所的依托作用、公司参与的治理作用、专业合作社的规模作用、社会媒体的监督作用，建立企业化的管理和公司化的运作模式，由政府牵头，科研院所、环保部门、农业部门等共同参与总体规划，根据南疆地区绿色发展的特点和阶段，具体制定环境综合治理示范区的设计实施方案，保证示范区工程能全面有效顺利实施。环境综合治理示范区需要达到如下标准：

一是根据南疆地区种植结构、耕地质量、气候条件、自然环境等，实施配套统一的施肥方案，调整施肥时间、方法、品种、用量、配比等，全部使用有机肥、测土配方肥、缓控释肥等代替普通农田的单一元素化肥，实现无环境污

染肥料投入，每年十月份左右实施全量秸秆还田，增加土壤有机质含量，进一步增加绿肥种植，提升示范区内土壤的有机质含量。

二是示范区内利用综合防治技术，降低农药施用量，做好示范区内病虫害精准预测，抓好防治结合的技术，使用低毒、量少、高效的农药种类，特别是使用生物质农药，实现病虫害防治的长效性，在多种病虫害同时发生的情况下，做到重点突出兼治其他，全面应用绿色生物质农药。

三是示范区内实现秸秆综合利用，使秸秆饲料化、肥料化、原料化、燃料化、基料化，使用技术效率好、附加值高的秸秆综合利用技术，形成一批秸秆利用重点工程，如秸秆循环利用示范工程、秸秆综合利用示范工程、秸秆能源化利用工程、秸秆原料化工程、秸秆技术产学研综合体系工程、秸秆新型材料化示范工程等。

四是示范区可形成一批绿色农业示范工程，如绿色高效林果示范工程、休闲旅游农业示范工程、有机棉示范工程、高效高产示范工程等，而这些示范工程拥有节水、节肥、低毒、保护、清洁、健康、标准化的特点，以较短的时间，实现示范推广的作用。

9.2.3.7 强化基础条件保障，夯实农业绿色发展基础

9.2.3.7.1 增加农业生态产品供给

增加农业生态产品和服务供给。正确处理开发与保护的关系，运用现代科技和管理手段，将生态优势转化为发展生态经济的优势，提供更多更好的绿色生态产品和服务，促进生态和经济良性循环。充分发挥红色文化、民族风情、绿水青山、戈壁荒漠等优势，利用"旅游+""生态+"等模式，推进农业、林业与旅游、教育、文化、康养等产业深度融合，拓展农业多种功能，发掘农业文化价值，加大军垦特色民俗文化的推广和保护力度，打造一批军垦文化园区和特色庄园。积极发展都市现代农业，建设一批有新疆特色的城郊农庄、酒庄、农家乐、牧家乐、渔家乐、采摘园等特色项目，支持打造一批有影响力的休闲农业知名品牌。

9.2.3.7.2 处理好农村土地改革问题

习近平总书记强调，新时代农业改革仍然是处理好农民和土地的关系。一是坚决落实好第二轮土地承包到期后再延长30年不变的政策；二是还要积极探索农村集体土地"三权分置"制度的很多问题；三是要理好小农户和现代农业的关系，各地要重视如何把小农生产引入现代化生产，稳定农户家庭生产的基本面；四是推进宅基地制度改革，重点是处理好稳定与放活的关系，主要的问题一是乱，就是乱占乱建；二是死，没有完善的退出机制，也有"三权

分置"问题等。

9.2.3.7.3　市场化运作模式

农村生态环境具有公共品的性质，而绿色发展需要企业、农业专业合作组织、新闻媒体、志愿者等的广泛参与，更需要市场化的运作模式。如废旧残膜回收率不高的一个原因是超薄地膜的回收手段还比较落后，且回收网点不健全，参与企业资金能力不足。政府应根据市场化的运作模式，鼓励支持资源循环利用企业、农民专业合作社、能人大户充分展示先行先试的经验，在南疆地区农村首先开展残膜回收行动，积极投身残膜回收市场，以优惠政策为激励，调动残膜回收、加工、循环利用企业的积极性，本着谁污染谁治理的原则，规范地膜销售商或消费者自行回收残膜，不能实现自行回收的个体，应交给专业回收企业，但必须缴纳残膜回收费。在市场化的运作过程中，监管部门不可或缺，农业绿色发展部门应成立专门的部门，制定农业残膜回收标准和残膜回收收费标准，并将其作为环保税的一部分。秸秆利用的问题也必须通过市场化的运作模式加以解决，用市场化的理念来认识秸秆的经济作用，让秸秆综合利用企业能够火起来，研发拓宽综合利用的渠道，以秸秆综合利用率为目标，科技研发为保障，政策补贴为后盾，充分发挥市场机制的作用；因地制宜地推进秸秆的商品化发展，并制定相应的奖惩措施，以财政资金支持秸秆综合利用的产业和秸秆全量还田的农户，大力培育新型秸秆还田综合利用产业，强化秸秆综合利用率的目标，使秸秆综合利用成为循环经济市场不可或缺的一部分。

9.2.3.7.4　加大农业绿色发展资金投入

借鉴国际上的绿箱政策对农业绿色发展进行援助，政府应该加大对农业绿色发展的财政扶持专项资金的投入，建立农业生态补偿机制，加快农业绿色发展专项行动，按照政府、乡镇、社会、群众多方筹措资金的手段，建立南疆地区绿色发展专项资金。制定关于绿色发展方面的财政、税收、价格、投资等方面的优惠政策，鼓励不同经济成分的投资主体，以合资、独资、租赁、承包、股份制、拍卖等不同的形式参与到农业绿色发展的行动中。绿色发展专项基金会可定期开展国际合作交流，利用国际舆论等形式构建农业绿色基金发展平台，以多渠道、多元化的方式引入国外资本，推动农业绿色基金项目与国际接轨。

9.2.3.7.5　加强农业绿色发展人才队伍建设

习近平总书记强调："人才是实现民族振兴、赢得国际竞争主动的战略资源。"农业绿色发展需要人才队伍的基础作用，政府着力打造重才、引才、用才、爱才的政策环境，激发农业绿色发展人才创新活动，走出一条绿色发展、生态环境、弯道超车的农业发展之路。习近平总书记强调："硬实力、软实力，归根到底要靠人才实力。"农业绿色发展的过程中要树立强烈的人才意识，各级领导干部要从心底尊重人才、热爱知识，才能使农业绿色发展人才引得进来、留得住。利用开放、积极、有效的农业人才引入模式，聚天下英才而用之，细化农业人才操作规则和引进计划，通过农业绿色项目合作、绿色技术顾问、挂职交流等多种形式，推动区域间人才共享机制，提高人才配置的效率，充分发挥人才的主动性，引入绿色技术紧缺型人才，完善生活配套服务，营造无后顾之忧的安心创新技术的氛围，打造农业绿色发展人才全方位、立体化的服务保障机制。

9.2.3.7.6 开展突出环境问题综合治理行动

加强农业面源污染防治，开展农业绿色发展行动，实现投入品减量化、生产清洁化、废弃物资源化、产业模式生态化。全面推广使用标准膜，推广农田残膜回收新机具新技术，推进包装废弃物收集处理试点，开展可降解地膜试验和地膜清洁生产试点示范，探索建立绿色防控、政策扶持、企业运作、行政监管农田残膜污染综合治理体系，对农膜生产、销售、使用、回收和资源化利用等环节实行严格全程管控。加快推进畜禽养殖废弃物资源化利用工作，发展绿色清洁养殖业。加快畜禽粪便集中处理，健全病死畜禽无害化处理机制。加强农村水环境治理和饮用水水源保护，试点推进农村生态清洁小流域建设。建立农村污染防控机制和监测体系，严禁工业和城镇污染向农业和农村转移。严禁"三高"项目进地区。加强农村环境监管能力建设，严格落实环境保护主体责任。

参考文献

[1] 白云，张乐乐. 都市现代农业绿色发展机制、模式与举措 [J]. 长白学刊，2019 (4)：101-108.

[2] 蔡碧凡，陶卓民，张建国，等. 浙江休闲农业经营主体发展特征与空间演化 [J]. 经济地理，2017，37 (5)：181-190.

[3] 陈东平，宋文华. 农民与新型农业经营主体利益联结稳定性：信任的作用：基于多个案例的分析 [J]. 农村经济，2018 (3)：99-105.

[4] 陈靖. 新型农业经营主体如何"嵌入"乡土社会：关联营造的视角 [J]. 西北农林科技大学学报（社会科学版），2018，18 (5)：18-24.

[5] 陈璐，李玉琴，王颜齐. 新型农业经营主体推动农村三产融合发展的增收效应分析 [J]. 学习与探索，2019 (3)：116-123.

[6] 陈晓华. 大力培育新型农业经营主体：在中国农业经济学会年会上的致辞 [J]. 农业经济问题，2014，35 (1)：4-7.

[7] 陈秀羚. 福建省农业绿色化转型的影响因素与路径研究 [D]. 福州：福州大学，2017.

[8] 陈训波，朱文. 农业供给侧改革下的新型农业经营主体发展研究：基于四川的调查分析 [J]. 农村经济，2017 (8)：108-114.

[9] 陈义媛. 资本主义式家庭农场的兴起与农业经营主体分化的再思考：以水稻生产为例 [J]. 开放时代，2013 (4)：137-156.

[10] 崔海霞，宗义湘，赵帮宏. 欧盟农业绿色发展支持政策体系演进分析：基于 OECD 农业政策评估系统 [J]. 农业经济问题，2018 (5)：130-142.

[11] 道格拉斯·C. 诺斯. 制度、制度变迁与经济绩效 [M]. 刘守英，译. 上海：上海三联书店，1994.

[12] 董欢. 农业经营主体分化视角下农机作业服务的发展研究 [D]. 北京：中国农业大学，2016.

[13] 杜志雄，谭洪业，郜亮亮. 新型农业经营主体与其加入合作社行为

的实证分析：基于全国 795 家种植业家庭农场面板数据 [J]. 北京工业大学学报（社会科学版），2019，19（2）：60-73.

[14] 冯高强. 安徽省新型农业经营主体培育研究 [D]. 合肥：安徽农业大学，2013.

[15] 冯小. 新型农业经营主体培育与农业治理转型：基于皖南平镇农业经营制度变迁的分析 [J]. 中国农村观察，2015（2）：23-32，95.

[16] 高明秀，吴姝璇. 资源环境约束下黄河三角洲盐碱地农业绿色发展对策 [J]. 中国人口·资源与环境，2018，28（S1）：60-63.

[17] 高鸣，习银生，吴比. 新型农业经营主体的经营绩效与差异分析：基于农村固定观察点的数据调查 [J]. 华中农业大学学报（社会科学版），2018（5）：10-16，160-161.

[18] 龚贤，罗仁杰. 精准扶贫视角下西部地区农业绿色发展能力评价 [J]. 生态经济，2018，34（8）：128-132.

[19] 龚贤. 绿色发展视阈下云南省产业结构升级研究 [D]. 成都：西南民族大学，2019.

[20] 巩前文，李学敏. 农业绿色发展指数构建与测度：2005—2018 年 [J]. 改革，2020（1）：133-145.

[21] 巩前文. 农用化肥施用效率与农户施肥行为研究：以湖北省为例 [D]. 武汉：华中农业大学，2007：1-48.

[22] 谷小勇，张巍巍. 新型农业经营主体培育政策反思 [J]. 西北农林科技大学学报（社会科学版），2016，16（3）：136-141.

[23] 郭亮，刘洋. 农业商品化与家庭农场的功能定位：兼与不同新型农业经营主体的比较 [J]. 西北农林科技大学学报（社会科学版），2015，15（4）：87-91，128.

[24] 郭庆海. 新型农业经营主体功能定位及成长的制度供给 [J]. 中国农村经济，2013（4）：4-11.

[25] 韩国明，郭鹏鹏. 我国农业经营主体变迁的政策意图及其演化路径：基于中央一号文件（1982—2016 年）的文本分析 [J]. 中国农业大学学报（社会科学版），2017，34（2）：93-101.

[26] 韩旭东，杨慧莲，郑风田. 乡村振兴背景下新型农业经营主体的信息化发展 [J]. 改革，2018（10）：120-130.

[27] 华中昱，林万龙. 贫困地区新型农业经营主体金融需求状况分析：基于甘肃、贵州及安徽 3 省的 6 个贫困县调查 [J]. 农村经济，2016（9）：66-71.

[28] 黄宗智. 华北的小农经济与社会变迁 [M]. 北京：中华书局，1986.

[29] 黄宗智. 长江三角洲小农家庭与乡村发展 [M]. 北京：中华书局，1992.

[30] 黄宗智. 中国农村的过密化与现代化：规范认识及出路 [M]. 上海：上海社会科学出版社，1992.

[31] 黄祖辉，胡豹，黄莉莉. 谁是农业结构调整的主体：农户行为及决策分析 [M]. 北京：中国农业出版社，2004.

[32] 贾云飞，赵勃霖，何泽军，等. 河南省农业绿色发展评价及推进方向研究 [J]. 河南农业大学学报，2019，53 (5)：823-830.

[33] 江三良，李晓梅. 供给侧改革背景下农业绿色发展研究：以安徽省为例 [J]. 山西农业大学学报（社会科学版），2018，17 (11)：1-7.

[34] 江维国，李立清. 互联网金融下我国新型农业经营主体的融资模式创新 [J]. 财经科学，2015 (8)：1-12.

[35] 蒋海玲，潘晓晓，王冀宁，等. 基于网络分析法的农业绿色发展政策绩效评价 [J]. 科技管理研究，2020，40 (1)：236-243.

[36] 蒋例利. 新型农业经营主体供给型融资约束形成机理及其破解研究 [D]. 重庆：西南大学，2017.

[37] 焦源. 需求导向型农技推广机制研究 [D]. 青岛：中国海洋大学，2014.

[38] 金书秦，牛坤玉，韩冬梅. 农业绿色发展路径及其"十四五"取向 [J]. 改革，2020 (2)：30-39.

[39] 金欣鹏，马林，张建杰，等. 农业绿色发展系统研究思路与定量方法 [J]. 中国生态农业学报（中英文），2020，28 (8)：1127-1140.

[40] 靖培星，赵伟峰，郑谦，等. 安徽省农业绿色发展水平动态预测及路径研究 [J]. 中国农业资源与区划，2018，39 (10)：51-56.

[41] 阚立娜，李录堂，薛凯文. 农地流转背景下新型农业经营主体信贷需求及约束研究：基于陕西杨凌农业示范区的调查分析 [J]. 华中农业大学学报（社会科学版），2016 (3)：104-111，135-136.

[42] 孔祥智. 新型农业经营主体的地位和顶层设计 [J]. 改革，2014 (5)：32-34.

[43] 孔祥智. 中国农家经济审视：地区差异、政府干预与农户行为 [M]. 北京：中国农业科技出版社，1999.

[44] 李冬艳，余晓洋. 新型农业经营主体发展水平评价体系构建及测度 [J]. 经济纵横，2020（2）：113-120.

[45] 李福夺，杨鹏，尹昌斌. 我国农业绿色发展的基本理论与研究展望 [J]. 中国农业资源与区划，2020，41（10）：1-7.

[46] 李海鹏. 中国农业面源污染的经济分析与政策研究 [D]. 武汉：华中农业大学，2007.

[47] 李浩，栾江. 农业绿色发展背景下社会资本对农户环境行为的影响研究：以化肥减量化使用为例 [J]. 农业经济，2020（1）：114-117.

[48] 李明贤，樊英. 新型农业经营主体的功能定位及整合研究 [J]. 湖南财政经济学院学报，2014，30（3）：113-121.

[49] 李宁，周琦宇，汪险生. 新型农业经营主体的角色转变研究：以农机服务对农地经营规模的影响为切入点 [J]. 中国农村经济，2020（7）：40-58.

[50] 李伟民，薛启航. 新型农业经营主体参与精准扶贫的优势与困境：基于多元主体视角 [J]. 农村经济，2019（3）：73-79.

[51] 李显刚. 现代农机专业合作社是创新农业经营主体的成功探索 [J]. 农业经济问题，2013，34（9）：25-29.

[52] 李宪宝. 异质性农业经营主体技术采纳行为差异化研究 [J]. 华南农业大学学报（社会科学版），2017，16（3）：87-94.

[53] 李学敏，巩前文. 新中国成立以来农业绿色发展支持政策演变及优化进路 [J]. 世界农业，2020（4）：40-50，59.

[54] 李耀锋，张余慧. 内生型新型农业经营主体带动小农户发展的动力机制：基于嵌入性理论的个案研究 [J]. 中国农业大学学报（社会科学版），2020，37（1）：38-47.

[55] 林乐芬，法宁. 新型农业经营主体融资难的深层原因及化解路径 [J]. 南京社会科学，2015（7）：150-156.

[56] 林乐芬，法宁. 新型农业经营主体银行融资障碍因素实证分析：基于31个乡镇460家新型农业经营主体的调查 [J]. 四川大学学报（哲学社会科学版），2015（6）：119-128.

[57] 刘德娟，周琼，曾玉荣. 日本农业经营主体培育的政策调整及其启示 [J]. 农业经济问题，2015，36（9）：104-109，112.

[58] 刘婷婷. 新型农业经营主体的融资困境与金融支农改革路径 [J]. 农村经济，2016（3）：73-77.

[59] 楼栋，孔祥智. 新型农业经营主体的多维发展形式和现实观照 [J]. 改革，2013 (2)：65-77.

[60] 鲁钊阳. 新型农业经营主体发展的福利效应研究 [J]. 数量经济技术经济研究，2016，33 (6)：41-58.

[61] 陆波. 当代中国绿色发展理念研究 [D]. 苏州：苏州大学，2017.

[62] 罗娟，姚宗路，孟海波，等. 我国农业绿色发展现状与典型模式：基于第 1 批国家农业绿色发展试点先行区的数据 [J]. 江苏农业科学，2020，48 (18)：1-5.

[63] 马骥. 我国农户化肥需求行为研究 [D]. 北京：中国农业大学，2006：1-94.

[64] 马文奇，马林，张建杰，等. 农业绿色发展理论框架和实现路径的思考 [J]. 中国生态农业学报 (中英文)，2020，28 (8)：1103-1112.

[65] 麦瑜翔. 农业生态资源资本化支持政策研究 [D]. 武汉：中南财经政法大学，2018.

[66] 曼瑟尔·奥尔森. 集体行动的逻辑 [M]. 陈郁，等译. 上海：上海人民出版社，1995.

[67] 孟丽，钟永玲，李楠. 我国新型农业经营主体功能定位及结构演变研究 [J]. 农业现代化研究，2015，36 (1)：41-45.

[68] 闵继胜，孔祥智. 新型农业经营主体经营模式创新的制约因素及制度突破 [J]. 经济纵横，2016 (5)：66-70.

[69] 聂弯，左腾达，陈甲. 农户农业绿色发展认知与绿色生产行为采纳影响因素分析 [J]. 东北农业大学学报 (社会科学版)，2020，18 (3)：1-9.

[70] 牛浩，陈盛伟，安康，等. 农业保险满足新型农业经营主体的保障需求了吗：基于山东省 422 家省级示范家庭农场的证据 [J]. 保险研究，2020 (6)：58-68.

[71] 钱克明，彭廷军. 关于现代农业经营主体的调研报告 [J]. 农业经济问题，2013，34 (6)：4-7，110.

[72] 秦晓娟，孔祥利. 农村劳动力转移的选择性、城乡收入差距与新型农业经营主体 [J]. 华中农业大学学报 (社会科学版)，2015 (2)：73-78.

[73] 任玉霜. 基于新型农业经营主体的职业农民培育研究 [D]. 长春：东北师范大学，2016.

[74] 阮荣平，曹冰雪，周佩，郑风田. 新型农业经营主体辐射带动能力及影响因素分析：基于全国 2615 家新型农业经营主体的调查数据 [J]. 中国

农村经济, 2017 (11): 17-32.

[75] 阮荣平, 周佩, 郑风田. "互联网+"背景下的新型农业经营主体信息化发展状况及对策建议: 基于全国 1394 个新型农业经营主体调查数据 [J]. 管理世界, 2017 (7): 50-64.

[76] 石志恒, 慕宏杰, 孙艳. 农业补贴对农户参与农业绿色发展的影响研究 [J]. 产经评论, 2019, 10 (3): 144-154.

[77] 苏振锋. 陕西新型农业经营主体发展存在的问题与对策研究 [J]. 中国农业资源与区划, 2017, 38 (5): 66-71.

[78] 孙炜琳, 王瑞波, 姜茜, 黄圣男. 农业绿色发展的内涵与评价研究 [J]. 中国农业资源与区划, 2019, 40 (4): 14-21.

[79] 孙新华, 刘秋文, 周娟. 农业经营主体发展的多向性及其启示: 基于世界农业发展历史的分析 [J]. 西北农林科技大学学报 (社会科学版), 2019, 19 (3): 78-86.

[80] 孙新华. 再造农业 [D]. 武汉: 华中科技大学, 2015.

[81] 陶自祥. 农业经营主体分化: 价值取向及其效益分析 [J]. 南京农业大学学报 (社会科学版), 2016, 16 (4): 110-118, 158.

[82] 田小燕. 新型农业经营主体培育探讨 [D]. 成都: 西南财经大学, 2014.

[83] 涂正革, 甘天琦. 中国农业绿色发展的区域差异及动力研究 [J]. 武汉大学学报 (哲学社会科学版), 2019, 72 (3): 165-178.

[84] 汪发元, 吴学兵, 孙文学. 农业创业中新型农业经营主体带动效应影响因素分析: 基于湖北省 713 家新型农业经营主体调研数据分析 [J]. 干旱区资源与环境, 2016, 30 (10): 33-39.

[85] 汪发元. 新型农业经营主体成长面临的问题与化解对策 [J]. 经济纵横, 2015 (2): 31-35.

[86] 汪发元. 中外新型农业经营主体发展现状比较及政策建议 [J]. 农业经济问题, 2014, 35 (10): 26-32, 110.

[87] 汪艳涛, 高强, 苟露峰. 农村金融支持是否促进新型农业经营主体培育: 理论模型与实证检验 [J]. 金融经济学研究, 2014, 29 (5): 89-99.

[88] 汪艳涛. 农户分化背景下新型农业经营主体培育机制研究 [D]. 青岛: 中国海洋大学, 2015.

[89] 王宝义. 中国农业生态化发展的评价分析与对策选择 [D]. 泰安: 山东农业大学, 2018.

[90] 王飞, 石祖梁, 王久臣, 等. 生态文明建设视角下推进农业绿色发展的思考 [J]. 中国农业资源与区划, 2018, 39 (8): 17-22.

[91] 王国敏, 翟坤周. 确权赋能、结构优化与新型农业经营主体培育 [J]. 改革, 2014 (7): 150-159.

[92] 王辉, 杨朝现, 熊想想, 等. 新型农业经营主体农地规模经营效应评价: 基于成渝区 313 个新型农业经营主体的调查数据 [J]. 资源开发与市场, 2018, 34 (12): 1669-1676.

[93] 王吉鹏, 肖琴, 李建平. 新型农业经营主体融资: 困境、成因及对策: 基于 131 个农业综合开发产业化发展贷款贴息项目的调查 [J]. 农业经济问题, 2018 (2): 71-77.

[94] 王静. 我国农业绿色发展的路径及对策研究: 评《助绿乡村振兴: 农业绿色发展理论、政策和评价》[J]. 生态经济, 2020, 36 (11): 228-229.

[95] 王乐君, 寇广增, 王斯烈. 构建新型农业经营主体与小农户利益联结机制 [J]. 中国农业大学学报 (社会科学版), 2019, 36 (2): 89-97.

[96] 王蔷, 郭晓鸣. 新型农业经营主体融资需求研究: 基于四川省的问卷分析 [J]. 财经科学, 2017 (8): 118-132.

[97] 王瑞波, 高尚宾, 孙炜琳, 等. 农业绿色发展涉农资金整合研究 [J]. 中国农业资源与区划, 2018, 39 (12): 1-6, 111.

[98] 王睿, 周应恒. 乡村振兴战略视阈下新型农业经营主体金融扶持研究 [J]. 经济问题, 2019 (3): 95-103.

[99] 王文龙. 新型农业经营主体、小农户与中国农业现代化 [J]. 宁夏社会科学, 2019 (4): 101-108.

[100] 王文龙. 中国农业经营主体培育政策反思及其调整建议 [J]. 经济学家, 2017 (1): 55-61.

[101] 魏琦, 张斌, 金书秦. 武汉: 中国农业绿色发展指数构建及区域比较研究 [J]. 农业经济问题, 2018 (11): 11-20.

[102] 翁贞林, 阮华. 新型农业经营主体: 多元模式、内在逻辑与区域案例分析 [J]. 华中农业大学学报 (社会科学版), 2015 (5): 32-39.

[103] 吴晨. 不同农业经营主体生产效率的比较研究 [J]. 经济纵横, 2016 (3): 46-51.

[104] 武舜臣, 胡凌啸, 储怡菲. 新型农业经营主体的分类与扶持策略: 基于文献梳理和"分主体扶持"政策的思考 [J]. 西部论坛, 2019, 29 (6): 53-59.

[105] 夏雪.金融创新支持新型农业经营主体发展研究 [D].合肥:安徽大学,2015.

[106] 肖锐.财政支农对农业绿色生产率的影响研究 [D].武汉:中南财经政法大学,2018.

[107] 肖阳.农业绿色发展背景下我国化肥减量增效研究 [D].北京:中国农业科学院,2018.

[108] 幸家刚.新型农业经营主体农产品质量安全认证行为研究 [D].杭州:浙江大学,2016.

[109] 徐晓鹏.小农户与新型农业经营主体的耦合:基于中国六省六村的实证研究 [J].南京农业大学学报 (社会科学版),2020,20 (1):62-68.

[110] 许秀川,高远东,梁义娟.借贷能力、风险收益与新型农业经营主体经营效率 [J].华中农业大学学报 (社会科学版),2019 (1):54-67,165.

[111] 薛蕾,徐承红,申云.农业产业集聚与农业绿色发展:耦合度及协同效应 [J].统计与决策,2019,35 (17):125-129.

[112] 闫湘.我国化肥利用现状与养分资源高效利用研究 [D].北京:中国农业科学院,2008:1-120.

[113] 杨灿,朱玉林.论供给侧结构性改革背景下的湖南农业绿色发展对策 [J].中南林业科技大学学报 (社会科学版),2016,10 (5):1-5.

[114] 杨果,陈瑶.新型农业经营主体参与低碳农业发展的激励机制设计 [J].中国人口·资源与环境,2016,26 (6):94-99.

[115] 杨晶.古巴绿色发展理论与实践研究 [D].福州:福建师范大学,2019.

[116] 杨久栋,马彪,彭超.新型农业经营主体从事融合型产业的影响因素分析:基于全国农村固定观察点的调查数据 [J].农业技术经济,2019 (9):105-113.

[117] 杨荣基,彼得罗相,李颂志.动态合作:尖端博弈论 [M].北京:中国市场出版社,2007.

[118] 姚志.新型农业经营主体电商认知行为差异及影响因素实证 [J].中国流通经济,2017,31 (9):46-52.

[119] 叶明华,朱俊生.新型农业经营主体与传统小农户农业保险偏好异质性研究:基于9个粮食主产省份的田野调查 [J].经济问题,2018 (2):91-97.

[120] 易小燕,吴勇,尹昌斌,等.以色列水土资源高效利用经验对我国农

业绿色发展的启示 [J]. 中国农业资源与区划, 2018, 39 (10): 37-42, 77.

[121] 尹昌斌, 李福夺, 王术, 等. 中国农业绿色发展的概念、内涵与原则 [J]. 中国农业资源与区划, 2021, 42 (1): 1-6.

[122] 于法稳. 新时代农业绿色发展动因、核心及对策研究 [J]. 中国农村经济, 2018 (5): 19-34.

[123] 于亢亢, 朱信凯, 王浩. 现代农业经营主体的变化趋势与动因: 基于全国范围县级问卷调查的分析 [J]. 中国农村经济, 2012 (10): 78-90.

[124] 张琛, 高强. 论新型农业经营主体对贫困户的脱贫作用 [J]. 西北农林科技大学学报 (社会科学版), 2017, 17 (2): 73-79.

[125] 张广辉, 方达. 农村土地 "三权分置" 与新型农业经营主体培育 [J]. 经济学家, 2018 (2): 80-87.

[126] 张贵年. 金融支持新型农业经营主体研究: 基于乡村振兴战略背景下的视角 [J]. 山西财经大学学报, 2018, 40 (S2): 46-48.

[127] 张海鹏, 曲婷婷. 农地经营权流转与新型农业经营主体发展 [J]. 南京农业大学学报 (社会科学版), 2014, 14 (5): 70-75, 83.

[128] 张建杰, 崔石磊, 马林, 等. 中国农业绿色发展指标体系的构建与例证 [J]. 中国生态农业学报 (中英文), 2020, 28 (8): 1113-1126.

[129] 张建雷, 席莹. 关系嵌入与合约治理: 理解小农户与新型农业经营主体关系的一个视角 [J]. 南京农业大学学报 (社会科学版), 2019, 19 (2): 1-9, 155.

[130] 张建雷, 席莹. 基于嵌入性视角的新型农业经营主体发展研究 [J]. 改革, 2018 (6): 115-126.

[131] 张俊伶, 张江周, 申建波, 等. 土壤健康与农业绿色发展: 机遇与对策 [J]. 土壤学报, 2020, 57 (4): 783-796.

[132] 张乃明, 张丽, 赵宏, 等. 农业绿色发展评价指标体系的构建与应用 [J]. 生态经济, 2018, 34 (11): 21-24, 46.

[133] 张四代. 我国化肥供需区域特征及调控策略研究 [D]. 保定: 河北农业大学, 2008: 1-59.

[134] 张桃林. 切实加强农业资源环境工作 不断提升农业绿色发展水平: 在全国农业资源环境与能源生态工作会暨 2016 中国现代农业发展论坛上的讲话 [J]. 农业资源与环境学报, 2017, 34 (2): 95-101.

[135] 张新文, 高啸. 农业经营主体的类型比较、效益分析与进路选择 [J]. 现代经济探讨, 2019 (3): 101-107.

[136] 张燕媛, 袁斌, 陈超. 农业经营主体、农业风险与农业保险 [J]. 江西社会科学, 2016, 36 (2): 38-43.

[137] 张扬. 试论我国新型农业经营主体形成的条件与路径: 基于农业要素集聚的视角分析 [J]. 当代经济科学, 2014, 36 (3): 112-117, 128.

[138] 张照新, 赵海. 新型农业经营主体的困境摆脱及其体制机制创新 [J]. 改革, 2013 (2): 78-87.

[139] 赵会杰, 于法稳. 基于熵值法的粮食主产区农业绿色发展水平评价 [J]. 改革, 2019 (11): 136-146.

[140] 赵晓峰, 赵祥云. 农地规模经营与农村社会阶层结构重塑: 兼论新型农业经营主体培育的社会学命题 [J]. 中国农村观察, 2016 (6): 55-66, 85, 96.

[141] 赵晓峰, 赵祥云. 新型农业经营主体社会化服务能力建设与小农经济的发展前景 [J]. 农业经济问题, 2018 (4): 99-107.

[142] 赵玉姝. 农户分化背景下农业技术推广机制优化研究 [D]. 青岛: 中国海洋大学, 2014.

[143] 郑军, 周宇轩. 农业保险服务乡村振兴战略的财政补贴制度创新: 基于 "农业经营主体-保险公司-政府" 的博弈分析 [J]. 南京审计大学学报, 2020, 17 (5): 61-71.

[144] 郑微微, 沈贵银. 江苏省农业绿色发展现状、问题及对策研究 [J]. 江苏农业科学, 2018, 46 (7): 1-5.

[145] 郑伟. 中国化肥施用区域差异及对粮食生产影响的研究 [D]. 北京: 中国农业大学, 2005: 1-55.

[146] 钟甫宁. 农业政策学 [M]. 北京: 中国农业大学出版社, 1999.

[147] 钟真, 谭玥琳, 穆娜娜. 新型农业经营主体的社会化服务功能研究: 基于京郊农村的调查 [J]. 中国软科学, 2014 (8): 38-48.

[148] 钟真. 改革开放以来中国新型农业经营主体: 成长、演化与走向 [J]. 中国人民大学学报, 2018, 32 (4): 43-55.

[149] 周莉. 乡村振兴背景下西藏农业绿色发展研究 [J]. 西北民族研究, 2019 (3): 116-127.

[150] 周孟亮, 李向伟. 金融扶贫中新型农业经营主体融资增信研究 [J]. 理论探索, 2018 (4): 92-97, 128.

[151] 周应恒, 胡凌啸, 严斌剑. 农业经营主体和经营规模演化的国际经验分析 [J]. 中国农村经济, 2015 (9): 80-95.

[152] 朱萌, 齐振宏, 邬兰娅, 等. 新型农业经营主体农业技术需求影响因素的实证分析: 以江苏省南部 395 户种稻大户为例 [J]. 中国农村观察, 2015 (1): 30-38, 93-94.

[153] 朱兆良, 孙波. 中国农业面源污染控制对策 [M]. 北京: 中国环境科学出版社, 2006.

[154] AMSALU A, DE GRAAFF J. Determinants of adoption and continued use of stone terraces for soil and water conservation in an Ethiopian hithland watershed [J]. Ecological Economics, 2007 (61): 294-302.

[155] ATANU SAHA, LOVE H ALAN, SCHWAR ROBEIT. Adoption of e-merging technologies under output uncertainty [J]. American Journal of Agricultural Economics, 1994 (11): 836-846.

[156] BARBARA A JOSEPH, HEZEKIAH JONSES, JOSEPH BEFECADU. Policy Implications on the reduction of nitrogen fertilizer use on non-irrigatied corn-winter wheat production in North Alabama [C] //2003 Annual Meeting, February 1-5, 2003, Mobile, Alabama. Southern agricultural economics association, 2005.

[157] BEKELE W, DRAKE L. Soil and water conservation decision behaviour of subsistence farmers in the Eastern Highlands of Ethiopia: A case study of the Hunde-Lafto area [J]. Ecological Economics. 2003 (46): 437-451. [158] BELLON, MAURICIO J, EDWARD TAYLOR. Fokl soil taxonomy and the partial adoption od new seed varieties [J]. Economic Development and Cultural Change, 1993, 41 (4): 763-786.

[159] BYERLEE D, DE POLANCO E H. Farmers' stepwise adoption of technological packages: evidence from the Mexican altiplano [J]. American Journal of Agricultural Economics. 1986, 68 (3): 519-527.

[160] FEDER, GERSHON SLADE, ROGER. The role of public policy in the diffusion of improved agricultural technology [J]. American Journal of Agricultural Economics, 1985 (5): 423-428.

[161] GELLINGS C W, PARMENTER K E. Energy efficiency in fertilizer peoduction and use [C]. Gellings C. W. and Kornelis Blok. Efficient use and conservation of energy in encyclopedia of life support systems (EOLSS), Oxford, UK: Eolss Publishers, 2004: 41-48.

[162] KHANNA M. Sequential adoption of site-specific technologies and its implications for nitrogen productivity: A double selectivity model [J]. American

Journal of Agricultural Economics, 2001, 83 (1): 35-51.

[163] KURKALOVA L A, KLING C L, ZHAO J H. Green Subsidies in Agriculture Estimating the Adoption Costs of Conservation Tillage from Observed Behavior [J]. Canadian Journal of Agricultural Economics, 2006, 54 (2): 247-267.

[164] MBAGA-SEMGALAWEA Z, FOLMER H. Household adoption behaviour of improved soil conservation: the case of the North Pare and West Usambara Mountains of Tanzania [J]. Land Use Policy, 2000, 17 (4): 321-336.

[165] OLK D C, CASSMAN K G, SIMBAHAN G, et al. Interpreting fertilizer-use efficiency in relation to soil nutrient-supplying capacity, factor Productivity, and agronomic efficiency [J]. Nutrient Cycling in Agroecosystems, 1999, 53 (1): 35-41.

[166] REINHARD S, LOVELL C A K, THIJSSEN G. Econometric estimation of technical and environmental efficiency: an application to dutch dairy farms [J]. American Journal of Agricultural Economics, 1999, 81: 44-46.

[167] REINHARD S, LOVELL C A, THIJSSEN G J. Environmental efficiency with multiple environmentally detrimental variables: estimated with SFA and DEA [J]. European Journal of Operational Research, 2000, 121: 287-303.

[168] ROGERS E M. Diffusion of Innovations, third edition [M]. New York: The Free Press, 1983.

[169] SHIVELY G E. Poverty consumption risk and soil conservation [J]. Journal of Development Economics, 2001, 65 (2): 267-290.

附录　农户调查问卷

https://www.wjx.cn/jq/42264231.aspx

调查日期：＿＿＿＿＿ 年 ＿＿＿＿＿ 月 ＿＿＿＿＿ 日　调查人：
＿＿＿＿＿

行政村（大队）：＿＿＿＿＿　村民小组（小队）：＿＿＿＿＿

一、基本情况调查

1. 家庭户性质：

□ 本地户　□ 外来户（迁入年份：＿＿＿＿＿年）

2. 被调查人是否是户主：

□ 是　□ 否（性别：□ 男　□ 女　年龄：＿＿＿＿＿岁）

3. 户主文化程度：

□ 小学　□ 初中　□ 高中　□ 大中专/技校　□ 大学及以上　□ 其他

从事农业种植的时间：＿＿＿＿＿

4. 家庭人口总数（在户）：共＿＿＿＿＿人（已迁出上学的不包括在内），其中劳动力数量＿＿＿＿＿人。

5. 家庭成员就业状况：①纯农＿＿＿＿＿人；②农兼非＿＿＿＿＿人；③非农＿＿＿＿＿人；④未就业＿＿＿＿＿人。

6. 子女最高文化程度：最高受教育年数为＿＿＿＿＿年。

□ 小学　□ 初中　□ 高中　□ 大中专/技校　□ 大学及以上 □ 其他

二、种植结构及成本收益调查

1. 全家共有承包地＿＿＿＿＿亩；

转包地＿＿＿＿＿亩；转包期限＿＿＿＿＿年；转包土地费＿＿＿＿＿元/亩·年$^{-1}$；

机动地（商品地）＿＿＿＿＿亩，租用费＿＿＿＿＿元/亩·年$^{-1}$。

2. 2018 年家庭农作物种植及收入状况

作物	面积（亩）	总产量/千克	售价/元·千克$^{-1}$
棉花			
小麦			
玉米			
林果（单一品种）			
果棉套种的果树			
果粮套种的果树			
设施农业			
其他作物			

注：

①请注明果棉套种和果粮套种中具体作物名称，并分开填写林果（核桃或红枣）、棉花或粮食的各调查数据。

②其中林果作物代码：1. 苹果 2. 红枣 3. 核桃 4. 杏 5. 瓜（西瓜和甜瓜）

3. 您选择目前的种植结构的原因是：（可多选）

□ 保证稳定收入　　　　　　　□ 家庭中劳动力数量限制

□ 政府政策导向　　　　　　　□ 自身耕作技术和习惯

□ 土壤质量　　　　　　　　　□ 当地自然条件（水、气候等）

□ 同地块要求统一　　　　　　□ 其他因素，请注明_____

4. 您经常改变种植结构吗？

□ 经常改变　　　　　　　　　□ 不常改变

□ 不改变

5. 如果您改变目前的作物种植结构，其原因是：（可多选）

□ 农资价格　　　　　　　　　□ 农作物收益

□ 劳动力数量　　　　　　　　□ 农用地面积

□ 耕作技术指导　　　　　　　□ 土壤质量

□ 政府政策导向　　　　　　　□ 气候条件

□ 水资源状况　　　　　　　　□ 其他，请注明

如果您不改变目前的作物种植结构，其原因是：（可多选）

☐ 农资价格　　　　　　☐ 农作物收益

☐ 劳动力数量　　　　　☐ 农用地面积

☐ 耕作技术指导　　　　☐ 土壤质量

☐ 政府政策导向　　　　☐ 气候条件

☐ 水资源状况　　　　　☐ 其他，请注明

6. 如果能自主选择，您会选择种植何种作物：（可多选）

☐ 种植大田作物（小麦、玉米、水稻等）

☐ 经济作物（棉花、蔬菜等）

☐ 林果（红枣、核桃、杏、石榴等）

☐套种（林棉、林粮）

☐ 设施农业

☐ 其他，请注明

理由是：

7. 近年来，您家粮食作物播种面积：

☐ 减少了，减少_____亩（如果选此选项，接填第8、第9题）

☐ 增加了，增加_____亩

☐ 不变

8. 近几年，减少粮食作物播种面积的原因是：（可多选）

☐ 耕地减少　　　　　　☐ 种粮收入低

☐ 种粮出售难　　　　　☐ 其他，请注明_____

9. 减少粮食作物的耕地主要用于：（可多选）

☐ 种饲料　　　　　　　☐ 种蔬菜

☐ 种棉花　　　　　　　☐ 林果

☐套种（林棉、林粮）　☐ 设施农业

☐ 转包或转让　　　　　☐ 抛荒

☐ 其他，请注明

10. 您是否可以自行决定自家生产的农产品的销售：

☐ 是　　☐ 否

如果不行，那由谁来决定：

☐ 村（干部）　　　　　☐ 乡/镇（干部）

☐ 县（干部）　　　　　☐ 企业

☐ 合作社（专业协会）　☐ 其他，请注明_____

三、农资投入状况调查

1. 农资投入基本情况（单位：元）

作物	总成本	种子	化肥	农药	地膜	雇佣劳动力成本	灌溉费	机械租赁费
棉花								
小麦								
玉米								
林果（单品种）								
果棉套种的果树								
果粮套种的果树								
设施农业								
其他作物								

注：
①请注明果棉套种和果粮套种中具体作物名称，并分开填写林果（核桃或红枣）、棉花或粮食的各调查数据。
②其中林果作物代码：1. 苹果 2. 红枣 3. 核桃 4. 杏 5. 瓜（西瓜和甜瓜）

2. 化肥施用情况

作物	化肥名称	施肥次数	施肥量（千克）	施肥方式
棉花				
小麦				
玉米				
林果				
设施农业				
其他作物				

注：
①化肥品种代码：1. 复合肥 2. 尿素 3. 二胺 4. 钾肥 5. 农家肥 6. 有机肥 7. 测土配方肥 8. 叶面肥 9. 其他
②施肥方式代码：1. 撒明肥 2. 深施肥 3. 浇水施肥 4. 滴灌施肥
③其中林果作物代码：1. 苹果 2. 红枣 3. 核桃 4. 杏 5. 瓜（西瓜和甜瓜）

3. 农药使用情况：

作物	农药种类	施用次数	施用量/公斤·亩$^{-1}$	农药配比	喷洒方式
棉花					
小麦					
玉米					
林果					
设施农业					
其他作物					

注：

①农药种类：1. 杀虫剂 2. 杀菌剂 3. 除草剂 4. 其他

②喷洒方式：1. 人工 2. 机械

③其中林果作物代码：1. 苹果 2. 红枣 3. 核桃 4. 杏 5. 瓜（西瓜和甜瓜）

4. 地膜使用情况：

作物	地膜名称	地膜使用面积/亩	地膜回收面积/亩
棉花			
玉米			

注：地膜名称：1. 厚地膜 2 薄地膜（常规地膜厚度为 0.001 5 mm）。

5. 通常情况下，您选择在什么地方采购农资品？（可多选）

	村里	乡里	县城	农资店	合作社	政府指定	村里统一购买	其他，请注明
化肥								
农药								
地膜								

6. 您选择以上购买地点的原因：（可多选）

	价格低	指定	离家近	服务好	信誉好	质量有保证	其他，请注明
化肥							
农药							

	价格低	指定	离家近	服务好	信誉好	质量有保证	其他，请注明
地膜							

7. 您是通过哪些途径了解所选的农资的相关信息？（可多选）

	电视、广告宣传	祖辈经验	邻居或其他农户推荐	销售人员推荐	植保技术人员指导	其他，请注明
化肥						
农药						
地膜						

8. 您是否接受过农业化学品投入使用技术方面的培训？

	是	否	如果选择"否"，则继续完成后面三项，其原因是：		
			不愿意接受培训	没有相关培训	没有通知有培训
化肥					
农药					
地膜					

9. 您一般如何处理使用过的化肥或农药的包装袋或瓶？（可多选）

	洗净留作它用	埋掉	烧掉	随意扔掉	带出田间处理	交由统一回收	其他，请注明
化肥							
农药							

四、化肥施用意愿调查

1. 您觉得化肥使用说明书上的用量合适吗？

☐ 合适　　　　　　　☐ 偏少

☐ 偏多　　　　　　　☐ 不知道

2. 同化肥说明书用量比较，您实际上化肥施用量比使用说明书上多还是少：

□ 多，请注明原因   □ 差不多

□ 少，请注明原因

3. 您选择目前化肥施用量和施用种类的依据是：（可多选）

□ 亲朋好友、邻居介绍   □ 个人习惯

□ 农业技术推广部门   □ 农资销售商介绍

□ 广播、电视广告   □ 厂家现场示范

□ 农业报纸、杂志   □ 祖辈经验

□ 政府规定   □ 合作社或协会

□ 其他，请注明_____

4. 您觉得现在同几年前相比，您家农作物的化肥施用量有什么变化？

□ 增多了   □ 减少了

□ 没有变化

5. 您主要以什么确定农作物施肥量：（可多选）

□ 地力   □ 肥料价格

□ 农作物价格   □ 使用效果

□ 合作社或协会   □ 习惯

□ 技术人员指导   □ 书本指导

□ 政府或企业规定   □ 对环境有利

□ 其他，请注明

6. 您觉得施肥是否一定会使农作物增产：

□ 是 □ 否

7. 如果保持现有种植结构不变，不施化肥的话，跟目前相比，您觉得农作物产量是否会降低：

□ 是 □ 否

如果产量降低，会降低（请注明）_____%。

8. 您是否知道化肥的利用率是多少：

□ 是 □ 否

根据您的经验，化肥利用率应该有_____%。

9. 您觉得影响化肥利用率的原因是：（可多选）

□ 施肥的种类单一（主要是指只施氮肥等，没有使用复合肥）

□ 施肥方式不合理（主要是指撒明肥与深施肥的区别）

□ 灌溉不及时（主要是指是否在灌溉后施肥或者施肥后是否及时浇水）

□ 其他，请注明_____

10. 您觉得使用有机肥或农家肥所带来的好处是：（可多选）

☐ 全面供应农作物生长所需养分　☐ 提高肥效

☐ 改良土壤结构　　　　　　　　☐ 增加作物产量

☐ 减少对环境的污染　　　　　　☐ 降低成本

☐ 其他，请注明＿＿＿＿＿＿

11. 您是否使用过测土配方肥？

☐ 是　☐ 否

如果没有用过，是否愿意增加使用？☐ 是　　☐ 否

12. 您认为施用测土配方肥有哪些好处：（可多选）

☐ 提高农作物产量　　　　　　　☐ 减少施肥量

☐ 增加经济效益　　　　　　　　☐ 环境污染小

☐ 可享受测土配方补贴　　　　　☐ 降低施肥成本

☐ 其他，请注明＿＿＿＿＿＿

五、农药使用意愿调查

1. 您购买农药时是否能看懂说明书？

☐ 看不懂　　　　　　　　　　　☐ 能看懂

如果看不懂，原因是：（可多选）

☐ 说明书中专业术语多，难理解　☐ 说明书均为中文，看不懂

2. 您所采用的农药配置方法和施用量从什么途径获取？

☐ 祖辈经验　　　　　　　　　　☐ 技术员推荐

☐ 邻居介绍　　　　　　　　　　☐ 个人习惯

☐ 合作社或协会　　　　　　　　☐ 销售商推荐

☐ 统一培训　　　　　　　　　　☐ 其他，请注明＿＿＿＿＿＿

3. 您配制农药和施用农药时是否按标签说明进行操作？

☐ 是　☐ 否

如果不按说明操作，您会选择如下哪种操作方式：

☐增加浓度　　　　　　　　　　☐ 降低浓度

☐ 加大用量　　　　　　　　　　☐ 减少用量

4. 您是否知道所施农药的毒性及副作用？

☐ 是　☐ 否

5. 您是否了解国家规定禁用的剧毒农药？

☐ 不知道　　　　　　　　　　　☐ 听说过，具体不知道是哪些

□ 知道，从来不用

6. 您是否知道使用农药时，需要有具体防护措施？

□ 是　□ 否

若选择是，您在使用农药时的安全防护措施有：（可多选）

□ 有防护衣　　　　　　　　□ 有防护手套

□ 有防护眼镜　　　　　　　□ 有防护口罩

□ 有防护胶鞋

7. 您如何存放农药？

□ 锁进农药箱　　　　　　　□ 存于家里隐蔽处

□ 随便放　　　　　　　　　□ 存于农棚中

□ 其他，请注明_____

8. 您如何处理剩余药液及喷药器械内部清洗液？

□ 喷洒到农田　　　　　　　□ 直接倒掉

□ 留在药箱

9. 您采用过以下方法防治病虫害吗？（可多选）

□ 生物防治　　　　　　　　□ 物理防治

□ 其他，请注明_____

10. 您是否接受过安全使用农药的宣传培训？

□ 接受过一次　　　　　　　□接受过两次以上

□从没接受过

11. 您是否希望得到农药及施药技术的专业培训？

□ 非常希望　　　　　　　　□ 无所谓

□ 不希望

六、地膜使用意愿调查

1. 您是否了解地膜污染？

□ 了解　　　　　　　　　　□ 不了解

如果选择"了解"，您是通过什么途径了解到地膜污染的？（可多选）

□ 合作社或协会　　　　　　□ 报纸、杂志

□ 别人的介绍　　　　　　　□ 自己的切身体会

2. 对于地膜污染的认识您是从什么时候开始的？

□ 刚知道　　　　　　　　　□ 1 年前

□ 5 年前　　　　　　　　　□ 10 年前

3. 您家作物收获后地膜是否处理?

□ 是   □ 否

如果选择"是",您家作物收获后地膜如何处理?（可多选）

□ 机械捡膜   □ 人工捡膜

□ 填埋   □ 烧掉

□ 交由统一收购

□ 其他,请注明_____

七、秸秆、畜禽粪便处理意愿及污染状况

1. 您家作物收获后秸秆如何处理:（可多选）

□ 饲养牲畜   □ 田间焚烧

□ 秸秆还田   □ 废弃堆放

□ 做柴火   □ 出售

□ 其他,请注明_____

2. 如果选择"田间焚烧",将秸秆田间焚烧的主要原因是:

□ 处理起来方便   □ 燃烧产物是很好的肥料

□ 农忙,抢时间   □ 节省成本

□ 可以烧掉其他杂草   □ 其他,请注明_____

3. 您知道秸秆燃烧会引起什么样的环境问题:

□ 不会

□ 田间焚烧会引起环境问题,做柴火不会

□ 易引发火灾

□ 污染空气

□ 其他,请注明_____

4. 您家秸秆不处理的主要原因是:

□ 没时间处理   □ 处理麻烦

□ 处理成本高,收益少   □ 其他,请注明_____

5. 您家畜禽养殖情况:

养殖品种	牛/头	猪/头	羊/只	鸡或鸭/只
养殖数量				
出栏数量				

6. 您家养殖的畜禽粪便如何处理：（可多选）

☐ 随意排放　　　　　　☐ 用做沼气原料

☐ 制作有机肥　　　　　☐ 出售

☐ 直接施入农田　　　　☐ 交由统一处理

☐ 其他，请注明_____

八、农户对绿色发展理念的认知情况调查

1. 近年来，您觉得您家土壤质量是：

☐ 降低了　　　　　　　☐ 提高了

☐ 没变　　　　　　　　☐ 不知道

2. 您认为您家土地土壤质量存在的主要问题是：（可多选）

☐ 没什么问题　　　　　☐ 土壤板结

☐ 肥力下降　　　　　　☐ 病虫害较多

☐ 农药地膜残留　　　　☐ 土壤盐渍化

☐ 其他，请注明_____

3. 您是否听说或者从电视上了解到国家关于绿色发展理念的报道

☐ 是　☐ 否

4. 您是否完全了解绿色发展的定义：

☐ 了解　☐ 不了解　☐ 不是很了解

5. 您认为下面哪些是绿色发展理念的内容：（可多选）

☐ 构建发展新体制　　　☐ 推动低碳循环发展

☐ 筑牢生态安全屏障　　☐ 加快建设主体功能区

☐ 促进人与自然的和谐共生　☐ 其他，请注明_____

6. 您认为目前农业污染的原因是：（可多选）

☐ 化肥施用　　　　　　☐ 农药使用

☐ 地膜使用　　　　　　☐ 作物秸秆

☐ 牲畜粪便　　　　　　☐ 工业污染排放

☐ 生活污染排放　　　　☐ 其他，请注明_____

7. 您觉得农业生产过程中的绿色行为有哪些：（可多选）

☐ 施用测土配方肥　　　☐ 高效农药喷雾技术

☐ 病虫害绿色防控技术　☐ 秸秆还田

☐ 使用可降解膜　　　　☐ 自建沼气池

☐ 节水灌溉技术　　　　☐ 其他，请注明_____

8. 您觉得过量投入农业化学品会带来哪些环境影响？（可多选）

	土壤板结	空气污染	水质污染	危害人体健康	影响农产品品质	不了解
化肥						
农药						
地膜						

9. 过量施用农业化学品对绿色发展带来的负面影响，您会采取什么样的态度？

	与我无关	有所关心，但不影响使用	比较关心，适当少量使用	非常关心，科学使用
化肥				
农药				
地膜				

10. 您家庭种植的自产自食的农产品（蔬菜、粮食、林果）与所出售的农产品，化肥和农药的使用量有什么不同？

		粮食	蔬菜	林果
化肥	不施肥			
	少施肥			
	施肥量相同			
农药	不使用			
	少使用			
	使用量相同			

九、农户对农业政策诉求状况调查

1. 您了解或享受过的国家农业补贴政策有：（可多选）

	种粮直补	农资综合补贴	良种补贴	农机购置补贴	测土配方补贴	劳动力转移培训补贴	其他，请注明
了解							
享受							

2. 您主要通过哪些渠道了解国家各项农业补贴政策？（可多选）

□ 电视、报纸　　　　　　□ 广播
□ 乡镇政府　　　　　　　□ 村干部
□ 亲邻朋友　　　　　　　□ 信用社、财政所
□ 农业企业　　　　　　　□ 合作社或协会
□ 其他，请注明_____

3. 您对现行的农业补贴政策是否满意？

□ 是　　□ 否

满意的原因：

不满意的原因：

4. 您是否知道国家关于绿色发展方面的补贴政策？

□ 是　　□ 否

5. 如果国家对农户种植绿色农产品进行补贴，您对化肥的施用量会：

□ 增加　　□ 不变　　□ 减少

6. 您希望得到国家哪些方面的农资品的补贴：（可多选）

□ 化肥　　　　　　　　　□ 有机肥
□ 农膜　　　　　　　　　□ 农药
□ 测土配方肥

7. 您希望这些补贴以何种形式发放：（可多选）

□ 提供一次性的补贴金
□ 提供小额优惠贷款
□ 提供直接减免政策
□ 发放实物补贴（化肥、农膜等）
□ 发放补贴券，自己根据情况购买

□ 其他，请注明_____

8. 您对目前化肥价格的评价和施用趋向：

□ 国家控制较好，比较满意

□ 涨幅较快，但可以承受（价格高，但不影响施用）

□ 价格涨幅太快，减少施用

9. 与上年相比，您今年使用的农资品投入量变化状况：

		没有什么变化	有所减少	有所增加
投入量	化肥			
	农药			
	地膜			

10. 您认为当前农资（化肥、农药、农膜）经营中存在哪些突出问题？（可多选）

□ 假劣农资较严重，质量没有保证

□ 部分农资经营人员文化水平偏低，只销售，不提供技术辅导

□ 农资经营店规模小，品种单一，不能满足多方面需要

□ 农资经营店少，购买不方便，且形成价格垄断

□ 各类农资经营店价格差距大

11. 您更满意以下哪种农资销售方式？

□ 农资连锁店　　　　□ 农技站销售

□ 供销社　　　　　　□ 政府统购统销

□ 专卖专控　　　　　□ 新农合

□ 其他，请注明_____

12. 您认为政府应当从哪些方面加大农资管理力度？

□ 控制价格　　　　　□ 打假

□ 对农户补贴　　　　□ 农资使用技术推广

□ 其他，请注明_____

13. 如果对地膜征税，您是否会减少或停止使用？

□ 是　□ 否

14. 防止地膜污染您认为应该从哪些方面着手？（可多选）

□ 加强宣传，提高认识

□ 推广残膜回收技术，减少污染危害

□ 搞好农膜的再生利用，防止污染转移

□ 制定政策，强化管理

15. 在您看来，谁应当为农业污染承担首要责任？（可多选）

□ 政府

□ 农户

□ 化肥、农药、农膜等农用物资的生产者

□ 农产品消费者

□ 其他，请注明

16. 如果要对化肥、农药等农资投入品施用所带来的环境问题进行生态补偿，您能接受的支付费用：

□ 200 元以下　　　　　　□ 200~500 元

□ 500~1 000 元　　　　　□ 1 000 元以上

17. 您认为行之有效的生态环境保护措施是：（可多选）

□ 植树造林和森林保护　　□ 节约能源

□ 发展绿色能源　　　　　□ 加强生态环境保护立法

18. 您是否参与过农资信贷业务？

□ 是　□ 否

如果可能，在以下机构中您更倾向于从哪一种渠道获取贷款？

□ 农业银行

□ 农信社

□ 邮政储蓄银行

□ 向亲戚朋友借款（无利息）

□ 从一些非金融机构借，有利息贷款

□ 其他，请注明_____

19. 您选择上述信贷方式的原因是：（可多选）

□ 利率低　　　　　　　　□ 手续简单

□ 门槛低，更容易贷到款　□ 服务好

□ 离家比较近，贷、还款比较方便

□ 没有其他选择